福建省社会科学规划项目(2013B184)成果

Economic
Management
经管学术文库

中国金融约束政策对居民消费需求增长的影响：理论与实证研究

刘郁葱/著

厦门大学出版社
XIAMEN UNIVERSITY PRESS
国家一级出版社
全国百佳图书出版单位

目　录

第一章
导　论

金融约束(Financial Restraint)理论的系统提出肇始于 20 世纪 90 年代(Hellmann，Murdock and Stiglitz，1997)，该理论认为，在相对稳定的宏观经济条件下，政府通过控制实际利率但维持正的实际利率、通过市场准入限制等政策有助于在金融部门和生产部门创造租金机会，以促进经济增长。这一理论一经提出，便被广泛应用于政府(尤其是发展中国家政府)发展政策的制定中，所收效果不一而论。Emran 和 Stiglitz(2009)利用一个带有道德风险的职业选择模型分析发现，诸如存款利率上限、对工业贷款的准入限制等金融约束政策能够鼓励银行向新兴企业提供更多融资机会，可以有效促使初始收益低的企业通过学习效应提高生产力，以推进经济增长。但日本学者 Hanazaki 和 Horiuchi(2001)对金融约束理论提出了严正的抨击，他们利用超过 1 600 个日本制造企业的真实数据进行分析得出结论，认为金融约束理论并不能解释日本战后的经济奇迹，直接推翻了该理论提出时的证据之一[①]。

作为一个典型的发展中国家，中国的经济发展政策中也显著地运用了金融约束手段，这些手段的运用不仅体现于传统的银行融资市场，也体现于极具中国特色的股票市场。但是金融约束政策通过怎样的渠道，对中国经济产生了怎样的效应，是否能达到预期的政策目标，是否能对经济起到推进作用，这些问题目前尚无定论。本书将从居民消费需求角度对该问题进行深入系统的分析和研究。

作为导论，本章首先分析本书的研究背景，并提出所要研究的主要问题，

---

① Hellmann 等人提出金融约束理论时的一个重要证据即是日本战后的经济奇迹。

其次介绍本书的研究思路、内容结构和研究方法,最后指出本书的创新点与研究的不足之处。

第一节 研究背景和选题意义 ●●➡

过去十年里,中国经济发展的一个最大问题是:无论是 1998 年扩大内需的政策还是 2003 年开始的高速经济增长,作为内需最主要的部分——居民消费需求都没有得到应有的提升。2006 年 11 月 23 日,央行副行长苏宁表示[①],中国最终消费占 GDP 比重已从 20 世纪 80 年代的超过 62% 下降到 2005 的 52.1%,居民消费率也从 1991 年的 48.8% 下降到 2005 年的 38.2%,均为历史最低水平。而在中国最终消费率持续下降的同时,世界平均消费率达 78%~79%,自 1995 年以来,OECD 成员国的居民最终消费率平均水平一直保持在 55%~57% 左右,美国的最终消费率则保持 60% 以上,并在 2001 年后上升至 70% 以上;与中国同处亚洲地区的日本和韩国,其居民最终消费率也保持在 50%~70% 的水平。而中国的居民最终消费率则始终处于低迷状态,长期停留在 50% 以下,并自 2004 年起降至 40% 以下,比较起来差别之大就如天上和地下。2008 年 12 月 26 日央行行长周小川也提出这个严重的问题:"我们从 90 年代,特别是亚洲金融风暴以后消费占 GDP 的比重在迅速地下降。从过去接近 60% 的水平逐渐降,降到了消费占 GDP 的比重接近 50%,甚至有可能略低于 50% 的水平。"[②]事实是,截至 2009 年年底,中国居民消费水平占 GDP 的比重仅为 35%,最终消费率仅为 48.6%[③]。"两高一低"(高投资、高出口和低消费)的不平衡结构不仅没有从根本上得到扭转,反而进一步突出。它是当前我国遭遇外部需求萎缩时导致经济迅速下滑的根本性、长期性内因(李文溥,2007;王小鲁,2005;江小娟,2004)。实际上,我国居民消费率不仅大大低于世界平均水平,而且也明显低于发展中国家的平均水平(祁京梅,2006

---

① 资料出自:http://club. pchome. net/thread_1_213_2053903_. html。
② 周小川:《近十年消费占 GDP 比重在迅速下降》,《金融时报》2008 年 12 月 26 日。
③ 根据中国经济数据库(CEIC)数据计算得到。若无其他说明,下文所有数据来源均来自于 CEIC 数据库、CSMAR 数据库、中国统计年鉴及万德数据库。

等）。

现有的研究已关注到了我国较低的劳动报酬导致了居民收入水平低下和购买力的不足（如金贤东，2008 等）。更多的研究考察了我国地区间和城乡间日益扩大的收入差距所引发的国内需求不足的问题（王少平，欧阳志刚，2007；李培林，2007；Zhang，2006；虞杭，2005；李实，2003；赵人伟等，1999）。有的研究特别提到了农村收入不足导致的农村消费不足问题（杨永忠，2005）。

龚敏、李文溥（2009）则指出以出口导向为重要特征的粗放型经济增长方式所累积的总需求结构失衡，以及国民收入分配结构的不合理等因素，是制约我国居民消费能力的根本性原因。他们把中国内需不足问题的三个重要因素归纳为：（1）经济增长方式与"两高一低"结构的关系，认为"投资驱动和出口拉动"的粗放型经济增长方式是导致"两高一低"的根本性原因；（2）收入分配结构与"两高一低"结构的关系，认为当前我国收入分配结构中，国民收入分配向资本收益和政府倾斜，劳动者报酬所占份额却不断下降[①]造成居民消费不足，并影响了我国经济的可持续发展；（3）要素价格扭曲也促成了"两高一低"的结构特点。

我们不否认以上学者对中国居民消费不足的原因所进行的分析的正确性，但从金融制度角度看，有一个最大的制约因素迄今为止尚被人们所忽视，或者说，被刻意回避，这就是中国金融约束政策与居民消费需求增长之间的矛盾。

金融约束原来是赫尔曼、斯蒂格利茨等学者于 20 世纪 90 年代提出的一种理论，其核心观点是：在给定宏观经济稳定、通胀率较低且可预测的前提下，通过控制实际利率但维持正的实际利率、通过市场准入限制等政策有助于促进经济增长。赫尔曼等人认为，金融约束的本质是政府通过一系列的金融政策为民间部门创造租金机会，从而有利于银行的稳健经营和提高企业的融资能力。但他们也指出，金融约束不是一种静态的政策，它应随着经济的不断成熟而调整，也就是说，金融约束是一种向金融自由化过渡的政策。

金融约束最本质的特征是通过政府管制，为银行和企业创造租金机会。根据这一判断标准，我国目前的金融市场政策可以说具有典型的金融约束性质，体现在：在银行融资市场上，通过利率管制，为银行提供稳定的存贷利差收

---

① 《中国企业竞争力报告（2007）——盈利能力与竞争力》，中国社会科学院工业经济研究所，2007 年。

入以维护银行经营的稳定;在资本市场上,则通过低利率政策、股权分置、大小非进入流通所支付的过低对价、大小限股票进入全流通的过长锁定期和降低再融资的门槛、监管宽容等措施,来降低股票融资成本,并人为地造成股票相对稀缺,使 IPO 得以高溢价发行。

尽管传统的金融约束论只强调银行融资市场,并未包括股市政策,但上述股市政策设计的出发点是为上市公司创造租金机会,这完全符合金融约束的本质特征,因此将其视为金融约束政策的延伸是顺理成章的。如果说,历史上金融约束政策在维持金融体系稳定、帮助国企改革和解困以及缓解就业压力方面,尚起了一定的积极作用,那么今天这一政策的边际成本已大大超过边际收益了。

首先,从银行融资市场看,据同济大学孟凡辰教授的学生杨玉红博士测算[1],中国改革开放以来截至 2008 年 12 月,金融机构居民储蓄存款仅考虑通货膨胀因素的贬值损失累计为 8.96 万亿元,相当于 2008 年居民储蓄存款结余的 41%,即中国 13 亿人过去 30 年每人亏损了 6 400 元存款,中国老百姓每 1 元存款,30 年下来仅剩下 4 角 7 分。对于整体储蓄率高达 50% 的中国来说,这是难以承受的。

其次,从股票市场的情况看,1991—2005 年 14 年间中国股民投入股市的资金高达 24 500 亿元,但 2005 年的股市流通市值却不过 8 000 亿~9 000 亿元,差额 15 500 亿~16 500 亿元被上市公司、财政、中介、券商、机构拿走了(水皮,2005)。另据权威估计,经历了 2008 年股市的狂跌后,现股市的基本格局是"一赢二平七亏损"。列举最近的数据,据 Wind 资讯统计,如果扣除新股上市贡献的市值,沪深两市 2010 年上半年蒸发的总市值超过 6.20 万亿元,大于 3 个中国石油的市值总额,日均蒸发市值达到 403.8 亿元[2]。从这几组统计数据可以看出,中国股市不仅没有增加居民的财产性收入,反而成为吞噬居民财富的"黑洞",这与 150 年来世界证券发展史所表明的股市平均收益率在投资领域稳居前一二位这一事实形成鲜明的对照。

---

① 孟凡辰,《可持续扩大内需之道》,《环球企业家》2009 年 3 月 5 号刊 第 5 期,总第 176 期,http://www.gemag.com.cn/gemag/new/Article_content.asp? D_ID=7659。

② http://finance.qq.com/a/20100713/003715.htm,《今年以来 A 股市值蒸发 6.2 万亿:跌掉 3 个中石油》,新华网,2010 年 7 月 13 日。

由上可见,金融约束政策的实质是政府通过利率管制等手段引致居民利益向企业和银行等金融机构转移,造成居民财富缩水,中产阶层向下流动,它对扩大内需的危害之烈不是降低所得税起征点、降低消费贷款利率等财政货币政策所能弥补的,甚至也不是提高工资水平等收入分配制度的改革所能弥补的。显然,这一政策如果不适时退出,消费很难有大的增长。

基于上述事实,研究金融约束政策对中国居民消费需求增长的影响,具有重要的现实意义。

第二节 研究思路、内容结构和研究方法 ●●➡

一、研究思路

针对长期以来居民消费需求不振甚至占 GDP 比重日益下降的问题,国内学者已从多个角度进行分析。本书尝试另辟蹊径,从金融约束政策的角度研究其对于居民消费需求增长的影响。传统的金融约束理论只研究银行融资市场上政策的运用,本书把该理论扩展至股票市场,深入分析中国股票市场中典型的金融约束性质,这就是通过相应的股市政策实现租金的创造。金融约束政策的核心是租金创造,因此,贯穿本书整体的主线将是租金分析。

作为研究理论基础,本书首先必须对所涉及的理论领域进行文献梳理,对相关概念进行界定并厘清其间关系,包括金融约束政策如何影响居民财产性收入、如何借此影响居民的消费需求并进而影响经济的增长。

作为衡量中国金融约束程度的需要,本书力图构建一个金融约束指数,并据以从总体上验证金融约束政策对居民消费需求的影响,同时利用租金度量的手段对影响机理进行分析,再把总体研究更深入推进到两个相对独立的市场,分别对银行融资市场和股票市场中金融约束政策对居民消费需求的影响及检验进行个别研究。最后,对金融约束政策进行成本收益分析,对其历史作用进行客观评价,同时提出金融约束政策适时退出的建议及路径选择。

本书的研究思路如图 1-1 所示。

```
                        ┌─────────────────────────┐
                        │       问题的提出         │
                        └─────────────────────────┘
                                    │
                                    ▼
                   ╭───────────────────────────────╮
  租               │  居民消费与金融约束：文献述评  │
  金               ╰───────────────────────────────╯
                                    │
                                    ▼
               ╭──────────────────────────────────────╮
               │  金融约束政策、居民财产性收入、消费   │
  租           │    与经济：关系梳理与概念界定         │
  金           ╰──────────────────────────────────────╯
  的                                │
  测                                ▼
  度              ┌─────────────────────────┐
                  │   中国金融约束指数的构建   │
                  └─────────────────────────┘
                                    │
                                    ▼
        ┌───────────────────────────────────────────────────────┐
        │ 总论：金融约束政策影响居民消费需求——基于租金度量的机理分析 │
        └───────────────────────────────────────────────────────┘
                  │                           │
                  ▼                           ▼
  租    ┌──────────────────────┐   ┌──────────────────────┐
  金    │ 传统理论：银行融资市场中金融 │   │ 理论扩展：股票市场中金融约束 │
  的    │ 约束政策对消费的影响及检查   │   │ 政策对消费的影响及检验       │
  影    └──────────────────────┘   └──────────────────────┘
  响              │                           │
                  ▼                           ▼
        ┌───────────────────────────────────────────────────────┐
        │ 金融约束政策的历史作用评价、当前成本分析与退出路径选择     │
        └───────────────────────────────────────────────────────┘
                                    │
                                    ▼
                  ┌─────────────────────────┐
                  │   结论与进一步研究方向     │
                  └─────────────────────────┘
```

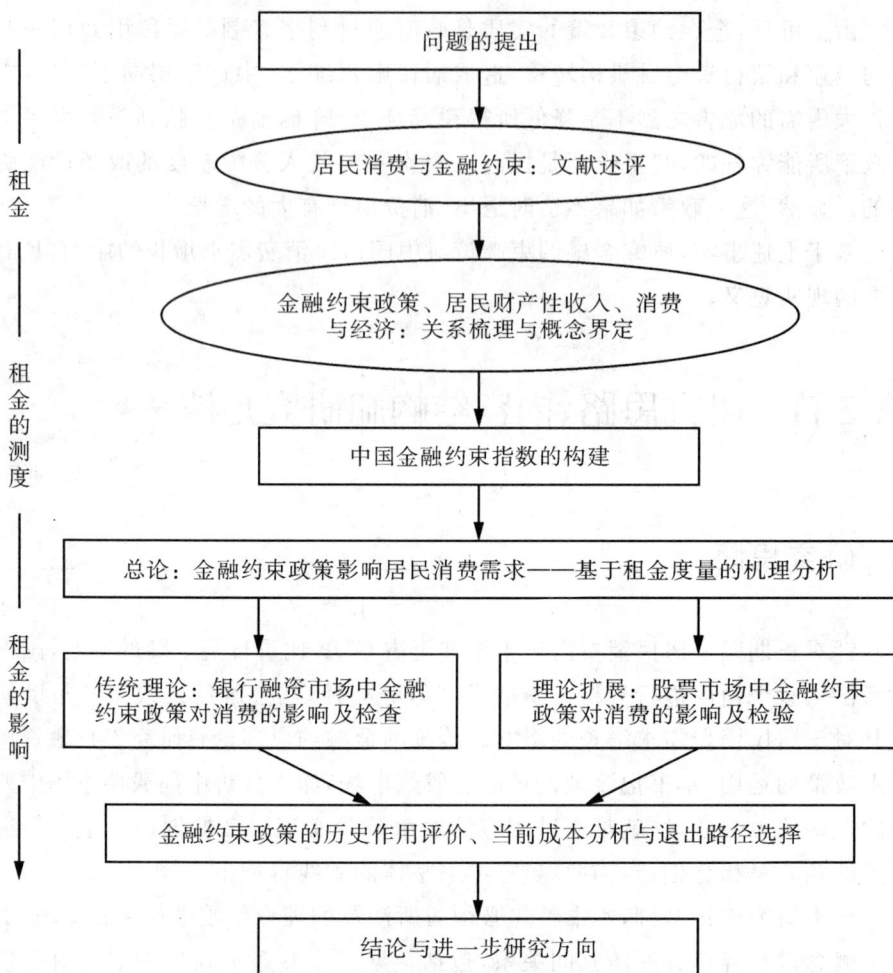

图 1-1　研究思路图

二、研究的主要内容与结构安排

　　基于以上研究思路，本书共分为九章，各章的主要内容阐述如下：

　　第一章　导论。本章旨在提出问题，阐述研究的选题背景和研究价值，概述研究思路、研究方法和结构安排，并解释研究可能实现的创新和尚存的不足之处。

第二章 居民消费与金融约束:文献述评。本章拟从六个方面展开:(1)消费理论及演化;(2)金融约束理论及评价;(3)金融约束与消费需求一般关系研究的文献回顾;(4)中国特色的股票市场金融约束特征研究的文献回顾;(5)与股票定价有关的财务理论及分析;(6)国内外公司治理机制中关于投资者利益保护的理论比较。并分别进行评述,以作为下文的理论基础。

第三章 金融约束政策、居民财产性收入、消费与经济:关系梳理与概念界定。本章拟首先通过理论分析与实证分析指出消费对经济的拉动作用,继而分析财产性收入对居民消费支出的重要影响,再着手分析金融约束政策对居民财产性收入的影响,勾勒出一条从金融约束政策→居民财产性收入→居民消费支出→经济发展的影响关系的主线索,为本书的研究定下基调。同时对相关概念进行必要的界定。

第四章 中国金融约束指数的构建与实证检验。金融约束指数的创建可用以衡量近年来中国金融约束政策的程度变化。当前研究中专门讨论金融约束效应的文献并不多,尚无金融约束指数一说,但相关文献中金融市场化指数创建的方法可以借鉴。故本章将对相关文献运用的方法进行回顾、萃取、评价和改进,在建立中国金融约束指数隶属函数的基础上运用主成分分析法,得到中国金融约束指数。

第五章 总论:金融约束政策影响居民消费需求——基于租金度量的机理分析。该部分主要任务是对金融约束影响居民消费需求的机理进行总体分析,首先运用误差修正机制对居民消费水平与金融约束指数关系进行实证分析,同时对金融约束政策制约消费增长的两条主要渠道:银行融资市场渠道和股票市场渠道进行理论分析,并在下文逐一展开具体分析。此外,从租金度量入手,基于详细的图形与数据对银行融资市场和股票市场中金融约束政策的租金规模进行测算是本章的另一重要内容。

第六章 传统理论:银行融资市场中金融约束政策对消费的影响及检验。本章将以金融约束的传统理论为基础,从中国居民储蓄利率效应的实证分析入手提出问题,进一步深入分析银行融资市场中金融约束的主要政策表现,并提出一个理论模型,再进行金融约束指数(或者租金规模)与居民消费水平的实证检验,得到结论。

第七章 理论扩展:股票市场中金融约束政策对消费的影响及检验。本章将从利率管制、股权分置下新股发行制度和再融资管理制度的政策等方面分析中国股市的金融约束特征，并分别分析其对投资者利益的侵害因而影响居民消费需求水平的机制，具体包括利率管制对居民消费行为的影响以及新股发行制度和再融资政策的金融约束特征及其对居民消费行为的影响分析。

第八章　金融约束政策的历史作用评价与退出路径选择。本章首先对金融约束政策在中国经济金融发展的特定历史时期所完成的重要作用进行客观评价，同时对金融约束政策的当前成本进行分析，进而提出金融约束政策退出的必然性以及退出的路径选择和时机选择，同时提出短期政策重点。

第九章　结论与进一步研究的方向。本章作为全书总结，总述研究结论与启示、提出研究的局限性以及未来值得进一步研究的方向和课题。

三、研究方法

本书在大量深入阅读国内外研究文献的基础上，以中国实际数据为证据，借鉴国际上对金融改革与居民消费需求关系的分析范式，来研究金融约束政策对中国居民消费需求的影响，在研究过程中运用以下方法：

(一)规范分析和实证分析相结合

研究金融约束政策对居民消费内需的影响需要从合理的假设出发，在理论(包括构建数理模型)上探析银行融资市场和股票市场中金融约束政策的租金创造机理及其对投资者利益的掠夺，进而分析其对居民消费水平的影响，然后采用合适的计量经济学方法(包括误差修正方法和动态模拟方法等)对理论进行检验。

(二)微观分析与宏观分析相结合

宏观经济学的研究将伴随着微观基础的不断引入而向微观化方向发展，只有这样才能使宏观经济中的国家调控与微观基础中的市场机制完美结合、相生相长。金融约束政策与社会总消费同属于宏观经济范畴，但前者对后者的影响正是通过微观经济的渠道产生作用的，因此对该课题的研究必须做到微观分析与宏观分析相结合。

第三节　创新之处与研究不足 ●●➡

一、创新点

第一,首次把金融约束政策的效应引入中国消费内需不足的现象分析中。国内对于消费内需不足原因的现有研究中,主要关注到的是国内较低的劳动报酬、地区间和城乡间日益扩大的收入差距、农村收入不足、我国经济增长方式、收入分配结构、要素价格扭曲等因素。本书则另辟蹊径,主要研究金融市场中金融约束政策倾向对居民消费内需的影响。

第二,把传统的金融约束政策的研究范围从银行融资市场扩展到中国特色的股票市场,首次明确股票市场中金融约束政策的存在性及其体现,并对之进行量化测度,分析其对居民消费需求的影响。在此之前,金融约束政策早已在股票市场中行使着实质性的影响,也有一众学者对股权分裂与流通股股东资产市值大幅缩水、证券市场制度安排的效率损耗、证券市场制度租金、再发行圈钱等问题进行研究,但研究者们一概回避进行明确的冠名与界定,而代之以"金融支持政策"(艾洪德,武志,2009)或者其他语焉含糊的名词。

第三,首次提出"金融约束指数"的概念并尝试进行测度。本书对相关的构建指数的文献所运用的方法进行回顾、萃取、评价和改进,首先分别建立起中国金融约束指数的多个隶属函数,再在此基础上运用主成分分析法,得到中国金融约束指数,并对其与居民消费需求之间的关系进行实证分析,从实证角度验证及测度金融约束政策对居民消费需求增长的影响。

第四,同时利用多个角度、多种方法,首次对金融约束政策在银行融资市场和股票市场所创造的租金规模进行测算及比较,虽然由于现实的限制,测算技术不尽理想,测算结果不尽精确,但对之所进行的尝试确属当前领域的率先尝试。

二、不足之处

第一,囿于本人的学识和能力,对银行融资市场和股票市场中金融约束政策的理论分析可能流于肤浅,未能尽得其妙;对金融约束政策特别是租金规模对居民消费内需影响的实证分析可能过于简单,不能更全面深刻地证实金融约束的政策效应。

第二,由于数据的可得性和中国股票市场发展时间的限制,本书对于金融约束指数的构建、金融约束下租金的测度可能不尽如人意,实证研究所采用的数据在时序上比较短,这可能会影响实证的结果。

第三,由于时间和难度的限制,未能对中国金融约束政策所影响的其他领域进行研究,诸如房地产市场中的金融约束特征与测度及其对居民消费需求直观上的深重影响等问题只好暂且留下,作为未来研究方向。

第二章

居民消费与金融约束：文献评述

从金融约束理论的角度研究居民的消费需求是一个全新的课题，加之金融约束理论的提出主要适用于发展中国家，把金融约束理论从传统的银行融资市场扩展至股票市场也是一个创新之举，因此目前直接相关的经济学文献几乎没有。但本书的研究目标又需要大量相应的理论支持，需要选择恰当的消费函数作为研究居民消费行为影响因素的基础，需要对金融约束理论进行客观分析与评价，需要了解国内把金融约束理论拓展至股票市场的研究进展。

为此，基于全书研究思路和具体研究内容的需要，本章从四个方面展开对有关文献的回顾和梳理，结构安排如下：首先对消费需求理论的演化进行系统的回顾和评述，其次对金融约束理论进行阐述与客观评价，同时整理和归纳对金融约束和消费需求的一般关系进行研究的文献，最后着重评析少数涉及中国股市中金融约束性质的文献。

第一节　消费需求理论及其演化

要研究影响居民消费行为的因素就需要研究消费函数，力求用一个函数掌握它的主要变量，根据该变量来分析影响消费的机理。过去研究居民消费函数，消费需求的理论表达是消费效应的最大化。消费效应的最大化，就可以演变出一个函数关系。在过去的函数关系中主要包括两大项内容：一个是可支配收入，一个是价格。随着研究和社会的进展，简单的消费函数已不再完全适用于分析居民消费行为，于是经济学家在消费函数当中加入若干新的因素，

三、相对收入假说

相对收入假说(Relative Income Hypothesis,RIH)又称杜森贝里的短期消费函数、"不可逆性"假设消费函数模型(杜森贝里,1949),其基本观点为:一个家庭或个人的现期消费会受到自身收入和周围他人的影响。当存在着这种"消费的示范效应"时,随着收入的增加,边际消费倾向可能不是递减的,即社会总需求水平不会轻易下降。同时,一个国家或个人的现期消费不仅受实际收入的影响,也会受到过去"高收入水平"的影响,当经济不景气时,人们的收入减少,但由于历史惯性的影响,消费支出不会改变或只有轻微地下降,从而不会降低整个社会的总需求水平。相反,当人们的收入水平提高时,会立即全面提高消费水平,此即"消费的棘轮效应"。这两个效应决定了消费具有"不可逆性"。杜森贝利的消费函数可近似地简化为 $C_t = b_0 + b_1 Y_t + b_2 C_{t-1} + \mu_t$。

四、互为补充的生命周期假说和持久收入假说

莫迪利阿尼等学者和米尔顿·弗里德曼根据费雪的消费者理论分别提出了生命周期假说(the Life-Cycle Hypothesis,LCH)和持久收入假说(the Permanent Income Hypothesis,PIH)。生命周期假说认为消费者的消费不仅取决于一生的收入,还取决于累积的财富,即有消费函数: $C = aW + \beta Y$,其中 W 为财富,Y 为收入,a 是财富的边际消费倾向,β 是收入的边际消费倾向。持久收入假说认为消费者的现期收入应分为两部分:持久收入 Y^P 和暂时收入 Y^T,消费者的消费主要取决于持久收入,而把大部分暂时收入储蓄起来不作为支出,因此有消费函数: $C = aY^P$,基于这一思想,消费的变化是无法预测的。

在 20 世纪 50 年代以后,这两种理论在实证研究中占据了重要的地位,但其中所涉及的预期收入和财产并不能被直接观察,也难以收集相应的计算数据。为此,弗里德曼以现在和过去收入的加权平均数来估计持久收入。当假定权数呈几何递减时,计算结果相当于适应性预期假定。20 世纪 70 年代中期以后,西方各主要工业国家几乎都陷入"滞胀"的困境,此时 LCH 和 PIH 的预测精度明显下降。申朴、刘康兵(2003)通过对消费过度敏感性模型的扩展,选择 1982—2000 年间中国宏观经济有关数据,采用工具变量法对转轨时期城

镇居民的消费行为及影响因素进行经验分析，回归分析显示，城镇居民的当前消费对当前收入具有过度敏感性，从而拒绝了生命周期—持久收入假说在目前中国城镇居民中的适用性。

五、罗伯特·霍尔的随机游走假说

生命周期假说和持久收入假说存在着一个内在矛盾：两种消费函数本质上说是前瞻的（forward looking），但其模型的设立和计算方法却是后顾的（backward looking）。霍尔采用理性预期假说，用随机方法修正持久收入和生命周期假说，提出随机游走假说（the Random-Walk Hypothesis）。他认为消费者追求预期的未来效用最大化时，未来边际效用的条件预期仅仅是现时的消费水平的函数，所有其他信息（包括前期消费、收入、资产、通货膨胀率、利率等）均不相关，也即除了一个趋势因子外，边际效用服从"随机游走"规则。当边际效用为消费的线性函数时，消费也服从"随机游走"规则。据此，他推断在有关线性消费函数的回归中，仅有滞后一期的消费具有不为零的系数，其间具有两重含义：(1)滞后一期以上的消费不具有对现时消费的预测力；(2)消费同任何在较早时期观察到的其他经济变量无关，尤其是滞后的收入对消费不具有解释力。"随机游走"的消费函数可以表示如下：$C_t = C_{t-1} + \overline{\varepsilon_t}$。该方法也被称为欧拉方程法。

基于上述模型，霍尔利用美国战后 1948—1977 年非耐用消费品的季节调整数据进行统计分析，结果表明，用理性预期所估计的结果与经济现实基本吻合。

六、误差修正机制消费函数理论

早期的消费函数都假定收入线性地决定消费，即假定收入和消费变量是平稳数列。而人们通过对有关变量时间序列自相关图的研究，发现它们的表现是非平稳的，导致普通最小二乘法容易产生"伪回归"。20 世纪 80 年代开始，罗素·戴维森（Russell Davidson）把协整分析引入消费函数，用收入与消费序列之间的协整组合产生的均衡误差对模型进行修正，为解决"伪回归"提供了坚实的基础。误差修正模型（Error Correction Model，ECM）的消费函数形式如下：

$$\Delta c_t = \mu_0 + a_1 \Delta c_{t-1} + b_1 \Delta y_t + b_2 \Delta y_{t-1} + \mu_1 (c-y)_{t-1} + \sum_{j=t-1}^{t} \sum_{i=1}^{n} p_{ij} \Delta x_{ij}$$

ECM 的优点在于把解释消费变量的长期与短期作用分离开来，并特别把长期作用的动态均衡机制显示出来。其中 Δ 项说明变量的短期波动影响机制，$(c\text{-}y)$ 一项表示消费与收入之间的协整关系，即长期均衡趋势的机制。由此产生的经济意义是：当 y 超均衡增长时，上式右边的第三项和第四项的短期作用使 Δc 增加，但第五项的长期作用却使其减少，迫使其回到长期协调增长的轨道上来。

以误差修正模型解释收入消费关系，短期波动项是以一阶差分的形式出现的，因而是平稳的，而长期均衡项不仅是平稳的，而且第一次确立了收入消费的长期趋势对短期变化所产生的影响，因此是计量经济学上的一个突破，不仅解决了传统消费函数的伪回归问题，更在解释收入消费长短期关系方面，发展了消费函数理论。由于建立在 ECM 基础上的消费函数对解释变量的选择并不像持久收入、理性预期生命周期消费函数那样有严格的限制或具体的要求，它主要强调变量间的协整性，与实际数据的吻合，提高模型的预测精度或模仿能力，因此，目前它与随机游走假说一起在国际上被广为应用。

七、20 世纪 80 年代以来消费函数理论的新发展

这一阶段是消费函数理论百花齐放的阶段。霍尔的"随机游走"假说的逻辑非常严谨，但弗莱文（Flavin，1981）发现的过度敏感性（Excess Sensitivity）与坎贝尔和迪顿发现的过度平滑性（Excess Smoothness）对其构成了有力的挑战，并因此引发了大量新假说，如流动性约束（Liquidity Constraints，LC）假说、预防性储蓄（Precautionary Savings）假说、损失厌恶假说（Loss Averse Hypothesis）、近似理性假说（Near-Rationality Hypothesis）、λ 假说等，其中最重要的当数坎贝尔和曼昆提出的 λ 假说。

坎贝尔和曼昆（1987、1990）假定经济中存在两种类型消费者，他们的可支配收入分别为 Y_{1t} 和 Y_{2t}，总可支配收入 $Y_t = Y_{1t} + Y_{2t}$。假设第一类消费者总能得到可支配收入中的一个固定份额 λ，所以 $Y_{1t} = \lambda Y_t$，$Y_{2t} = (1-\lambda) Y_t$。第一类消费者用他们的现期可支配收入进行消费，所以 $C_{1t} = Y_{1t}$，取一阶差分，有 $\Delta C_{1t} = \Delta Y_{1t} = \lambda \Delta Y_t$。第二类消费者用他们的持久收入进行消费，因此有 $C_{2t} =$

$Y_{2t}^P = (1-\lambda)Y_t^P$。利用霍尔（1978）和弗莱文（1981）的研究成果，可得：$\Delta C_{2t} = \mu + (1-\lambda)\varepsilon_t$，此处 μ 为常数，ε_t 是持久收入估计值从 $t-1$ 期到 t 期的变化，与消费者在 $t-1$ 期的任何变量正交。因此，消费的变化就可以写为：

$$\Delta C_t = \Delta C_{1t} + \Delta C_{21} = \mu + \lambda\Delta Y_t + (1-\lambda)\varepsilon_t$$

这一消费函数表明消费的变化是当前收入的变化和未预测到的持久收入变化的加权平均。对这一式子进行回归，如果 λ 的估计值显著等于 0，则持久收入假说成立，反之则证明消费变化与当前收入变化正相关，即过度敏感性假说成立。这一消费函数形式此后被许多学者引用或者变形、扩展来检验消费的影响因素。

八、本节小结

综上所述，我们可以发现消费函数理论的演化越来越多地与经济计量学的运用紧密结合，对影响居民消费行为的因素的分析愈加深入，分析方法愈加复杂，但影响消费行为的直接因素仍然是收入、财富、前期消费、实际利率等，因此，很多政府政策也会通过影响这些因素进而影响居民的消费行为。把政策因素合理量化并引入合适的消费函数，是我们检验政策效应的主要技术支持。

第二节　金融约束理论及其评价 ●●➡

一、金融约束理论的主要思想

金融约束理论（Hellman，Murdock and Stiglitz，1997）中的"金融约束"（Financial Restraint）是指政府通过制定一系列的金融政策，在金融部门和生产部门创造租金机会。创造租金机会是金融约束论的一个核心观点，此处租金是指超过竞争性市场所产生的收益，而非经济学通常所说的无供给弹性的生产要素的收入。金融约束论正是从分析租金机会而展开的。

（一）租金创造机制
租金创造机制可以通过引入一个简单的三部门体系贷款市场的供求模型

来解释,该模型中,金融体系包括三个部门:作为资金供给方的居民部门、作为资金需求方的企业部门和作为金融中介的银行部门,政府只起到监管者的作用。再假定客观经济环境稳定,通货膨胀率较低且可以预测,实际利率为正值。租金创造的利率机制表现如图 2-3 所示。

(1)在无政府干预的自由市场上,居民的资金供给曲线和企业的资金需求曲线如图 2-3(a)所示,此时市场均衡利率为 r_0。(2)如果政府部门对金融部门进行干预,只控制存款利率 r_d,贷款利率仍由市场决定,如图 2-3(b),此时均衡贷款利率为 r_l,银行获得全部租金 r_l-r_d。(3)银行获得租金后会增加投资来改善存款的基础设施、提高存款安全性,从而产生租金效应,使资金供给曲线向右移动,社会资金可以更方便地进入正式的金融部门,企业境况得到改善,可以较低的均衡贷款利率 r_l 得到较高的贷款额 Q_d,大于瓦尔拉斯均衡条件下所能得到的贷款额 Q_0,如图 2-3(c)。(4)如果政府同时干预存款利率和贷款利率,如图 2-3(d),此时市场的存款利率为 r_d,贷款利率为 r_l,均低于 r_0,此时银行可获租金 r_l-r_d,企业部门可获租金 r_0-r_l,双方均得益。

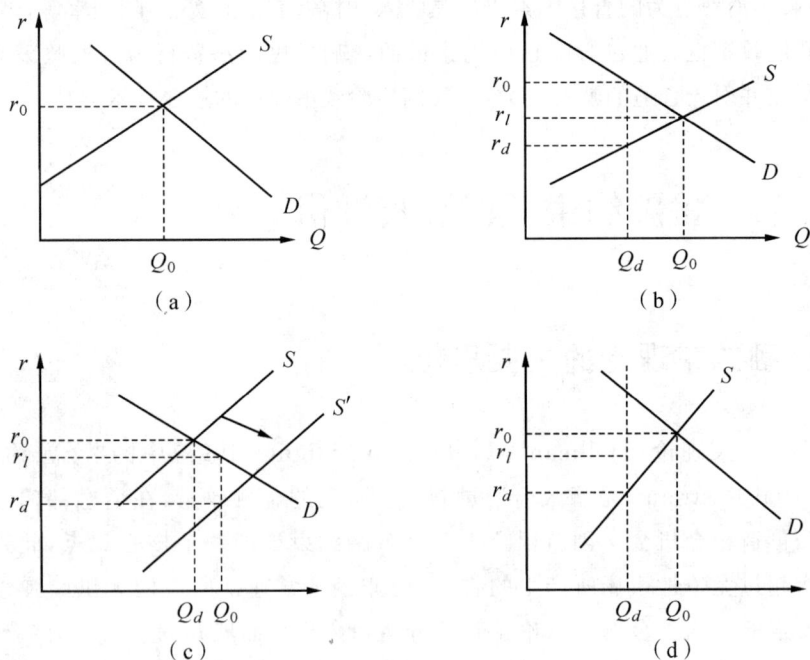

图 2-3 贷款市场的供给—需求模型

当然，租金创造并不完全依靠利率限制来达到，政府也可以采取市场准入限制、定向信贷配给等政策来创造租金，只要政府使银行和企业获得了超过竞争性市场所能得到的收益，而政府并不瓜分利益，就可以说政府为它们创造了租金（方洁，2004）。

（二）租金对金融部门的作用

在金融约束的情况下，为银行创造经济租金有两个重要作用：一是增加银行的特许权价值（franchise value），使其有动力成为长期的经营者，积极有效地监督企业，管理其贷款组合的风险。二是促使银行增加投资，开办新的分支机构，吸引更多的新储户、吸收更多的存款，推动金融深化。此外，租金机会还鼓励银行拓展长期信贷，并通过偿还期转换（maturity transformation）机制消除商业银行发放长期信贷时对通货膨胀的顾虑，将风险区分开来，让最有能力的主体承担各自的风险：银行承担信用风险，政府承担通货膨胀风险。

（三）租金对生产部门的作用

租金从居民转移到企业可能提高经济的投资水平，增加资本积累而使股本增加，这样就可以降低代理成本，同时发送一种良性信号，以获得更多的贷款支持，并进一步获取更多租金，形成一个良性循环。

金融约束的作用机制可以简单描述为如图 2-4 所示。

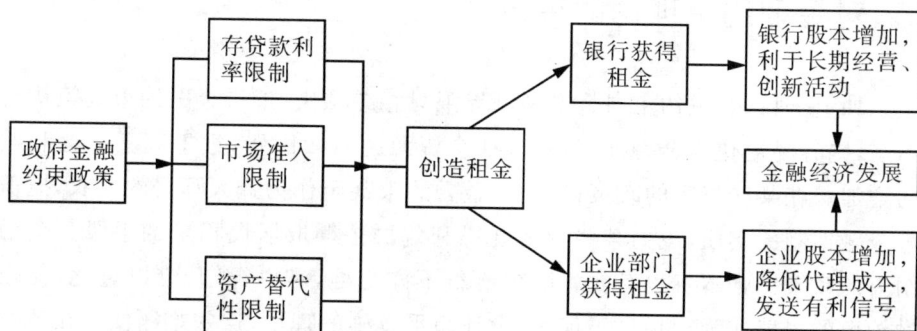

图 2-4 金融约束的作用机制[①]

（四）金融约束论的主要政策主张

1. 政府应控制存贷款利率，但实际利率为正数是金融约束的必要条件。

---

① 引用自王忠华：《经济转轨中的金融约束分析》，辽宁大学硕士学位论文，2007 年。

2. 限制竞争，包括市场准入限制、限制资本市场的竞争等。

3. 限制资产替代，即限制居民将正式金融部门中的存款转化为其他资产。

二、金融约束与金融抑制辨析

金融约束论强调政府干预的目的是为金融机构和产业部门创造租金，政府不占有租金，而金融抑制是政府通过干预来攫取租金；前者在一定范围内鼓励民间部门竞争以将租金机会变成租金效应，后者则限制竞争；前者的实施以正的实际利率为前提，后者则常出现负的实际利率。

但深入分析，金融约束与金融抑制之间并没有明显的界限，金融约束实质上是温和及轻度的金融抑制（程建伟，2002），严格的金融约束往往会退化成为金融抑制，如何把握二者之间的界限而不矫枉过正是一个很难做到的事情。金融约束论类似于国家推动发展论，其隐含假定了政府比民间部门拥有更完善的信息和判断能力，但实际上信息不完全和信息不对称同样适用于政府。同时，政府在实施金融约束的过程中，难免会出现政府官员利用职权争取私利的寻租行为，从而削弱了其作用效果。

三、对金融约束理论的评价

如上分析，金融约束与金融抑制界限只相差须臾，如果金融约束政策执行不当，则容易退化为金融抑制，阻碍社会资源的有效配置，远不利于社会利益的增加。在某些特定的政策目标下，金融约束甚至作为掩人耳目的外衣，掩盖着金融抑制的实质，成为某些特定既得利益群体攫取居民租金的手段。金融约束的政策主张本身也存在着诸多语焉不详之处，难以界定，难以量化，使金融约束的思路成为理想高于现实、设计超乎实施的理论，这些难题使之在政策执行过程的预期效果被大大削弱。

（一）租金的流向是否可以锁定为金融机构与产业部门

一方面，通过存贷利差限制实施的金融约束政策要求一个国家内部通货膨胀率要足够低，一旦通胀率过高，使实际利率小于零，此时租金将以通货膨胀税的形式从私人部门流向政府部门，即所谓的"南锥体"试验（"Southern Cone" experiment）。另一方面，政府在实施金融约束的过程中，如果出现政府官员利用职权争取私利的寻租行为,这时流向银行和企业的租金将被课以一定的折扣,降低租金的效应。

(二)租金效应是否一定存在

金融约束理论假定居民储蓄对利率不敏感,而对银行服务设施敏感。当银行占有租金后就会有实力和动力去扩大营销网点、提高服务质量,从而提高储蓄水平。依据中国的实际情况,居民储蓄的利率弹性确实很小,但由于预期收入增长缓慢、医疗住房、子女读书等种种客观原因,居民的储蓄倾向已呈胶着之势,并不会随着银行服务设施和质量的提高而增加多少,储蓄的租金效应并不存在。

金融约束理论认为政府为民间部门创造租金可以起到激励作用,但我国绝大多数商业银行和国有企业都属国有或国有控股,并不具备民间部门的特征,即使政府创造了租金,其激励作用也相当有限,租金的存在反而削弱了其创新动力。租金的最大作用在于弥补国有银行和国有企业由于产权性质等原因造成的不良贷款和投资损失。如果说政府创造的租金促进了经济的增长,这种增长也只是量性的增长,而不是质性的增长。

(三)限制竞争模式下受害者是谁

金融约束论认为,为了让金融部门的租金能够长期维持,必须通过准入限制防止银行部门的竞争,通过资产替代限制阻止居民将正式金融部门中的存款转化为其他资产。这种限制模式下的直接受害者是居民,一方面,准入限制使居民必须无条件接受受政府保护、拥有特许权的银行,不论这些银行的经营与服务表现如何;另一方面,居民的投资渠道单一,在政府设置的投资壁垒下,遭受财产性收入的损失,这些损失正形成租金,流向特定部门。

(四)租金的净流出方利益状况如何

赫尔曼和斯蒂格利茨提出的金融约束论将金融约束定义为政府通过制定一系列的金融政策,为金融部门和生产部门创造租金机会,并且详陈租金创造的机制,即如何使租金最大限度地从居民家庭流向金融部门和产业部门,如图2-5所示。但金融约束论始终回避的一个问题是,居民家庭作为租金的净流出方,面对租金的流出,福利状况如何变化。租金创造的实质是租金从居民家庭向银行、企业流动,是一种零和游戏,金融约束施益于银行和企业的前提,是从居民家庭掠取租金分配给银行、企业,直观上,这种租金的流失使居民家庭大量损失财产性收入,并通过其他机制同时影响居民消费需求。对这一问题进行深入研究正是本书的任务。

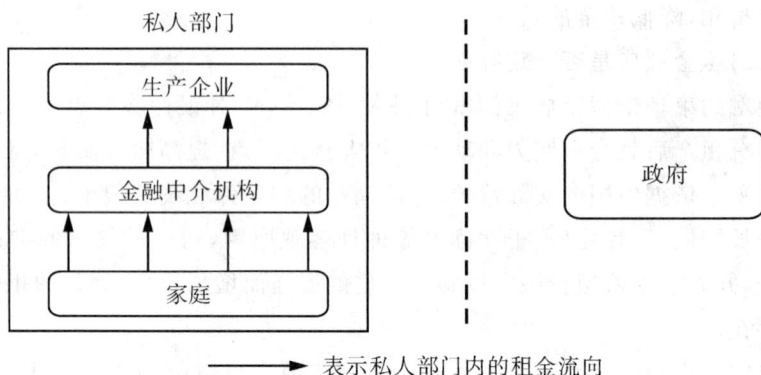

私人部门

图 2-5 金融约束政策下私人部门的租金流向[①]

四、本节小结

对于金融约束论的观点，有赞同的声音，也有反对的声音。日本学者 Masaharu Hanazaki 和 Akiyoshi Horiuchi(2001)不同意赫尔曼和斯蒂格利茨对日本银行业危机做出的解释，他们在《金融约束假说能解释日本战后实践吗》一文中对金融约束理论提出了严正的抨击，他们利用超过 1 600 个日本制造企业的真实数据进行分析得出结论，认为金融约束理论并不能解释日本战后的经济奇迹，直接推翻了金融约束论提出时的证据之一，并且对日本银行业的危机提出了新的理论解释和实证支持。

对于斯蒂格利茨的金融约束理论的基本前提之一——政府只追求社会福利的最大化和完全理性，弗莱(Maxwell J. Fry,1997)表示了明确的不同意见："斯蒂格利茨对政府很忠心，在他的论文里，政府是一个榜样：自我克制、有见识、有远见、客观，在追求经济目标时不偏不倚。但事实并不是这样，市场失败并不意味着政府能够成功。"

不可否认，金融约束的思想对发展中国家经济发展的特殊时期起到了重要作用，但从根本上说，经济现状的改善不是依赖于政府继续提供和增创租

---

① 引用并翻译自 Hellman, Stiglitz, 1997, Financial Restraint：Towards a New Paradigm。

金,而是取决于国有银行和国有企业的真正市场化。在此进程中,政府的支持和援助是不可缺少的,金融约束的政策主张毫无疑问会使现有的状况继续维持下去,从而增加未来的改革成本。因此从长期看,这一做法并不是一个最优选择,甚至不是一个次优选择(程建伟,2002)。

金融约束论强调政府利用政策手段为金融机构和产业部门创造租金,但这些租金的净损失方是居民家庭,金融约束政策将通过影响居民财产性收入、影响居民的消费行为,进而抑制居民的消费需求,阻滞经济的可持续增长。本书将在下文对此观点进行验证。

第三节 金融约束与消费需求 一般关系的研究评述 ●●➡

金融约束理论自从提出后主要被应用于发展中国家,与此同时也面临着严格的理论和实证检验,国内外学者主要探讨金融约束政策对经济增长的作用,结论体现为两个相反方向,一是认为金融约束政策能推动经济增长,一是认为金融约束政策不能推动经济增长。但把金融约束理论应用于消费需求问题的研究极少。国内学者对于中国居民消费能力低迷原因的研究多从较低的劳动报酬、地区间和城乡间的收入差距、农村收入不足、总需求结构失衡以及国民收入分配结构不合理等视角入手,尚无涉及金融约束角度。国内外真正把金融约束作为消费增长的决定因素之一进行研究的文献目前为止也极少。本节主要从三个方面展开研究评述。

一、金融约束、利率管制与经济增长的实证研究评述

对于金融约束、利率管制对经济增长的影响的研究结果倾向于两种声音,其一认为金融约束、利率管制确实可通过不同渠道、在一定时期内对经济增长起到促进作用。但这些研究通常也会认为,金融约束政策对一国经济的促进作用是有时期性而非持续性的。Emran 和 Stiglitz(2009)利用一个带有道德风险的职业选择模型分析发现,诸如存款利率上限、对工业贷款的

准入限制等金融约束政策能够鼓励银行向新兴企业提供更多融资机会，可以有效促使初始收益低的企业通过学习效应提高生产力，以推进经济增长。David Li(2001)深入分析中国银行部门的行为、成本与市场表现，认为利率管制等政策手段对于改革中的经济稳定是有利的，但成本紧随着改革而上升，甚至到一定时机后将顽固而难以移除，形成一个金融抑制性陷阱。要克服这个陷阱就必须把国有大银行解构分离为若干小银行。这个思路大胆，但未必有效、可行。

对于金融约束政策在战后欧洲经济增长中的促进作用的验证，查尔斯·韦普拉斯(Charles Wyplosz,1999)针对比利时、法国、意大利三个在长期内对银行体系和金融市场采取约束性政策的国家进行了检验。这三个国家在超过40年的时间里均采取了很多方法使利率维持在比较低的水平，同时实行信贷数量上限政策来影响数量和价格，并且持续向重点产业、地区和企业优先融资。文章深入分析三个国家一系列金融约束政策的宏观经济效应，包括国内金融市场和货币市场的联系、利率水平与波动性问题、预算效应、增长状况、银行效应、市场结构和租金转移的问题，结论认为欧洲的实践并不支持发展中国家必须走自由化的道路。虽然金融约束政策的增长效应很小，但毕竟战后法国、意大利、日本、韩国的经济得到迅速增长。总之，国内金融抑制将引致资产管制并减少银行的内外部竞争，使租金以对等补偿物的隐含形式被公共部门获取；国内信贷限制将降低债务负担和预算赤字；固定汇率制、资本管制和信贷上限会产生共同合力，来降低利率的波动性、降低短期的实际利率，进而影响经济。

另一种相反的声音认为，金融约束、利率管制并不能有效推动经济增长。Demetriades 和 Luintel(1997)利用印度的证据证实了金融抑制对金融发展有实质性的直接不良影响，而且并非通过大众普遍接受的实际利率的途径。他们结合利率控制、准备金比率、流动性需求和直接信贷计划等信息，利用主成分法构建金融抑制指数；利用协整技术估计政策与金融深化之间的长期关系；用误差修正模型检验金融深化的动态行为，并计算这些金融抑制政策的短期、长期乘数；采用恩格尔等人(Engle et al.,1983)的方法，利用外生测试检验金融深化与人均 GDP 之间的关系。

文内的估计方程为：$LFD_t = a_0 + a_1 LY_t + a_2 R_t + a_3 LB_t + a_4 FPC_t + u_{1t}$，其中 LFD 为金融深化度，即银行存款占 GDP 的比重；LY 为真实人均 GDP 的对数，R 为真实利率，LB 为银行分支机构的人口密度，FPC 为金融抑制指数，

LK 为人均资本存量的对数——永久存量，年折旧率选择 8%。他们也论证了金融发展对经济的影响并不仅仅是弱外生性的，金融抑制会对之产生真实的成本。虽然他们讨论的主题是金融抑制，但其实证模型所引入的真实利率和银行分支机构密度等变量与金融约束政策变量本质上是一致的。

对金融约束持反对意见的日本学者 Masaharu Hanazaki 和 Akiyoshi Horiuchi（2001）利用超过 1 600 个日本制造企业的真实数据进行分析得出结论，认为金融约束理论并不能解释日本战后的经济奇迹，认为银行危机不是 20 世纪 80 年代开始的金融自由化的结果，而主要是由于银行业贷款企业的结构性变动引起的。他们认为，即使在 20 世纪 80 年代以前，日本的银行体系也是脆弱的，因为政府没有得力措施惩罚效率低下的银行。20 世纪 70 年代以后企业纷纷遭受来自国外的竞争，并逐渐减少对银行的依赖；80 年代以后，房地产企业成为日本银行体系最主要的借款者。这种结构产生的变化使银行业的脆弱性随着房地产泡沫的破裂显露出来。

而国内对于金融约束与经济增长关系到的研究主要停留在金融约束理论的解释、金融约束的条件是否成立、是否适合中国国情的论证上。

二、居民消费需求影响因素的研究评述

关于我国居民消费不足原因的分析，现有的研究较多关注到我国较低的劳动报酬导致了居民收入水平低下和购买力的不足（张蓓芳，2010；金贤东，2008；袁志刚，宋铮，1999；武少俊，1999）。更多研究考察了我国地区间和城乡间日益扩大的收入差距所引发的国内需求不足的问题（卢光标等，2010；王少平，欧阳志刚，2007；李培林，2007；Zhang，2006；虞杭，2005；李实，2003；赵人伟等，1999）。有的研究特别提到了农村收入不足导致的农村消费不足问题（杨永忠，2005）。罗楚亮（2004）则认为是由于收入、就业水平和支出的不确定性影响了居民的消费水平。此外，部分学者认为，投资与消费的比例不协调、过度投资是导致消费率低下的另一重要原因（卢光标等，2010）。

还有学者认为消费政策、消费环境的不完善、流动性约束等原因也导致了消费的不足（武少俊，1999；袁志刚，宋铮，1999）。万广华（2001）测试了罗伯特·霍尔（Robert Hall）的消费函数及其扩展模型，分析了流动性约束与不确定性在中国居民消费行为演变中的作用，实证研究表明随着中国经济改革的

不断深入，中国的居民消费行为在 20 世纪 80 年代的早期发生了结构性转变，流动性约束型消费者所占比重的上升以及不确定性的增大造成了中国目前的低消费增长和需求不足，而且流动性约束和不确定性之间的相互作用进一步强化了两者对居民消费的影响，导致了居民消费水平和消费增长率的同时下降。

龚敏、李文溥（2009）则指出以出口导向为重要特征的粗放型经济增长方式所累积的总需求结构失衡，以及国民收入分配结构的不合理等因素，是制约我国居民消费能力的根本性原因。中国内需不足问题的三个重要因素：（1）经济增长方式与"两高一低"结构的关系，认为"投资驱动和出口拉动"的粗放型经济增长方式是导致"两高一低"的根本性原因。对我国经济增长的核算表明，经济增长中全要素生产率（Total Factor Productivity，TFP）的贡献不大，经济增长仍属实物资本与劳动力积累推动的粗放型经济增长模式，这种增长方式的最大缺陷在于在快速提高人均 GDP 的同时，难以相应提高人均收入水平，大量投资形成的生产能力无法在国内找到需求，只能依靠低成本优势出口，造就了"出口拉动"型经济增长格局。（2）收入分配结构与"两高一低"结构的关系。当前我国收入分配结构中，国民收入分配向资本收益和政府倾斜，劳动者报酬所占份额却不断下降，造成居民消费不足，并影响了我国经济的可持续发展。（3）要素价格扭曲也促成了"两高一低"的结构特点。以出口导向为特征的粗放型经济增长势必依靠廉价国内要素投入，为了追求高增长，各级地方政府自觉不自觉地压低国内要素价格。由于国内土地、资金、劳动力、自然资源价格均过低，投资的低成本除了激励政府或企业进行投资扩张外，还使企业丧失自觉转变增长方式，提高资源利用效率的内在动力。我国各级政府在利益驱动下，有着极高的经济增长需求，甚至不惜以牺牲环境为代价。这就使中央早已提出的转变粗放型经济增长方式的战略决策迟迟难以实现。

作者赞成以上学者对中国居民消费不足的原因所进行的分析，但同时发现，从金融制度这一角度考察，有一个最大的制约因素迄今为止尚为人们所忽视，这就是中国金融约束政策与居民消费需求增长之间的矛盾。下文的任务即尝试从这一角度展开研究。

三、金融约束、金融自由化与消费需求直接关系的研究评述

金融约束理论的提出主要适用于发展中国家,把金融约束理论运用于解释居民消费需求问题的直接相关文献几乎没有,因此研究参考只能借鉴于消费与利率管制、消费与金融抑制、消费与流动性约束、消费与金融放松管制(Financial Deregulation,金融解制)的文献。

(一)国外研究成果

Lucio Sarno 和 Mark P. Taylor(1998)检验了金融放松管制对英国居民消费支出的效应,作者构建了一个消费的非线性模型,此处的消费存在着流动性限制,并通过基于金融放松管制的代理变量而设置的时变参数体现出来。作者对该非线性模型利用非线性工具变量法进行估计,得出结论:英国的金融解制显著地降低了居民面临的流动性约束,并随着时间推移,使很大一部分人得到消费的平滑。文内所涉及的时变参数即收入流向受流动性限制的家庭的比例,它的估计路径与英国的金融解制的过程完全一致。该文的估计模型立足于坎贝尔和曼昆的 λ 假说,并以随着时间变化的 λ 替代了坎贝尔 λ 假说中固定的 λ,估计模型为:$\Delta c_t = \lambda_t \Delta y_t + b_2 \Delta y_{t-1} + (1-\lambda_t)\sigma r_{t-1}$,此处 λ 为收入流向受流动性限制家庭的比例,σ 为跨期替代弹性,r 为实际利率。λ 值位于 $[0,1]$ 之间,并近似表示为关于 k_t 的一个非线性幂函数:$\lambda_t = 1 - (\phi_0 + \phi_1 k_t + \phi_2 k_t^t)$,此处 k_t 为金融解制指数。利用英国 1963—1994 年的数据进行季节调整后对该方程进行估计,得到 λ_t 的估计与轨道如图 2-6 所示,证实了收入进入流动性限制消费者的比例对借贷限制的变化高度敏感。

R. M. Townsend 和 K. Ueda(2007)通过比较金融自由化和金融抑制下的经济增长、福利收益、居民收益、永久消费的增长等问题证实金融自由化的收益。他们根据泰国 1976—1996 年间金融政策演化的事实,即 1986 年前的金融抑制和 1987 年后显著的金融自由化,基于一个内生的金融深化的正则增长模型,把金融抑制和金融自由化具体化为金融服务的进入成本,作为变量的变化引入模型中来检验金融自由化的福利收益。当银行的交易成本下降时,更多的人从金融服务中得利,因此这些成本的变化同时影响到金融深化和经济

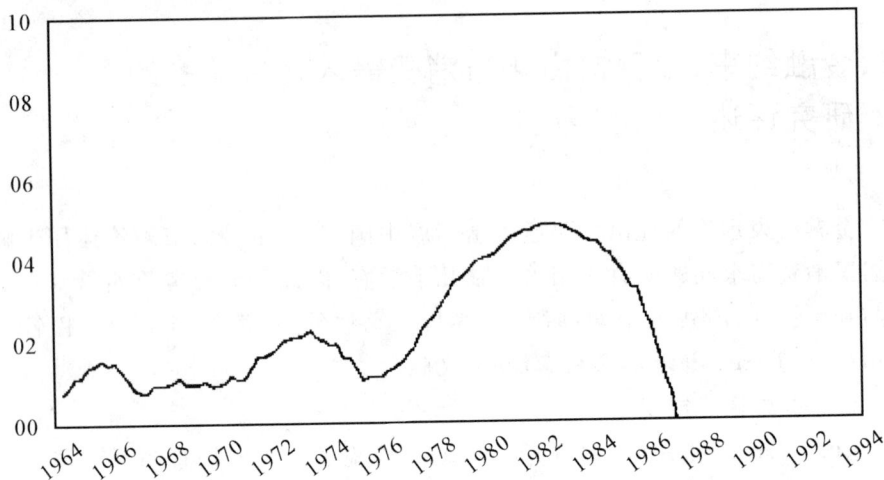

图 2-6 λ_t 的时间轨道估计图

增长。他们的文章利用动态规划和校准技术,对金融自由化的历史阶段和金融抑制的假定延续的仿真模型进行对比,估计上述的福利收益。同时,考虑到影响增长的一些潜在因素,模型用一系列总冲击来模拟真实的 GDP 增长路径。结果表明,金融自由化会产生相当大的福利收益,具体表现为高达永久消费的 1%～28%,对经济增长的影响为—0.2%～0.7%,当然这些数据会随着收入水平和不同国家金融深化度的不同而差异。他们假定每个人可以从事两种投资:一为安全但收益率低的项目,一种为高风险但高收益的项目。那些不使用金融服务的人的基本资产积累方程为 $k_{t+1}=[\phi_t(\theta_t+\varepsilon_t)+(1-\phi_t)\delta]s_t$,其中 k 为资产,s 为储蓄,φ 为储蓄中投资于高风险项目的比重,δ 为安全项目的收益,$\eta_t=\theta_t+\varepsilon_t$ 为高风险项目的收益,其中 θ 为总冲击,即同质冲击,ε 为异质冲击。那些使用金融服务的人的资产积累方程为 $k_{t+1}=(1-az)R(\theta_t)D_t=(1-az)R(\theta_t)\gamma\cdot s_t$,其中 α 代表政府贷款比例,也代表金融制度表现;z 代表政府官僚无效的成本,这两项用来衡量制度性障碍。$R(\theta_t)$ 表示家庭投资收益,D 为存款,$1-\gamma$ 为金融服务的每期成本,即存款成本,实际存款 $D_t=\gamma\cdot s_t$,且根据设定,国有企业的收益=贷款利率=存款利率=$(1-z)R(\theta_t)$。他们所分析的金融自由化的福利收益涉及永久消费,而引入的变量 z 则表示国有企业赢利中的官僚无效的成本,值得借鉴。他们研究中所涉及的用来衡量异质冲击的 ε 实质上就是投资者保护的问题。

Chan 和 Hu(1997)则从另一角度研究金融自由化对居民消费需求的影响。他们针对台湾 1988 年后随着金融自由化的推进，储蓄率大大降低的典型性事实，分析金融自由化是否将带来总消费的结构性变化。台湾金融市场的特点是除正规金融之外，有一个非常发达的非正规金融市场，设会、延期支票、地下钱庄盛行，资金的筹集也可通过向亲戚朋友举借的方式筹集。他们得出消费和金融自由化关系的检验方程为 $\Delta c_t = k + (\theta_0 + \theta_1 D_T) r_t + (\lambda_0 + \lambda_1 D_T) \Delta y_t + \varepsilon_t$，其中 D 为检验以 T 为折点的虚拟变量，θ 反映利率的期限结构，λ 反映消费者的信贷约束。他们通过把消费分为总消费与非耐用品消费、把利率分为银行利率和私人利率，分别对上式进行四种组合的最小二乘法(OLS)、广义矩法(GMM)和工具变量法估计，结论是：(1)因为有发达的非正规金融部门，金融自由化后那些受信贷约束的人口比例下降到近于 0，说明非正规金融有助于消费者克服信贷约束；(2)真实利率对消费增长产生负效应，与霍尔随机游走假说的命题正相反；(3)金融自由化影响消费需求的途径是通过放松了消费者的信贷约束、改变了消费的收入弹性和利率弹性的途径，从而利于消费的增长，特别是耐用品消费的增长。

此外，W. E. Weber(1970)对生命周期假说和持久收入假说的模型进行修改并估计，证实利率显著地影响总消费，且实际市场利率变化的收入效应大于替代效应，当利率上升时，居民用当前较少的储蓄即可获得未来一样水平的消费，因而当前的消费增加。这一研究隐含地认为，金融约束下的低利率政策不利于居民当前消费的增加。A. Levchenko(2005)则致力于讨论金融自由化与消费波动性的关系，他把经济人分为两种类型，A 为可以进入国际金融市场进行风险规避者，B 为不能进入国际金融市场者。分析的结果表明，金融自由化使 A 类经济人增加，并通过防范风险的机制，导致 B 类经济人的消费波动性上升。Nicholas R. Lardy(2008)利用中国 2002—2008 年存贷利率的数据分析了金融抑制下居民的隐税流向政府和银行的途径，角度全面且深入地分析了利率管制对居民消费产生的负效应，认为金融抑制降低了政府稳定地低估汇率的冲销成本，商业银行虽从低利率政策中获益，但却损失于低利率下的准备金和央行票据。他指出居民消费下降是因为收入中的利率收入下降导致的。

(二)国内相关研究

国内该类研究主要着眼于金融抑制、利率管制对消费需求的影响。李辉文(2010)利用主成分法构建了金融抑制变量，并用以检验金融抑制对居民消费"门槛效应"，即金融抑制在某一水平下，可以促进居民消费水平，超过此临界值，则可以通过信贷可得性和财产性收入等途径挤出消费需求。所用的估计模型 $c_t = a + \beta_1 fr_t + \beta_2 fr_t^2 + \varepsilon_t$ 中，c 为居民消费率，fr 为利用存款利率是否固定、是否有上下限以及直接信贷管制、法定存款准备金率和法定流动性比率等三个信贷政策变量所构造的金融抑制变量。结论认为中国确实存在金融抑制的"门槛效应"和"时间窗效应"，也即从短期来看，新结构主义和金融约束理论符合目前中国现状，在保持宏观经济和通货膨胀预期稳定前提下，温和的金融抑制通过"金融漏损"渠道有助于经济效率提升，促进经济增长和刺激消费需求。然而从长期看，随着居民资产存量增加，哪怕是温和的金融抑制对整个经济金融体系也是弊大于利的。

申朴、刘康兵(2003)通过扩展 Campbell 和 Mankiw 的消费过度敏感性模型，选择 1982—2000 年间中国宏观经济有关数据，采用工具变量法对转轨时期城镇居民的消费行为及影响因素进行经验分析，结果显示：城镇居民在收入增长率减缓，并面临较强的不确定性和流动性约束条件下，必然会减少当前消费，增加储蓄，从而导致目前消费疲软和总需求不足的状况。他们证实实际利率对消费增长率有显著正效应，其中主因是通货膨胀对消费增长率具有显著负效应，而名义利率对消费增长率没有显著影响，因此有力地解释了为什么中央银行连续降低名义利率而消费和储蓄并未向预期的方向变化的事实。

王书华、孔祥毅(2009)通过对居民金融资产结构的变迁进行分析，论证了居民储蓄在准货币增长中所具有的重要位置。在不确定性、流动性约束和预防性储蓄理论假设的基础上，从中国经济改革以来的经验事实出发，验证了中国城乡居民在经济行为过程中存在流动性约束和预防性储蓄的事实，并在理论上对居民储蓄推动准货币快速增长的机制给予了证明。对中国城镇居民和农村居民消费行为的检验证实了不确定性和流动性约束的存在能够刺激居民预防性储蓄动机的增加，导致准货币增长，并最终推动超额货币供给的产生。

叶耀明、王胜(2007)根据扩展的生命周期—永久收入假说以及欧拉(Euler)方程建立模型，对中国大陆 31 个省市自治区 1979—2004 年的整体情况和东、中、西部的区域情况进行广义最小二乘法(GLS)面板数据分析，结果表明，金融市场化通过各种渠道降低了消费者面临的流动性约束，促进了消费升级，释放了消费需求。他们还通过国际比较发现国内的金融市场化还能进一步释放消费需求，从地区比较发现金融市场化减少消费流动性约束的作用在经济相对发达的东部和中部地区更为显著。

万广华等人(2001)运用中国 1961—1998 年间数据,通过测试罗伯特·霍尔(Robert Hall)的消费函数及其扩展模型,分析了流动性约束与不确定性在中国居民消费行为演变中所起的作用。实证研究表明,随着中国经济改革的不断深入,中国居民消费行为在 20 世纪 80 年代早期发生了结构性转变。流动性约束型消费者所占比重的上升以及不确定性的增大,造成了中国目前的低消费增长和内需不足。此外,他们还发现流动性约束和不确定性之间的相互作用进一步强化了两者对居民消费的影响,导致了居民消费水平和消费增长率的同时下降。他们的文章虽然没有直接涉及金融约束,但对居民消费的决定因素的估计方程考虑全面:$\Delta C_t = a_0 + a_1 \Delta y_t + a_2 r_t + a_3 Var(\Delta C_t) + a_4 \Delta c_{t-1} + a_5 (y_{t-1} - c_{t-1}) + \mu_t$,其中,他们认为可以通过估算 a_1 来测定流动性约束型消费者所占比例的大小,通过检验 $Var(\Delta c_t)$ 项的显著性,可以证实谨慎储蓄或不确定性是否支配着中国居民的消费行为,同时构造收入增长的预测误差值的平方 $(\Delta y_t - \Delta \hat{y}_t)^2$ 作为不确定性 $Var(\Delta c_t)$ 的替代变量。模型估计中,利用工具变量,采用两阶段最小二乘法(2SLS),并利用 Chow 检验把样本期分为两段,确定转折点在 1983 年,加入虚拟变量后分别对两个阶段进行回归,比较两阶段回归结果,得出结论:一,改革开放以来流动性约束型消费者所占比重上升;二,改革开放以来不确定因素开始对国内需求产生影响。他们认为利率变动对消费的微弱影响可能是因为正规金融市场的利率被严格管理,难以反映资本的机会成本所致。他们同时提出可以通过三个途径刺激消费,即减少不确定性,改善信贷环境,增加流动性约束型消费者的收入增长速度。

第四节 中国股票市场金融约束特征的研究评述 ●●●➤

传统的金融约束政策只论及银行融资市场,国外及大部分国内既有的文献中基于金融约束政策所进行的居民消费需求研究也只着眼于银行利率、银行信贷或流动性水平的影响研究,尚未有文献直接论及股票市场或者其他领域的金融约束政策问题。而在中国股市这种具有鲜明中国特色的金融市场中，金融约束政策早已行使着实质性的影响，也有一众学者对股权分置与流通股股东资产市值大幅缩水、对证券市场制度安排的效率损耗、对证券市场制度租金、对再发行圈钱等问题进行了较深入的研究。尽管这些研究者们一概未对中国股市的金融约束政策进行明确的冠名与界定，而代之以"金融支持政策"或者其他语焉含糊的名词，但这些文献对中国股市中具有金融约束特征的各种现象的研究成果为本书拓展了研究思路、增强了研究信心。

一、中国股票市场中股权分置政策的金融约束特征的研究成果

吴晓求主笔的一系列研究报告对中国资本市场建立公正的市场秩序与投资者保护问题、股权分裂与流动性变革问题、股权分置改革后的中国资本市场等进行了非常深刻的研究，其中《中国资本市场：股权分裂与流动性变革》（吴晓求，2004）陈列了股权分裂的八大危害，并对股权分裂与流通股股东资产市值大幅缩水进行了实证分析。文中指出，股权分裂的二元结构导致非流通股股东的资产价值与市值关系甚微，因而其获利的主要途径就变为通过市盈率杠杆集资或通过与大投机者合谋操控股价来实现，因此说，股权分裂是中国股票市场上"圈钱"和"坐庄"行为的"优质土壤"，使流通股股东的资产市值大幅缩水成为必然。文中认为这种影响渠道主要有两条，其一，"市盈率融资杠杆"[1]导致新股上市价格高估，并通过"政策溢价"[2]"财务溢价"[3]和"概率溢价"[4]等因素的挤出效应缩减新股的市值。文中分析结果指出，如果保持20倍的市盈率市价决定方式，则二级市场流通股股价两年后的缩水率最高将达

---

[1] 市盈率融资杠杆＝（按市盈率计算的发行价格－每股净资产）/每股净资产。

[2] 政策溢价是市盈率融资杠杆中由于发行政策导致的差价。

[3] 财务溢价是指由于发行前利润或发行后预测利润的不真实或未实现部分经过市盈率放大后虚增进入二级市场的流通股股价中，所形成的上市首日价格减去而后随着业绩下降下跌的部分。

[4] 概率溢价指一级市场申购者在申购期间的财务成本会相应加入新股的定价中的那一部分。

75％。其二,"价格操纵能力杠杆"则放大了大投资者操控股价的能力及与非流通股股东共谋的可能,使二级市场陷入资金积聚—吞噬—崩塌的黑洞式循环,使投资者资产市值最大限度、最快速度地缩水。

二、中国股票市场中再融资圈钱行为的金融约束特征的研究成果

朱云(2009)对于上市公司再发行圈钱的行为进行了深入独到的研究。她把"再融资圈钱行为"界定为"再发行前没有良好投资项目支撑,而再发行后滥用募集资金"的行为,并用公式 $\theta = 1 - \dfrac{ROE_R}{ROE_P}$ 来量化再发行圈钱的程度,其中 ROE_R 表示再发行后的现实投资回报率, ROE_P 表示再发行公告书中预期的投资回报率。然后构建了一个从动机到行为、从行为到后果的因果链分析思路,通过建立理论模型、进行丰富的数据分析和中肯的实证检验,发现在1998—2001年间中国上市公司中进行配股的439个样本中,有56.5％的配股公司存在滥用募集资金的现象,而且上市公司在再发行后都出现了长期业绩恶化的问题,再发行后三年累积回报率为−23.08％,比同期市场平均回报率低了7.50％,进一步的数据比较分析揭示,规模效应和盈余管理等国外相关理论均无法解释以上现象。再把上市公司根据圈钱和未圈钱分成募集资金滥用组和未滥用组,通过实证检验证实正是募集资金的滥用造成了配股公司长期业绩的恶化。朱云的研究成果对配股公司的配股后绩效管理和监管层的配股前后严化监管均起到了警示作用,但她未进一步追踪再发行圈钱对于投资者利益的侵害,也未提及中国上市公司再融资偏好之谜。

三、中国股票市场中金融约束政策的租金分析的研究成果

艾洪德和武志(2009)对中国证券市场的金融约束政策进行了实质性的研究,虽然他们把证券市场中具有金融约束性质的政策称为"金融支持政策"。

他们首先对传统的金融约束政策框架下的限制资产替代及限制证券市场发展进行了理论修正与拓展,认为在国有银行的货币性金融支持作用难以维系之际,通过国有企业优先入市与股权分割制度安排国家成功地实现存贷款市场租金向证券市场租金的转移,是对经济转轨提供了持续的金融支持,两者内涵一致、并不相悖。因此,他们是率先明确了中国股票市场中金融约束性质及其制度租金创造作用的学者。同时,他们把"金融支持政策"界定为"一系列低成本动员居民部门金融剩余,为国有经济部门提供资金支持与隐性金融租金补贴的政策措施",并指出股权分置正是主动创设租金、获取证券性金融支持的具体安排和核心机制,这种"自然生长与人工培育相结合的特点使中国证券市场的发展在某种程度上必须表现为对自然演进逻辑的背离","从长期来看,制度变迁的方向非常明确,政府需要克服既得利益阶层的压力并打破其设定的路径依赖,重新回归到证券市场作为投资市场的制度安排上来"。

艾洪德和武志突出的研究贡献之一在于利用金融约束的框架来分析证券市场的制度租金。他们认为证券市场的租金创设正是国家实现了存款市场租金向证券市场的租金转移,再加上证券市场的金融支持所面对的是股权因无须像债权一样进行还本付息,一旦获得进入许可,则意味着可以获得一笔无须偿还的免费资金,租金的创设极其可观。因故国家要通过"审批制"、国有企业优先入市与股权分割等制度安排来实现存贷款市场租金向证券市场租金的转移,并使国有企业成为这些租金的垄断者。他们用图 2-7 来反映中国证券市场制度租金的创设。

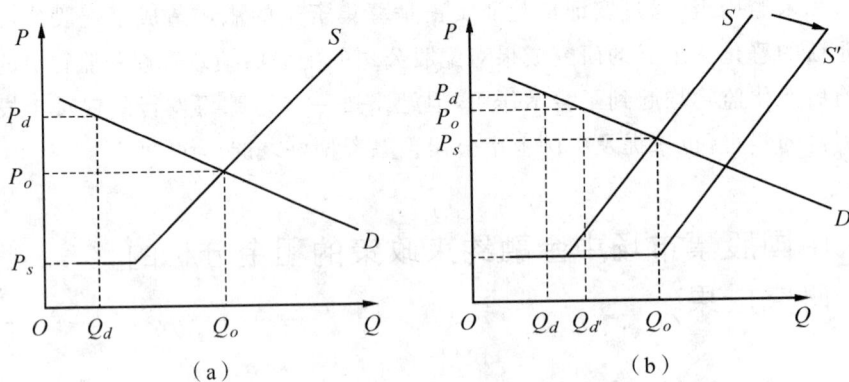

图 2-7　证券市场制度租金:金融约束分析框架拓展

如图 2-7 所示，他们认为当政府通过股权分置、国有股暂不上市等政策安排控制了证券市场中的证券供给数量，则可能在证券市场上创造出租金，体现为图 2-7(a) 中的价格差额 $P_d - P_s$。如果考虑租金效应，如图 2-7(b) 所示，则证券供给曲线外移至 S'，租金扩大。这一研究结果是对传统的金融约束租金分析的拓展。

第三章
金融约束政策、居民财产性收入、消费与经济：关系梳理与概念界定

本章旨在厘清金融约束政策影响居民财产性收入、居民财产性收入的下降导致居民消费需求的下降、居民消费需求下降进一步影响一国经济增长等关系之间的逻辑。

第一节　居民消费对经济的拉动作用

正如前文所说，长期以来中国经济发展面临的障碍之一就是居民消费需求的低迷。截至 2009 年年底，中国居民消费水平占 GDP 的比重仅为 35％，最终消费率仅为 48.6％［见图 3-1(a)］。与此同时，世界平均消费率达 78％～79％，我国居民消费率不仅大大低于世界平均水平，而且也明显低于发展中国家的平均水平(见图 3-2)。消费需求与经济增长之间的失衡是当前我国遭遇外部需求萎缩时导致经济迅速下滑的根本性、长期性内因。在此期间，中国政府部门消费率一直相对平稳［图 3-1(b)］，由此可见，居民部门消费率的降低是导致中国整体最终消费率逐年下降的主要原因。在 2008 年美国次贷危机引发的全球金融海啸之后，这一问题越显严峻。危机过后，各国努力自救，全球性的贸易保护主义竞相抬头，多个国家剑指中国，进口关税歧视和非关税壁垒、汇率争端和货币纠纷使国内进出口贸易遭受前所未有的压力，并影响到经济社会的诸多方面。此一现象使中国出口依赖型的经济增长模式遭受了巨大的冲击，因此必须扩大内需，使经济增长不过度依赖于外需，是近年来政策制定者和国内学者越发关注的问题。内需的扩大中，消费是最终需求，其背后的力量是市场和消费者,这样的经济增长是有质量的。投资是引发诱致性需求,不是最终需求。当经济处于萧条的背景时,加大政府投资、扭转经济下滑是非常之举,但投资背后的力量是政府,也容易产生"政绩工程"和"形象工程"。因此长远地看,为了提高经济增长的质量,扩大内需必须从主要依靠投资拉动经济转向主要依靠消费拉动经济,尤要重视居民消费需求增长对经济的拉动作用。

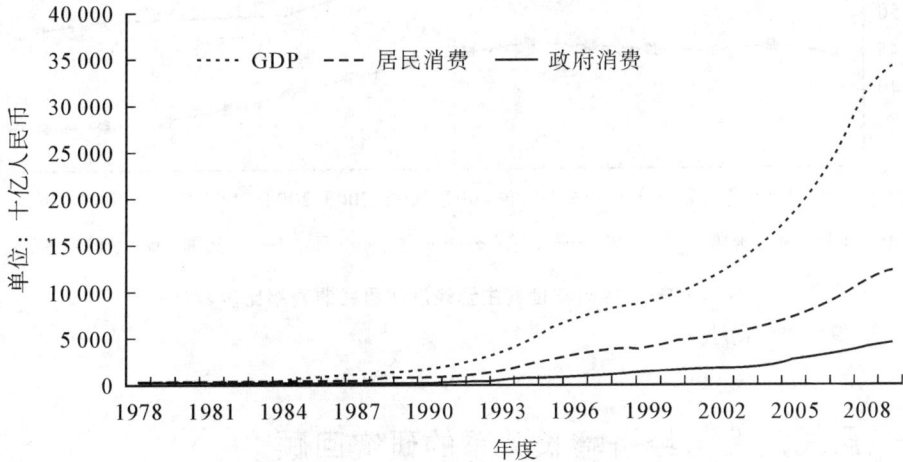

图 3-1(a) 1978—2009 年度 GDP 与最终消费比较

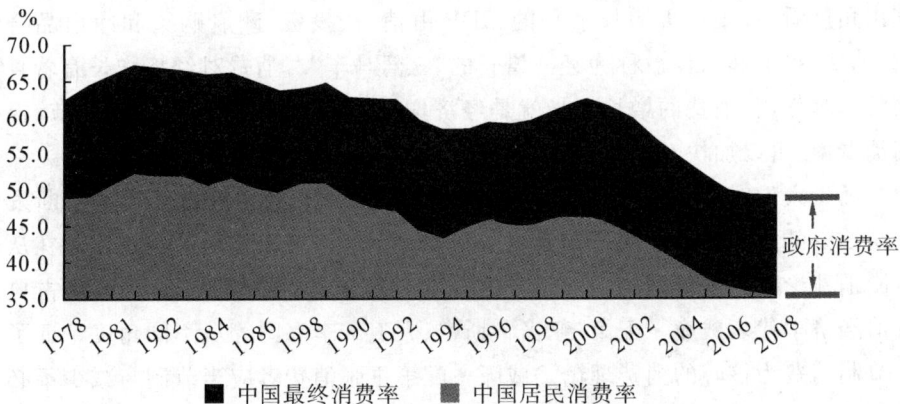

图 3-1(b) 1978—2009 年度消费率比较

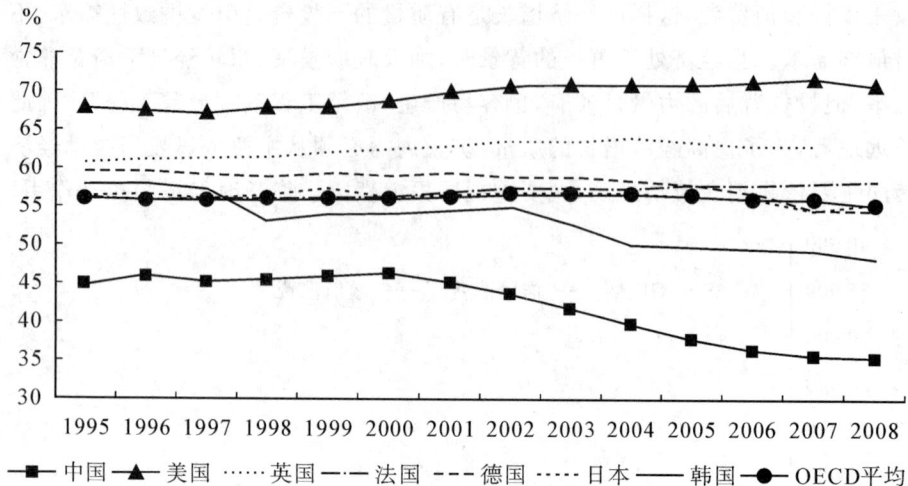

图 3-2　中国与世界主要经济体居民消费率比较

资料来源:彭博资讯

一、居民消费与经济增长关系的研究回顾

　　宏观经济理论中经济增长的支出形式为:$Y=C+I+G+NX$,意味着从支出角度看,代表经济增长水平的 GDP 由消费、投资、政府购买和净出品合成,消费、投资和出口被称为经济增长的"三驾马车"。消费对经济增长有着直接的贡献作用,消费的增长本身就是经济增长,二者之间不存在中间环节,提高消费率,可以加快 GDP 扩张的速度、增加经济总量。

　　随着人们对消费认识的不断提高,基于消费方式的理论也经历了不断发展与演变的过程。早期西方学者对于消费之于经济增长作用的观点体现在从节制消费论到适度消费论的消费方式演变过程中(韩丽娜,2008)。英国古典政治经济学代表威廉·配第、亚当·斯密、大卫·李嘉图等从不同角度论证了以节制消费为核心的消费理论。威廉·配第主张消费者应当节制与减少不必要的消费,以保证资本与财富的积累和经济的增长。亚当·斯密同威廉·配第一样认为消费者应当节制消费,他第一次真正认识到消费的作用与地位,首次提出了生产的目的是为了消费,同时提出勤劳与节俭是获得财富的必要条件。大卫·李嘉图关于消费的核心思想仍然是强调资本及财富的积累,认为消费者应当压缩非生产性消费。这些英国古典经济学家的主要观点认为节制消费可以保证资本与财富的积累，有利于经济的增长。

法国政治经济学家魁奈则是适度消费论的代表人物，他把居民消费分为生活必需品消费与奢侈品消费，认为奢侈品消费不利于生产的发展与财富的积累，必须限制其消费。但魁奈主张促进国民适度消费，他认为拥有大量产品的国家需要靠消费来维持自己的财富，因为经常消费会引起产品的经常再生产，也就意味着国家财富的恢复。西斯蒙第首次提出了消费决定生产的观点，将满足消费者的需要看成是生产的目的。此外，他认为资本主义会因为消费不足而发生经济危机，指出经济危机的实质是消费不足。西斯蒙第的理论在当时具有重大的意义，在当代消费与经济增长的关系上仍然具有重要的指导作用。以西斯蒙第和英国学者马尔萨斯、霍布森为代表人物形成的"消费不足"周期理论已经开始尝试解释经济周期中危机阶段的出现以及生产过剩的原因。该理论认为，经济中出现萧条与危机是因为社会对消费品的需求赶不上消费品的增长，而消费品需求不足又引起对资本品需求不足，进而使整个经济出现生产过剩性危机。消费不足的根源则主要是由于国民收入分配不平等所造成的穷人购买力不足和富人储蓄过度。英国经济学家凯恩斯则是当代消费与经济增长关系的理论奠基者，他提出了以"国家干预"和"有效需求管理"为核心的消费理论，认为一国的兴衰取决于有效需求是否充分。上述学者逐步认识到了消费在国民经济中的重要作用，并据此提出适度消费消费理论。

近年来国内学者对消费与经济增长关系的研究主要通过收集相关数据对二者进行实证分析，得出消费对经济的作用大小、动态效果、二者之间的相互因果关系等结论。许永兵、文晖(2002)研究了我国居民消费与经济增长的关系，首先分析了消费在景气波动中的作用，利用回归分析指出消费对经济的拉动系数为 0.755。李爱平(2005)对 1978 年以来我国居民消费结构的变动对经济增长的影响做了研究，他认为消费结构变动通过引起产业结构的变动进而影响经济增长，提出了必须根据居民消费结构来调整产业结构变动从而实现经济持续增长的思想。杜婷、庞东(2006)分析了我国经济周期中的消费波动，绘制出消费变量与 GDP 的谱分析图、消费变量与实际 GDP 的互谱分析图和我国消费变量与实际 GDP 的波动关系，认为我国居民收入对消费的弹性系数为 0.8，收入和消费有长期均衡关系。袁知英(2007)利用 1978—2005 年的数据对我国消费与经济增长进行了动态计量分析,指出居民消费与经济增长之间存在长期均衡关系,而政府消费与经济增长之间没有协整关系,格兰杰因果检验的结果则表明居民消费与经济增长之间存在双向的因果关系;利用脉冲响应和方差分解的分析方法,得出居民消费对经济增长的拉动作用明显大于经济增长对居民消费的推动作用的结论,而姜涛、臧旭恒(2008)同样选取1978—2006 年我国居民最终消费和经济增长的数据进行格兰杰因果检验,结果却表明居民消费和经济增长存在着单向因果关系,即居民最终消费可以拉动经济增长,但经济增长却不能解释居民最终消费的变化;同时通过协整分析推断居民最终消费和 GDP 之间存在协整关系,居民最终消费每增长 1% 会带动 GDP 增长 0.45%。相同的数据分析结果却不一样,原因可能是因为数据的处理不准确、计量方法的运用不妥当等造成的,对于这一问题,下文将进行实证的验证。

二、消费需求影响经济增长的机理透视

(一)消费需求对经济的直接拉动作用

消费是 GDP 的组成部分,消费的增长直接表现为经济增长。宏观经济学对于社会总需求的界定为"一定时期内消费者、企业和政府想要支出的总额"。换言之,社会总需求反映的是经济中不同经济实体的总支出,包括消费者购买的消费品、企业购买的厂房和设备、政府购买以及净出口四个部分,用下式表示:

$$Y = C + I + G + NX \tag{3.1}$$

其中 C 表示消费,I 表示投资,G 表示政府支出,NX 表示净出口。在总需求的四个部分中,前三部分(消费、投资和政府支出)构成一国的内部需求,即内需;第四部分(净出口)构成一国的外部需求。所谓扩大内需,就是在外部需求缩小时,通过扩大消费、投资和政府支出来扩大总需求,以保证国民经济的稳定增长。同时,政府支出与消费需求合称为总消费需求,用 TC 来表示,由此式(3.1)可转化为:

$$Y = TC + I + NX \tag{3.2}$$

为了区别于总消费需求,宏观经济学将消费需求 C 称为居民消费,而将政府支出 G 称为政府消费。

　　改革开放以来,中国与世界经济的联系日益紧密,1978 年我国的进出口依存度只有 9.8％,30 年来这一指标已超过 60％,表明中国经济已融入世界经济的循环中。但是外需是不稳定的,东南亚金融危机中我国出口已遭受到重创;后次贷危机阶段美国政府的大举拯救行动使人们陷入了对美国经济可能大幅衰退的担忧,全球经济态势不明朗,加之人民币对美元进入不断升值的周期,中国的出口面临着前所未有的压力。这一切显示着作为一个经济大国,只有走内需主导型增长道路,才能保证经济增长的可持续发展。

　　而内需中的投资需求确实带动了历次的经济高速增长,在现阶段与消费需求相比,我国投资率明显偏高。投资增长对 GDP 增长率的贡献由 1997 年的 18.6％上涨到了 2006 年的 41.3％,社会固定资产投资的增长率也远高于同期的消费增长和 GDP 的增长。汪同三(2006)指出:"从改革开放 20 多年的历史来看,当投资的增长速度明显高于经济增长速度或者明显高于消费增长速度的时候,那就意味着经济在某些方面出现了过热,而且它会带来一段时间以后价格水平的上涨,甚至可能出现通货膨胀等比较严重的问题。……从动态来看,从结构分析来看,我们的经济增长确确实实存在着过热的倾向。我们应该针对经济运行的实际情况,采取必要的宏观调控措施。"赵锡军教授也指出:"与消费相比,越来越快的投资增长,已使中国经济中消费与投资的比例凸显畸形。"(郑春峰,2006)。投资与消费结构失衡,过度投资、产能过剩、利润增幅回落、亏损额上升,是严重影响经济稳定发展的潜在威胁。因此,消费需求作为最终需求,才是对投资需求的持续增长和国民经济的稳定发展起决定性作用的因素。

　　同时,政府支出受国家预算的制约,其增长有一定的规模限制,通过图 3-1(b)也可见我国政府支出占 GDP 的比重一直保持相对平衡。因此,经济增长的最根源的力量来自于居民消费的增长,正如英国经济学家马歇尔(1981)所说的:"一切需求的最终调节者是消费需求。"

(二)消费需求对经济的间接拉动作用

　　消费对经济增长的间接拉动作用,是指消费作为初始变量拉动其他变量,又通过其他变量拉动经济增长(韩丽娜,2008)。消费需求的增长可以通过扩大就业,来促进生产能力的扩张。马克思指出,"没有需要,就没有生产,而消费则把需要再生产出来"。消费结构的逐步升级也有利于带动产业结构的调整和优化,从而促进经济的增长(曹誉波,2010)。消费需求对经济的间接拉动作用还主要体现在消费拉动投资、投资又拉动经济增长。投资包括自主投资和引致投资,自主投资的动因主要是新产品和新生产技术的发明而产生的投资增长,引致投资则是由消费的增长和自主投资等经济行为所诱生出来的投资。因此,要产生大规模的投资,不仅需要新产品、新技术的出现,同时还可通过消费的增长来获得。

此外,从需求方面看,消费直接拉动经济增长,从供给方面看,消费能够创造出人力资本,从而创造生产能力,对经济增长同样起到重要作用。消费不仅仅单纯地消耗社会资源,而更重要的是通过社会资源的消费,特别是通过教育文化等方面的支出,生产出最宝贵的社会财富——人力资本,这种人力资本是产业创新、生产力进步、社会经济增长的根本载体和源泉。消费创造人力资本的形式主要有:第一,教育文化方面的支出,此类支出包括一般教育支出、职业教育和技术培训等方面的支出,一般认为教育支出是培育人力资本最基础和最主要的方式;第二,医疗保健方面的支出,这类支出可以提高居民的身体素质,延长其劳动时间,并使其在有限的劳动时间内提供的具体劳动更有效率。

(三)消费需求在经济波动中具有稳定器的作用

罗伯特·霍尔(1989)说过:"就长期来看,消费支出和国民生产总值的增长大致相同。但是,从短期来看,消费支出的波动比国民生产总值波动小……实际国民生产总值迅速下降时,消费支出在回到原先位置时,只有轻微下降,相对稳定是消费支出和国民生产总值相比最重要的经济周期因素之一。"霍尔的论述表明,消费需求在经济波动中具有稳定器的作用。美国经济学家杜森贝里的相对收入假说也认为居民消费者支出的变化往往落后于收入的变化,消费者在收入减少时,宁肯运用储蓄来维持已达到的消费水平,而不愿改变消费习惯、减少消费。正因如此,当经济周期处于衰退与萧条阶段时,收入将下降,但消费具有刚性,不会以同样的速度下降,下降较少甚至维持不变,使得消费需求相对于投资需求稳定得多,具有一种自发地对经济衰退的遏制作用。再根据凯恩斯的边际消费倾向递减规律,当社会的实际收入增加时,由于边际消费倾向递减,消费量不会等比例增加,这样就不会刺激经济达到过分繁荣;相反,当社会的实际收入减少时,由于边际消费倾向递减,消费量不会同比例减少,这样就不会使经济过分萧条。这就是说,边际消费倾向递减实际上起了一种自动稳定器的作用,在很大程度上平滑了经济增长的过度波动。

三、中国居民消费与经济增长的动态关系研究

为了验证消费需求与经济增长的关系,本章选用国内生产总值 GDP 作为被解释变量,居民消费数据作为解释变量,同时选择政府消费作为参照变量。为了消除因忽略了其他影响经济增长的因素而可能造成的误差,本章选用误差修正模型 ECM,误差修正模型另一优点在于能把解释消费变量的长期与短期作用分离开来,既能说明变量的短期波动影响机制,也能显示出长期作用的动态均衡机制。同时,本章运用了格兰杰因果关系检验方法分析消费与经济之间的相互因果关系。为了揭示二者及其滞后项的影响机制和影响周期,本章采用结构向量自回归 SVAR 和脉冲响应方法进一步进行分析。

(一)数据选取与处理

变量跨度选取 1978—2009 年的年度数据。国内生产总值 GDP、居民消费水平 RC、政府消费水平 GC 等数据的现值均来自"CEIC 中国经济数据库"。为了保证实证结果的科学性和可比性,所有现值均调整为剔除掉物价水平差异的实际值。其中,GDP 利用 GDP 平减指数(1978 年为 100%)进行调整。GDP 平减指数(deflator)没有现成资料,可以根据式(3.3)、利用定基的 GDP 指数(Index)进行处理。居民消费水平与政府消费水平分别利用消费者物价水平(1978 年为 100%)进行调整。处理结果见表 3-1。

表 3-1　实际 GDP、居民消费、政府消费数据

单位:10 亿元人民币

	国内生产总值	国内生产总值指数(1978=100)	实际GDP	居民消费	政府消费	居民消费价格指数(1978=100)	实际居民消费RC	实际政府消费GC
1978	364.52	100.0	364.52	175.91	48.00	100.00	175.91	48.00
1979	406.26	107.6	392.22	201.15	62.22	101.90	197.40	61.06
1980	454.56	116.0	422.84	233.12	67.67	109.50	212.89	61.80
1981	489.16	122.1	445.08	262.79	73.36	112.20	234.22	65.38
1982	532.34	133.1	485.18	290.29	81.19	114.40	253.75	70.97
1983	596.27	147.6	538.03	323.11	89.53	116.70	276.87	76.72
1984	720.81	170.0	619.68	374.20	110.43	119.90	312.09	92.10

续表

	国内生产总值	国内生产总值指数 (1978＝100)	实际GDP	居民消费	政府消费	居民消费价格指数 (1978＝100)	实际居民消费RC	实际政府消费GC
1985	901.60	192.9	703.16	468.74	129.89	131.10	357.54	99.08
1986	1 027.5	210.0	765.49	530.21	151.97	139.60	379.81	108.86
1987	1 205.9	234.3	854.07	612.61	167.85	149.80	408.95	112.05
1988	1 504.3	260.7	950.30	786.81	197.14	177.90	442.28	110.82
1989	1 699.2	271.3	988.94	881.26	235.16	209.90	419.85	112.03
1990	1 866.8	281.7	1 026.85	945.09	263.96	216.40	436.73	121.98
1991	2 178.1	307.6	1 121.26	1 073.10	336.13	223.80	479.49	150.19
1992	2 692.3	351.4	1 280.92	1 300.00	420.32	238.10	545.99	176.53
1993	3 533.4	400.4	1 459.54	1 641.20	548.78	273.10	600.95	200.94
1994	4 819.8	452.8	1 650.55	2 184.40	739.80	339.00	644.37	218.23
1995	6 079.4	502.3	1 830.98	2 837.00	837.85	396.90	714.79	211.10
1996	7 117.7	552.6	2 014.34	3 395.60	996.36	429.90	789.86	231.77
1997	7 897.3	603.9	2 201.34	3 692.20	1 121.90	441.90	835.53	253.88
1998	8 440.2	651.2	2 373.75	3 922.90	1 235.90	438.40	894.82	281.91
1999	8 967.7	700.9	2 554.92	4 192.00	1 371.60	432.20	969.92	317.35
2000	9 921.5	759.9	2 769.99	4 585.50	1 566.10	434.00	1 056.57	360.85
2001	10 966	823	3 000.00	4 943.60	1 749.80	437.00	1 131.26	400.41
2002	12 033	897.8	3 272.66	5 305.70	1 876.00	433.50	1 223.92	432.76
2003	13 582	987.8	3 600.73	5 765.00	2 003.60	438.70	1 314.11	456.71
2004	15 988	1 087.4	3 963.79	6 521.80	2 233.40	455.80	1 430.85	490.00
2005	18 494	1 210.4	4 412.15	7 265.20	2 639.90	464.00	1 565.78	568.94
2006	21 631	1 363.8	4 971.32	8 210.40	3 052.80	471.00	1 743.18	648.15
2007	26 581	1 557.0	5 675.58	9 561.00	3 590.00	493.60	1 936.99	727.31
2008	31 405	1 707.0	6 222.36	11 059.00	4 175.20	522.70	2 115.75	798.78
2009	34 051	1 862.5	6 789.19	12 113.00	4 439.70	519.00	2 333.91	855.43

$$实际\ GDP_t = \frac{名义\ GDP_t}{GDP\ 平减指数} = \frac{名义\ GDP_t}{GDP_t/(\text{Index}_t \times GDP_{1978})} = GDP_{1978} \times \text{Index}_t$$

(3.3)

　　由于数据的自然对数变换可以在一定程度上消除时间序列中存在的异方差问题,并且可以方便地表示变量变化之间的弹性问题,所以对实际国内生产总值、居民消费和政府消费三个序列分别取对数,用 LGDP、LRC 和 LGC 表示。

(二)单整与平稳性检验

　　时间序列数据固有的自相关问题会使时间序列不平稳,使普通的回归方法面临伪回归的问题,因此,采用增广的 DF 检验方法(augmented Dickey-Fuller test,ADF)对各变量进行单位根检验,其中 △LGDP、△LRC 和 △LGC 分别表示 LGDP、LRC 和 LGC 的一阶差分。各变量的检验结果见表 3-2。

表 3-2　平稳性检验结果[①]

变量	ADF 值	临界值		DW	概率	检验类型 (C,T,P)	结论
		1%	5%				
LGDP	−0.0389	−3.6999	−2.9763	1.5177	0.9474	(C,0,1)	不平稳
LRC	0.3311	−3.6702	−2.964	1.8553	0.9761	(C,0,1)	不平稳
LGC	0.8161	−3.6702	−2.964	1.436	0.9927	(C,0,1)	不平稳
△LGDP	−4.0855	−3.6793	−2.9678	1.9181	0.0037	(C,0,1)	平稳
△LRC	−3.6834	−3.6793	−2.9678	1.9427	0.0099	(C,0,1)	平稳
△LGC	−3.6651	−3.6793	−2.9678	2.0715	0.0103	(C,0,1)	平稳

　　由检验结果可知,LGDP、LRC、LGC 在 1% 和 5% 水平上均无法拒绝含有一个单位根的原假设,而 LGDP 和 LRC 的一阶差分项在 1% 上、LGC 的一阶差分项在 5% 水平上均拒绝原假设,均为平稳时间序列。由此可见,LGDP、LRC 和 LGC 均为一阶单整时间序列,具备进一步进行协整分析的条件。

(三)简单线性回归与格兰杰因果检验

　　为了确定居民消费、政府消费与 GDP 之间是否具有相互影响的关系,本章采用格兰杰因果关系检验方法对两组变量之间的相互关系进行检验。在进行格兰杰因果关系检验之前,为了判别检验的意义,先用最小二乘法对平稳序列 △LGDP、△LRC、△LGC 进行简单的线性回归,回归结果见式(3.4)。

---

①　检验类型(C,T,P)分别代表截距项、趋势项和滞后期。

$$\Delta LGDP_t = 0.0529 + 0.5319\Delta LRC_t - 0.0314\Delta LGC_i + \hat{\varepsilon}_t \qquad (3.4)$$
$$(5.1025) \quad (4.2893) \quad (-0.4583)$$
$$[0.0000] \quad [0.0002] \quad [0.6502]$$

$R^2 = 0.4210, D.W. = 1.1187, F$ 值的概率 $= 0.0004$

圆括号内为 t 值，方括号内为概率。简单的线性回归结果表明，在 10% 的显著性水平上居民消费增长率每提高 1 倍将引起 GDP 增长率提高 0.5319 倍。而 GDP 与政府消费的弹性很小，方向与预期相反，且无法拒绝系数为 0 的假设，说明政府消费对 GDP 的影响效应很不明朗，因此在下面的实证中将取消此参照变量。但回归方程的 F 值极小，说明方程的解释度很差，原因应该是简单线性模型中遗漏了其他影响经济增长的重要变量。因此，下文采用误差修正模型来克服这一问题。

对 LRC 和 LGDP 进行格兰杰因果检验，结果（见表 3-3）显示，滞后一期时在显著性水平 10% 的情况下 LRC 是 LGDP 的格兰杰原因，而 LGDP 不是 LRC 的格兰杰原因，在滞后阶数大于 1 时，LGDP 与 LRC 互不影响。结果表明我国居民的消费对国民经济增长的影响具有滞后性，前期的消费会对当期经济增长变化的原因。并且居民消费与经济增长之间存在着单向的因果关系，我国居民消费的增长可以带动经济的快速增长，而经济增长对于促进居民消费增长方面的作用则不明显。

表 3-3　格兰杰因果检验结果

原假设	变量个数	滞后阶数	F—统计量	概率	结论
LRC 不是 LGDP 的格兰杰原因	31	1	2.9937	0.0946	拒绝
LGDP 不是 LRC 的格兰杰原因	31		0.5054	0.483	接受
LRC 不是 LGDP 的格兰杰原因	30	2	0.7176	0.4977	接受
LGDP 不是 LRC 的格兰杰原因	30		0.463	0.6347	接受

（四）协整关系检验与误差修正模型（ECM）

由单整性检验已知，LGDP、LRC 均为一阶单整序列，如果直接对它们进行最小二乘回归，将产生"伪回归"问题，因此决定采用误差修正模型对它们的关系进行检验。此外，误差修正模型还可以克服为了单纯检验经济增长与居民消费之间关系而忽略了其他影响经济增长的重要变量所可能产生的计量缺陷，同时还能分别解释居民消费对经济增长的短期波动影响机制和长期动态均衡机制。

在完成误差修正模型分析之前，必须首先检验 LGDP 和 LRC 这两个一阶单整序列的协整有关系，只有具有协整关系，才具备进行误差修正模型分析的条件。二者间的最小二乘回归结果如式(3.5)。

$$LGDP_t = -0.3282 + 1.1859LRC_t + \hat{u}_t \tag{3.5}$$

因此可得残差项 $\hat{u}_t = LGDP_t + 0.3282 - 1.1859LRC_t$

对残差序列 $\hat{u}_t$ 进行单位根检验[①]，检验类型为(0,0,1)，结果在 5％水平表明 $\hat{u}_t$ 是平稳序列，意味着 $LGDP_t$ 和 LRC_t 之间存在协整关系，可进一步建立误差修正模型。首先基于 LRC 对 $LGDP$ 建立一个一般的动态消费函数模型式(3.6)。

$$LGDP_t = \beta_0 + \beta_1 LGDP_{t-1} + \beta_2 LRC_t + \beta_3 LRC_{t-1} + \varepsilon_t \tag{3.6}$$

两边求期望可得：

$$E(LGDP_t) = \frac{\beta_0}{1-\beta_1} + \frac{\beta_2 + \beta_3}{1-\beta_1}E(LRC_t) \overset{\text{记为}}{=\!=\!=\!=} k_0 + k_1 E(LRC_t) \tag{3.7}$$

在式(3.6)两端减去 $LGDP_{t-1}$，在右边加、减 $\beta_2 LRC_{t-1}$，并依据式(3.7)中的系数关系，可得

$$\Delta LGDP_t = \beta_0 + (\beta_1 - 1)[LGDP_{t-1} - k_1 LRC_{t-1}] + \beta_2 \Delta LRC_t + \varepsilon_t \tag{3.8}$$

令 $a = \beta_1 - 1$，误差修正项 $ECM_{t-1} = LGDP_{t-1} - k_1 LRC_{t-1} = u_{t-1}$，可得

$$\Delta LGDP_t = \beta_0 + aECM_{t-1} + \beta_2 \Delta LRC_t + \varepsilon_t \tag{3.9}$$

式(3.9)即为本书所采用的误差修正模型，可对之运用 Engle-Granger 两步法进行协整分析。依据式(3.5)回归得到的残差序列 u_t，用 u_{t-1} 替换式(3.9)中的 ECM_{t-1}，对式(3.9)进行最小二乘回归，得到：

$$\Delta LGDP_t = 0.0489 - 0.2233ECM_{t-1} + 0.5491\Delta LRC_t + \hat{\varepsilon}_t$$
$$(5.50, 0.00) \quad (-3.03, 0.00) \quad (5.51, 0, 00) \tag{3.10}$$

$R^2 = 0.56, D.W. = 0.99$，括号内前为 t 值，后为概率。

式(3.10)表示的误差修正模型中，差分项反映了短期波动的影响，经济增长的短期变化可以分解为两部分，一部分是短期居民消费波动的影响，一部分是二者偏离长期均衡的影响。式(3.5)表明 LGDP 对 LRC 的弹性系数为 1.1859，居民消费每增长 1％，GDP 将增长 1.1859％。式(3.10)说明居民消

---

① 检验类型为 ADF(0, 0, 1)，$t = -0.5831$，5％的临界值为 -1.9521，检验概率为 0.0116。

费的变化(ΔLRC)以 0.5491 的比例影响 GDP 的变化(ΔLGDP)。从误差修正项(ECM)的系数来看,当短期波动偏离长期均衡时,将以 -0.2233 的调整力度将非均衡状态拉回到均衡状态。

(五)基于向量自回归和脉冲响应函数的动态关系分析

向量自回归(VAR)模型把系统中每一个内生变量作为系统中所有内生变量的滞后值的函数来构造模型,从而将单变量自回归模型推广到由多元时间序列变量组成的向量自回归模型,它常用于预测相互联系的时间序列系统及分析随机扰动对变量系统的动态冲击,从而解释各种经济冲击对经济变量形成的影响(Gerald & DeFina,1998)。为了更深入解析居民消费与 GDP 增长的动态联系,本书采用向量自回归方法做进一步实证分析。

设 $Z_{s,t}$ 是一个二维向量 $Z_{s,t}=(GDP_t,RC_t)'$,一个经济系统的动态变化可以表述为:

$$AZ_{s,t}=B(L)Z_{s,t-1}+e_{s,t} \tag{3.11}$$

式中,A 为 2×2 系数矩阵,主要描述变量之间的同期相关性,B(L)为 2×2 滞后算子的多项式矩阵,$e_t=[\varepsilon_{GDP,t},\varepsilon_{RC,t}]'$ 是 2×1 结构扰动向量。对式(3.11)求解,即可得到简约形式:

$$Z_{s,t}=C(L)Z_{s,t-1}+\mu_{s,t} \tag{3.12}$$

式中,$Z_{s,t}=C(L)Z_{s,t-1}+\mu_{s,t}$ 表示无限阶滞后多项式,$\mu_{s,t}=A^{-1}e_{s,t}$ 是误差向量,各元素之间可以相关,但是与变量本身的滞后值和系统内的各个内生变量并不相关。本书进行计量检验的基础方程就是式(3.12)。

VAR 模型的优点之一在于可以通过脉冲响应技术评价冲击对变量的动态影响。脉冲响应函数试图描述来自随机扰动项的一个标准差冲击对内生变量当前和未来取值的影响的轨迹,显示任意一个变量的扰动如何通过模型影响所有其他变量,最终又反馈到自身的过程。简言之,脉冲响应函数描绘了各种冲击对每个内生变量影响的时间路径,以确定每一个内生变量对其本身和其他内生变量的冲击如何做出反应。本章将应用该方法模拟分析 GDP 和居民消费之间的动态响应状况。如果初始信息(innovations)$e_{s,t}$ 是确定的,则脉冲响应函数可以从式(3.12)直接得到,即:

$$Z_{s,t}=[I-C(L)L]^{-1}\cdot\mu_{s,t}=[I-C(L)L]^{-1}A^{-1}e_{s,t}=\theta(L)e_{s,t} \tag{3.13}$$

式中,$\theta(L)=\sum_{l=0}^{L}\theta_l L^l$,$\theta_l$ 是结构参数矩阵。

　　实证数据仍然选择 1978—2009 的年度 GDP 和居民消费序列，并运用它们经对数差分处理后的稳定性序列 DLGDP 和 DLRC。在滞后期数为 2 时，利用 AR 根（AR Roots）检验方法对所建立的 VAR 模型的稳定性进行检验，结果发现所有特征根的模都小于 1，落于单位圆内（图 3-3），VAR 模型满足稳定性条件，可以对其运用脉冲响应技术做进一步分析。脉冲响应的追踪期数为 10 期，测试结果如图 3-4、图 3-5 所示。

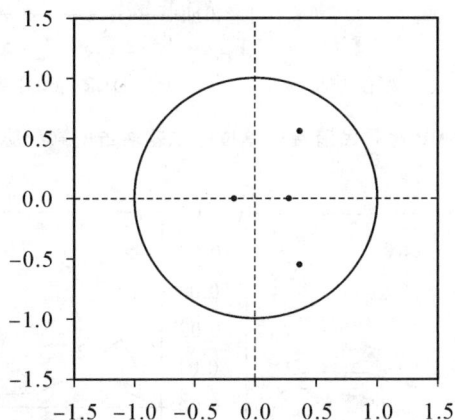

图 3-3　VAR 模型特征多项式根的倒数

　　图 3-4 描述了 GDP 对居民消费增加一个单位标准差冲击后的累积脉冲响应。冲击后当期的 GDP 提高了 1.4％，冲击后第 3 期累积响应值达到极值 3.0％。从最大累积响应值来看，居民消费增长的冲击从当期开始就对 GDP 的增长造成正面影响。其次，观察图 3-4 中居民消费冲击对 GDP 的长期影响。居民消费冲击后第 5 期累积响应趋于一个比冲击前高 2.3％的稳定值，此即为居民消费冲击对 GDP 的长期效应。相比之下，GDP 的冲击对居民消费造成的影响相当微弱。

　　图 3-5 描述了 GDP 对居民消费增加 1 个单位标准差冲击后的脉冲响应。居民消费变动对 GDP 的冲击在第 1 期实现最大响应值 1.4％，从第 2 期起开始锐减，与前文的格兰杰因果检验结果的含义一致。而 GDP 变动对居民消费的冲击在当期并未造成响应，第 2 期略有正响应，在以后各期逐渐振荡衰减。

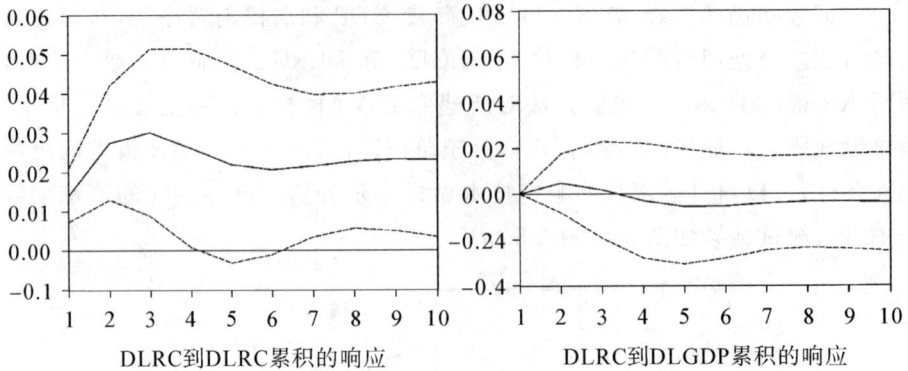

图 3-4　GDP 对居民消费一单位标准差冲击的累积脉冲响应

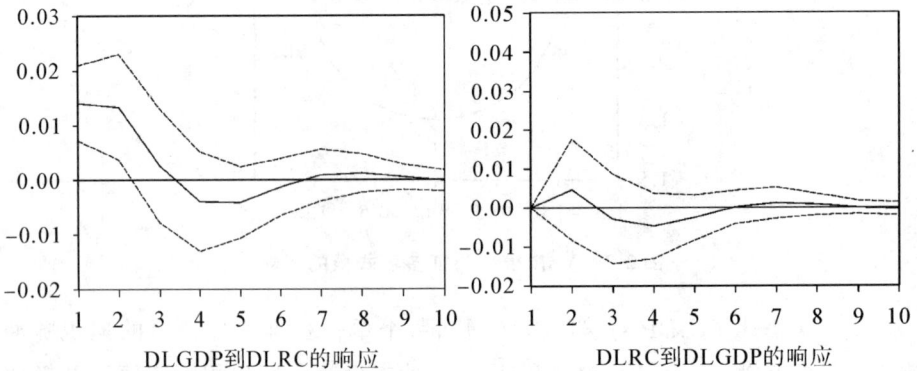

DLRC到DLRC累积的响应　　　　DLRC到DLGDP累积的响应

图 3-5　GDP 对居民消费一单位标准差冲击的脉冲响应

DLGDP到DLRC的响应　　　　DLRC到DLGDP的响应

四、中国居民消费不足的原因分析

关于我国居民消费不足原因的分析，现有的研究较多关注到我国较低的劳动报酬导致了居民收入水平低下和购买力的不足（张蓓芳，2010；金贤东，2008；袁志刚，宋铮，1999；武少俊，1999）。更多研究考察了我国地区间和城乡间日益扩大的收入差距所引发的国内需求不足的问题（卢光标等，2010；王少平，欧阳志刚，2007；李培林，2007；Zhang，2006；虞杭，2005；李实，2003；赵人伟等，1999）。有的研究特别提到了农村收入不足导致的农村消费不足问题（杨永忠，2005）。罗楚亮（2004）则认为是由于收入、就业水平和支出的不确定性影响了居民的消费水平。此外,部分学者认为,投资与消费的比例不协调、过度投资是导致消费率低下的另一重要原因(卢光标等,2010)。

还有学者认为消费政策、消费环境的不完善、流动性约束等原因也导致了消费的不足(武少俊,1999;袁志刚,宋铮,1999)。万广华(2001)通过测试罗伯特·霍尔(Robert Hall)的消费函数及其扩展模型,分析了流动性约束与不确定性在中国居民消费行为演变中的作用,实证研究表明随着中国经济改革的不断深入,中国的居民消费行为在 20 世纪 80 年代的早期发生了结构性转变,流动性约束型消费者所占比重的上升以及不确定性的增大造成了中国目前的低消费增长和需求不足,而且流动性约束和不确定性之间的相互作用进一步强化了两者对居民消费的影响,导致了居民消费水平和消费增长率的同时下降。

龚敏、李文溥(2009)则指出以出口导向为重要特征的粗放型经济增长方式所累积的总需求结构失衡,以及国民收入分配结构的不合理等因素,是制约我国居民消费能力的根本性原因。他们认为中国内需不足问题有三个重要因素:(1)经济增长方式与"两高一低"结构的关系,认为"投资驱动和出口拉动"的粗放型经济增长方式是导致"两高一低"的根本性原因。(2)收入分配结构与"两高一低"结构的关系。当前我国收入分配结构中,国民收入分配向资本收益和政府倾斜,劳动者报酬所占份额却不断下降,造成居民消费不足,并影响了我国经济的可持续发展。(3)要素价格扭曲也促成了"两高一低"的结构特点。以出口导向为特征的粗放型经济增长势必依靠廉价国内要素投入,为了追求高增长,各级地方政府自觉不自觉地压低国内要素价格。由于国内土地、资金、劳动力、自然资源价格均过低,投资的低成本除了激励政府或企业进行投资扩张外,还使企业丧失自觉转变增长方式,提高资源利用效率的内在动力。我国各级政府在利益驱动下,有着极高的经济增长需求,甚至不惜以牺牲环境为代价。这就使中央早已提出的转变粗放型经济增长方式的战略决策迟迟难以实现。

本书赞成以上学者对中国居民消费不足的原因所进行的分析,但同时发现,从金融制度这一角度考察,有一个最大的制约因素迄今为止尚被人们所忽视,这就是中国金融约束政策与居民消费需求增长之间的矛盾。本章的任务即尝试从这一角度展开研究。

五、本节小结

本节回顾了中外学者对居民消费与经济增长关系的研究文献。人们对消费形式的认识经历了从倡导节制消费到讲究适度消费的过程，学者们越来越注意到消费对经济的拉动作用，对二者的实证研究方法也愈加客观科学。本节也从直接拉动作用、间接拉动作用和平滑经济波动等角度透视了对消费需求影响经济增长的机理，并运用丰富的计量分析手段对二者的动态关系进行研究。分析结果发现，政府消费对经济的拉动作用较小，最终消费中对经济起关键作用的是居民消费。格兰杰因果关系分析法的运用揭示了居民消费与经济增长之间只具有单向因果关系，也即，居民消费是经济增长的格兰杰原因，反之则不然。在对相应数据序列进行稳定性和协整关系检验的基础上的误差修正方法表明，居民消费每增长 1%，GDP 将增长 1.1859%；居民消费的变化会以 0.5491 的比例影响 GDP 的变化。同时发现，当二者的短期波动偏离长期均衡时，将以 -0.2233 的调整力度将非均衡状态拉回到均衡状态。向量自回归和脉冲响应函数的运用进一步证明，居民消费冲击对经济增长具有显著的长期效应，相比之下，经济增长的冲击对居民消费产生的影响相当微弱。居民消费对经济增长的拉动作用是显著的，但中国的居民消费却长期不振，导致由居民消费引致经济增长的力度极弱。因此，认清中国居民消费不足的原因并对之进行有的放矢的调控尤显重要。

第二节　财产性收入对居民消费支出的效应分析 ●●▶

如第一节分析，对于中国居民消费不振原因的解释，一众学者各有看法，而本书的任务则是另辟蹊径，尝试从金融约束的角度研究金融约束政策对居民消费支出的影响。但二者之间并非直接相关，金融约束政策对居民消费支出的影响渠道是通过影响居民的财产性收入而产生作用的。本书认为，金融约束政策主要影响中产阶层居民的财产性收入，并通过边际消费倾向效应抑制其消费需求，进而影响居民消费总支出。对这一命题的论证将在下文相继展开。

一、财产与财产性收入界定

2007年10月党的十七大报告第八要点"加快推进以改善民生为重点的社会建设"中指出，要"深化收入分配制度改革、增加城乡居民收入"，并且提纲挈领地呼吁："创造条件让更多群众拥有财产性收入。"这一指导思想使居民财产性收入一词成为人们高度关注的现实问题。要科学界定居民财产性收入的概念，首先要分析什么是财产。在现代经济中，财产（Property）是产权的客体，是与主体相分离或相对分离、能够被人们拥有、对人们有用的、稀缺的对象，是人们建立产权关系的客观基础（黄少安，2004）。财产按归属划分为公有财产和私有财产；按存在形式划分为有形财产和无形财产，在有形财产中又分为固定性财产和流动性财产；按是否能进入市场进行交易划分为能变现的财产和不能变现的财产；按是否有增值能力划分为能带来现金流的财产和不能带来现金流的财产。要让更多群众拥有财产性收入，首先需要让群众拥有更多的财产。但并非所有财产都能带来收入，能带来收入的财产必须具备以下条件：（1）私人或家庭拥有；（2）具有增值能力；（3）能进入市场进行交易；（4）一般来说具有流动性。因为只有私人或家庭拥有的财产，其增值部分才能直接构成群众的收入，而增值必须依托市场的交易和流动性。

在实际生活中，能为群众带来资产性增值收入的财产主要是金融资产，包括股票、基金、债券、存款，因为它们在市场中能够增值，使人们获得股息、利息、资本溢价等。此外，一些固定性财产如房屋、车辆出租，也能带来财产性收入。

财产性收入则是国民账户体系中居民收入构成的一个重要概念。根据国民核算账户，居民收入由四部分组成：工资性收入、转移性收入、经营性收入、财产性收入。工资性收入包括工资、奖金、津贴等，是自己劳动付出的报酬；转移性收入包括亲友赠送、儿女赡养、政府补贴等，是来自他人或政府补偿的收入；经营性收入是从事特定业务的劳动成果，是让渡财产的收入；财产性收入则是让拥有的财产增值的结果，是在原财产增值基础上的部分。随着经济的发展、财富的增加、市场的发达，在居民收入构成中工资性收入所占的比率将逐步降低，财产性收入所占的比率将逐步上升。

二、中国居民财产性收入现状与国际比较

(一)中国居民财产性收入的总量特点

在经济高速增长的同时，消费支出却低迷不振，这是中国经济发展中的一个矛盾。另一矛盾就是，经济高速发展，但居民的财产性收入却规模极小，且增长速度极其缓慢。如表 3-4、表 3-5 所示，2000—2009 年间，中国城镇居民和农村居民的财产性收入占总收入的比重仅为 1.2%～2.3%。城镇居民的主要收入来源是工资性收入，占比在 70%左右；农村居民的主要收入来源是经营性收入，占比在 60%～70%。与美国等国家相比，我国的劳动收入占总收入的比重明显偏高，财产性收入的比重偏低。十年间，财产性收入占 GDP 的比重保持在 0.8%～1.1%，增长缓慢，如表 3-6 所示。

表 3-4　中国城镇居民人均收入构成表[①]

年度	人均收入元	工资性收入		经营性收入		转移性收入		财产性收入	
		数量(元)	占比(%)	数量(元)	占比(%)	数量(元)	占比(%)	数量(元)	占比(%)
2000	6 295.9	4 480.5	71.2	246.24	3.9	1 440.8	22.9	128.38	2.0
2001	6 868.9	4 829.9	70.3	274.05	4.0	1 630.4	23.7	134.62	2.0
2002	8 177.4	5 740.0	70.0	332.16	4.1	2 003.2	24.5	102.12	1.2
2003	9 061.2	6 410.2	70.7	403.82	4.5	2 112.2	23.3	134.98	1.5
2004	10 129	7 152.8	70.6	493.87	4.9	2 320.7	22.9	161.15	1.6
2005	11 321	7 797.5	68.9	679.62	6.0	2 650.7	23.4	192.91	1.7
2006	12 719	8 767.0	68.9	809.56	6.4	2 898.7	22.8	244.01	1.9
2007	14 909	10 235	68.6	940.72	6.3	3 384.6	22.7	348.53	2.3
2008	17 068	11 299	66.2	1 453.6	8.5	3 928.2	23.0	387.02	2.3
2009	18 858	12 382	65.7	1 528.7	8.1	4 515.4	23.9	431.84	2.3

---

① 表 3-4、表 3-5、表 3-6 数据来源均根据 CEIC 数据库数据整理、计算得到。

表 3-5　中国农村居民人均收入构成表

年度	人均收入 (元)	工资性收入		经营性收入		转移性收入		财产性收入	
		数量 (元)	占比 (%)	数量 (元)	占比 (%)	数量 (元)	占比 (%)	数量 (元)	占比 (%)
2000	3 146.2	702.3	22.3	2 251.3	71.6	147.59	4.7	45.04	1.4
2001	3 306.9	771.9	23.3	2 325.2	70.3	162.82	4.9	46.97	1.4
2002	3 448.6	840.22	24.4	2 380.5	69.0	177.21	5.1	50.68	1.5
2003	3 582.4	918.38	25.6	2 455	68.5	143.33	4.0	65.75	1.8
2004	4 039.6	998.46	24.7	2 804.5	69.4	160.03	4.0	76.61	1.9
2005	4 631.2	1 174.5	25.4	3 164.4	68.3	203.81	4.4	88.45	1.9
2006	5 025.1	1 374.9	27.4	3 310	65.9	239.82	4.8	100.5	2.0
2007	5 791.1	1 596.2	27.6	3 776.7	65.2	289.97	5.0	128.22	2.2
2008	6 700.7	1 853.7	27.7	4 302.1	64.2	396.79	5.9	148.08	2.2
2009	7 115.6	2 061.2	29.0	4 404	61.9	483.12	6.8	167.2	2.3

表 3-6　中国居民财产性收入总额、GDP 及二者比率

单位:10 亿元

	2000	2001	2002	2003	2004	2005	2006	2007	2008	2009
GDP	9 874.9	10 903	12 048	13 663	16 080	18 713	22 224	26 583	31 490	34 502
财产性收入	95.3	102.1	90.9	121.2	145.5	174.4	214.9	300.2	341.6	387.7
财产性收入/GDP(%)	1.0	0.9	0.8	0.9	0.9	0.9	1.0	1.1	1.1	1.1

　　与此同时,美国、德国和加拿大各国的居民财产性收入却有不俗的表现,如表 3-7 所示,2007 年美国、加拿大居民财产性收入占个人总收入的比重分别达 17.5% 和 11.5%,占 GDP 的比重分别达 14.8% 和 8.8%。2003 年的德国这两个指标分别为 11.7% 和 8.9%。中国与其相比,差距巨大。

表 3-7　美国、德国、加拿大劳动报酬及财产性收入的比较[①]

2007 年	美国	德国(2003)	加拿大
人均 GDP(美元)	46 000	26.000	44 000
人均财产性收入(美元)	6 800	2 300	3 900
财产性收入/GDP(%)	14.8	8.9	8.8
劳动报酬占个人总收入的比重(%)	67.0	52.6	67.3
财产性收入占个人总收入的比重(%)	17.5	11.7	11.5

---

　　① 数据来源:转引自刘扬、王绍辉(2009)。

(二)中国居民财产性收入的构成特点

中国居民财产性收入的另一特点是构成单一。居民财产性收入由利息、红利和其他收入构成。由表3-8可以看出,在财产性收入中,利息收入是最重要的构成项,2005年以前一直保持在87%以上,红利和其他财产性收入比重则很小,红利与股息占财产性收入的比重在2005年也仅达9.6%。这与我国居民金融资产主要是存款的结构相一致,也反映了投资渠道单一的局限。这一特点使得严格管制的利率会严重侵害居民的存款利息收入。与美国相比,美国的财产性收入主要由两部分组成:租金收入和金融资产收入(利息和红利)。1933年租金收入占28.2%,此后该比重持续回落,直到2007年时只占财产性收入的2%,而金融资产收入的比重则持续增长,其中利息收入从1933年到2007年增长224倍,占财产性收入的59.5%,红利收入从1933年到2007年增长392倍,占财产性收入的38.5%[①]。

表3-8 我国城乡居民财产性收入结构分析

年份	财产性收入	利息		红利与股息		其他收入	
	总量(亿元)	总量(亿元)	占比(%)	总量(亿元)	占比(%)	总量(亿元)	占比(%)
1992	1 218.4	1 213.7	99.6	2.4	0.2	2.3	0.2
1993	1 828.2	1 817.2	99.4	7.6	0.4	3.4	0.2
1995	3 201.5	3 168.8	99.0	30.8	1.0	1.8	0.1
1997	3 376.8	3 281.2	97.2	54.3	1.6	41.3	1.2
1999	3 049.5	2 911.9	95.5	98.6	3.2	39.0	1.3
2001	3 347.8	3 101.8	92.6	219.4	6.6	26.7	0.8
2003	3 809.6	3 524.7	92.5	249.3	6.5	35.7	0.9
2005	4 612.8	4 053.3	87.9	440.7	9.6	118.8	2.6

资料来源:根据历年《中国统计年鉴》整理,四舍五入。

(三)中国居民财产性收入的结构特点

就整体而言,财产性收入对城镇居民家庭总收入的贡献并没有随着经济发展和收入水平的提高而逐步上升。如表3-9所示,从1995到2007年,城镇中等偏上以下收入家庭,财产性收入占总收入的比重都呈现下降趋势,只有最高收入家庭和高收入家庭,该比重才出现了明显上升。从特定时点看,财产性

---

① 数据来源:转引自刘扬、王绍辉(2009)。

收入占总收入的比重随着城镇居民收入的提高而缓慢上升,比如 2007 年。

表 3-9　财产性收入占城镇居民家庭总收入的比重

单位:%

	困难户家庭	最低收入家庭	低收入家庭	中等偏下收入家庭	中等收入家庭	中等偏上收入家庭	高收入家庭	最高收入家庭
1995 年	1.1	1.1	1.2	1.3	1.4	1.9	1.6	4.3
2007 年	1.1	1.2	1.1	1.1	1.3	1.8	2.3	1.8
增减	−0.1	0.1	−0.1	0.1	−0.1	−0.2	0.6	0.5

数据来源:根据《中国统计年鉴》整理。

从财产性收入的结构看,不同收入水平的城镇居民家庭也表现出明显的差距,收入越低的家庭,其财产性收入就越依赖房屋出租的收入,2007 年最低收入户财产性收入中 76.9% 来源于房屋出租收入,而最高收入户该比重仅为 35%。与此同时,收入水平越高,股权投资对财产性收入的贡献越大,2007 年最高收入户财产性收入中 32.5% 来源于股息和红利,而低收入户该比重仅为 15.9%。此外,利息收入占财产性收入的比重,以中等收入家庭最高,平均在 13% 以上。

表 3-10　2007 年各阶层城镇居民财产性收入的结构

单位:%

	利息收入	股息与红利收入	其他投资收入	出租房屋收入
困难户	10.6	4.9	3.5	74.5
最低收入户	9.6	8.1	1.5	76.9
低收入户	9.0	15.9	3.4	66.7
中等偏下户	13.9	16.0	4.3	62.9
中等收入户	15.0	3.5	4.8	51.5
中等偏上户	12.9	24.8	5.2	51.8
高收入户	11.0	26.9	7.1	48.6
最高收入户	9.1	32.5	19.2	35.0

从结构分析上可以得出结论:股市投资收益对我国居民的财产性收入贡献率很低,而要扩大内需,就必须让更多的群众拥有财产性收入,应该致力于推动我国中产阶层的形成,使中产阶层拥有更多财富,获取更多财产性收入,以便更有效地推动消费的增长和经济的发展。社会学家认为,中产阶层的形

成,是推动社会经济结构从"金字塔"形向"菱形"转变的重要因素。经济学家认为中产阶层的形成有利于扩大消费、刺激需求、推动投资、扩大生产能力,使经济步入良性循环,也是社会稳定的重要因素之一。本章紧接着将从边际消费倾向的视角,分析中产阶层对于一国消费支出增长具有更有效的贡献。

三、边际消费倾向:财产性收入影响消费需求的 一个新的分析框架

(一)理论基础

从凯恩斯的绝对收入假说到杜森贝里的相对收入假说到莫迪利阿尼的生命周期假说和弗里德曼的持久收入假说再到坎贝尔的 λ 假说以及以后更多的理论与模型,消费理论的演化越来越复杂、客观,但不论经历了多少更新,模型从 $C=\bar{C}+cY$ 到 $C=aW+\beta Y$ 再到 $\Delta C_t=\Delta C_{1t}+\Delta C_{2t}=\mu+\lambda\Delta Y_t+(1+\lambda)\varepsilon_t$,所揭示的影响消费行为的直接因素仍然是收入、财富、前期消费和实际利率等。

作为居民收入组成部分的财产性收入,是影响居民消费需求的重要因素之一。根据生命周期假说模型 $C=aW+\beta Y$,财产性收入对于消费需求的影响来自两条途径,一,作为收入的重要来源,直接进入消费函数;二,财产性收入的增长从侧面反映了居民持有财富总量的增加,从而间接进入消费函数。通过表3-9 的数据可以发现,财产性收入占总收入的比重随着城镇居民收入的提高而缓慢上升,也即,中产阶层财产性收入的规模比低收入者的财产性收入规模要大。

对消费函数和边际消费倾向的分析有助于了解人们的消费行为,也有助于讨论收入增长对不同收入阶层的消费需求的影响。自凯恩斯在《就业、利息和货币通论》一书中提出消费函数理论以来,人们多数相信该理论隐含的性质,即认为随着收入的增长,居民的边际消费倾向(the Marginal Propensity to Consume,MPC)将递减。Carrol(1996)也指出,很多经济学家都直觉地认为消费函数是凹的,低收入者的边际消费倾向要高于高收入者。

20 世纪 90 年代以来,我国消费需求问题与收入分配问题也越来越引起重视。袁志刚和朱国林(2002)对收入分配与总消费的关系做了很详细的综述,认为很多消费函数理论均隐含了缩小收入差距能扩大消费需求的结论。吴晓明、吴栋(2007)通过对我国城镇居民 1985—2004 年有关数据的计量分析

表明,城镇居民收入分配差距的扩大引起了居民平均消费倾向的减小。苏良军、何一峰(2006)认为,总体而言,中国还是存在边际消费倾向递减。朱国林等(2002)对命题一提出挑战,认为由于平均总储蓄倾向与收入水平呈马鞍形,边际消费倾向与收入水平不再是单调关系,但作者并未对该观点提供更有说服力的理论与数据支持。通过对居民边际消费倾向和消费行为的实证分析,很多研究得出缩小收入差距能扩大消费需求的结论(李军等,2003),但是也有很多研究认为"公平"与"效率"不可兼得,缩小收入差距并不一定能扩大消费需求(Blinder,1975;Musgrove,1980)。

杨汝岱、朱诗娥(2007)则利用1995年和2002年的城乡家庭与个人数据,考察我国居民边际消费倾向与收入水平之间的关系,实证检验表明,相对于低收入阶层和高收入阶层,中等收入阶层的边际消费倾向最高,缩小收入差距,有利于扩大消费需求、拉动经济持续增长,同时实现"公平"与"效率"两大目标。曾康霖、范俏燕(2009)也认为中等收入者的边际消费倾向较高,使得财产性收入流向中产阶层时能创造更大的消费需求。

综上所述,有理由提出命题:如果增加一国中产阶层的比重,财产性收入将更多地流向中产阶层,并通过中产阶层较高的边际消费倾向,更有效地推动消费需求的增长。以下部分将就中产阶层具有较高的边际消费倾向展开论证。

(二)影响居民边际消费倾向的储蓄动机分析

一国居民按照收入水平的差异,可以分为低收入组、中等收入组和高收入组,如果依据凯恩斯的绝对收入假说所提出的边际消费递减理论,则意味着低收入阶层的边际消费倾向最高,而高收入阶层的最小。但作为一个发展中国家,中国的居民消费行为比之西方发达国家有很多独特之处,西方消费理论未必能准确解释中国居民的消费行为。

为合理解释中国居民的消费倾向,可以从收入(Y)、消费(C)、储蓄(S)三者之间的关系着手研究。三者的关系可以简化为$\Delta Y = \Delta C + \Delta S$,即居民的边际消费倾向($MPC$)与边际储蓄倾向($MPS$)之间存在替代关系,$MPS$增加将导致$MPC$下降。而关于居民的储蓄动机,凯恩斯在《通论》中列举了八种,包括预防性动机、生命周期动机、跨期替代动机、独立动机、遗赠动机、贪婪动机、企业家动机和提升动机等。布朗宁和卢萨迪(Browning and Lausardi,1996)认为还有首期付款动机,这一动机本质上是一种流动性约束,属于广义的预防性储蓄动机。除去其中一些明显诉诸心理和社会学解释的动机,经济学家一般把储蓄动机分为三类：生命周期动机、遗赠动机和预防性动机。[①] 要研究不同收入阶层的不同消费行为，就必须分清不同收入水平下三种储蓄动机的强度差异。

莫迪利阿尼的生命周期假说（LCH）可分为标准和广义的两种。标准含义认为消费者在生命周期结束时会用尽全部财富，不考虑子孙后代的福利对其本身效用水平的影响。勃兰德（Blinder，1975）进一步分析，在标准 LCH下，消费者的储蓄只用于在退休后收入降低时的养老，这就是出于生命周期动机的储蓄，这一储蓄动机在不同收入阶层的表现是一致的，意味着生命周期储蓄倾向与收入水平无关，此时居民 MPC 与收入水平无关。

而广义的生命周期假说则认为存在王朝效用函数，消费者会有留一些遗产给子孙后代的储蓄动机，此即遗赠储蓄动机。此时消费者的 MPC 与其财富（收入）水平成反比，收入越高，用于遗赠的比重也越高，在生命周期储蓄与收入无关的情况下，这必然会导致高收入阶层的 MPC 低，低收入阶层的 MPC 高，如图 3-6(a)所示，并且当收入高于基本生活收入时，b 先缓慢上升，再加速增长。这一观点与凯恩斯的边际消费倾向递减的观点一致。

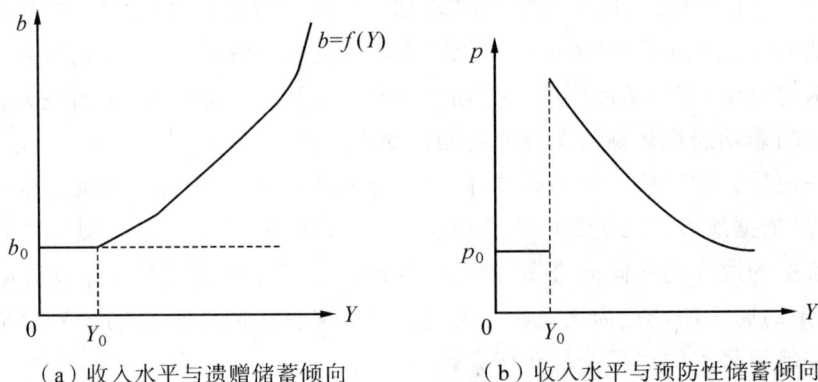

（a）收入水平与遗赠储蓄倾向　　　　（b）收入水平与预防性储蓄倾向

图 3-6　收入水平与两种储蓄倾向之间关系[②]

预防性储蓄动机则主要体现在低收入阶层，因为预防性储蓄的多少取决于各收入阶层所面对的风险高低。一般而言，收入水平越低，其面临的风险可能越大，这是因为：(1)低收入阶层面临更多的流动性约束，只能依靠更多的储

[①]　这也是主流经济学中常用的考虑风险的王朝效用函数所包含的三种储蓄动机。

[②]　纵轴 b、p 分别表示遗赠储蓄和预防性储蓄倾向，横轴 Y 表示收入水平，Y_0 表示基本生活收入（Subsistence Income，维生收入），b_0、P_0 分别表示极低（接近于 0）的储蓄。

蓄来克服。(2)收入水平较低的农民所面临着更大的收入不确定性风险(吉利斯,1998)。(3)斯金纳(Skinner,1988)发现,自我雇佣者的预防性储蓄倾向较高,因为该阶层面临较大的职业和收入的不确定性。在中国,自我雇佣者中有大量的农村剩余劳动力和城市下岗工人,他们不是主动,而是被动地选择自谋职业,其自我雇佣的收入低、风险大。这些风险的存在会促使人们在生命周期储蓄之外更多地储蓄以抵御风险,这就是预防性储蓄(Precautionary Savings)。预防性储蓄使收入越低者储蓄动机越高,边际消费倾向越低,如图 3-6 (b)所示。

(三)中产阶层具有较高的边际消费倾向:基于储蓄倾向的证明[1]

根据上文分析,令 TS 为总平均储蓄倾向,则 TS 等于平均遗赠储蓄倾向 b 加上平均预防性储蓄倾向 p[2]。

$$令\ b=f(Y-Y_0),\ f'>0,\ f''>0,Y\geqslant Y_0 \tag{3.14}$$

且 $\lim\limits_{Y\to+\infty} b=1-k,\lim\limits_{Y\to Y_0} b=b_0$,其中 $f'>0$ 表示随着收入增加,平均遗赠储蓄倾向也上升;$f''>0$ 表示 b 的增加比$(Y-Y_0)$的增加速度更快。第一个极限表示平均储蓄倾向最大为 $1-k$。

相应地有 $p=g(Y-Y_0),g'<0,g''>0,Y\geqslant Y_0$ \qquad(3.15)

且 $\lim\limits_{Y\to+\infty} p=0,\lim\limits_{Y\to Y_0} p=(1-k)-b_0$,其中 $g'<0$ 表示平均预防储蓄倾向随收入上升而递减,$g''>0$,含义见脚注[3]。第二个极限说明 $Y\to Y_0$ 时,$b+p$ 的最大值为 $1-k$。

由式(3.14)和式(3.15)可得:

$$TS=b+p=f(Y-Y_0)+g(Y-Y_0),Y\geqslant Y_0 \tag{3.16}$$

且有:
$$\lim\limits_{Y\to+\infty} TS=\lim\limits_{Y\to+\infty}b+\lim\limits_{Y\to+\infty}p=1-k$$
$$\lim\limits_{Y\to Y_0} TS=\lim\limits_{Y\to Y_0}b+\lim\limits_{Y\to Y_0}p=1-k$$

这说明平均总储蓄倾向 TS 在收入极高和极低时都很高,趋近于 $1-k$。

---

[1] 借鉴于朱国林等(2002)。

[2] 此处略去生命周期储蓄 k,因为前文的讨论结果,k 为一常数。

[3] 反证法:设令以上推理不能成立的条件 $g''<0$,且 $|g''|>f''$,则有 $TS''=f''-|g''|<0$,所以 TS' 是减函数,说明 TS 曲线是相反的马鞍形。然而 TS 是不可能大于 1 的,所以这种情况在实际中不会发生,因此 $g''>0$ 的假设是合理的。

进一步对式(3.16)求导,可得:

$$TS' = f' + g', \text{ 及 } TS'' = f'' + g''$$ （3.17）

因为 $f'' > 0, g'' > 0$, 所以 $TS'' > 0$, 说明 TS' 是增函数, TS' 在 $Y \rightarrow Y_0$ 时最小, 而在 $Y \rightarrow +\infty$ 时最大, 由此可得总储蓄倾向与收入水平的关系曲线, 如图 3-7 所示。

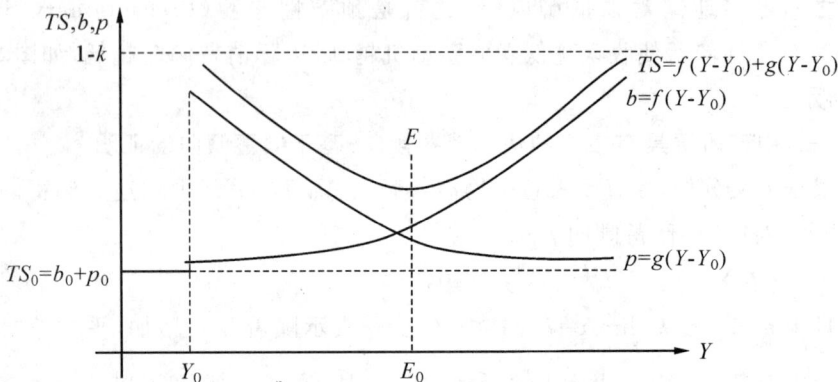

图 3-7 总储蓄倾向与收入水平

图 3-7 表示, 总平均储蓄倾向是一条马鞍形曲线, 而根据凯恩斯的消费理论, TS 应是一条向右上倾斜的单调递增曲线, 预防性储蓄的加入打破了这种单调关系, 这一点, 是由中国的经济特征决定的。图形显示, 总储蓄倾向在中等收入水平时达到最小, 意味着此时的边际消费倾向达到最大; 进一步解析, 在总收入一定时, 中等收入阶层的规模越大, 社会总消费越充足, 反之, 总消费将不足。前立命题得证。

(四)中产阶层具有较高的边际消费倾向:基于消费倾向的证明[①]

以凯恩斯消费理论作为基本模型: $C = a + bY$, 其中 C 为即期消费, a 为自主性消费, b 为边际消费倾向(MPC), Y 为当期可支配收入。假设收入分配服从正态分布, 密度函数为 $f(x|\mu, \sigma^2)$, 累积分布函数为 $F(\cdot)$, 方差 σ^2 表示收入分配的公平程度, 以分析不同收入阶层的边际消费倾向。在正态分布的假设下, 根据收入水平的高低把消费者分为三组, 以 x_1、x_2 作为分界点, 且设 μ 为 x_1、x_2 的中点, 即 $\mu - x_1 = x_2 - \mu$。因此, 收入 $< x_1$ 者为低收入组, 收入 $> x_2$

---

① 借鉴于曾康霖、范俏燕(2009)。

者为高收入组，$x_1 <$ 收入 $< x_2$ 者为中等收入组。为简化分析，依据前一证明过程，假设低收入者和高收入者的边际消费倾向为 b_l，中等收入者的边际消费倾向为 b_h，于是有：

$$C = a + b_l \int_{-\infty}^{x_1} xf(x)\mathrm{d}x + b_h \int_{x_1}^{x_2} xf(x)\mathrm{d}x + b_l \int_{x_2}^{+\infty} xf(x)\mathrm{d}x \quad (3.18)$$

根据正态分布的性质，考虑 $\int_{x_1}^{x_2} (x-\mu)f(x)\mathrm{d}x$。

$$\int_{x_1}^{x_2} (x-\mu)f(x)\mathrm{d}x$$

$$= \int_{\mu-\Delta}^{\mu+\Delta} (x-\mu)f(x)\mathrm{d}x = \int_{\mu-\Delta}^{\mu} (x-\mu)f(x)\mathrm{d}x + \int_{\mu}^{\mu+\Delta} (x-\mu)f(x)\mathrm{d}x$$

$$= (\diamondsuit\ t = x-\mu) \quad \int_{-\Delta}^{0} tf(\mu+t)\mathrm{d}t + \int_{0}^{\Delta} tf(\mu+t)\mathrm{d}t$$

$$= (\diamondsuit\ t = -s) \quad \int_{\Delta}^{0} sf(\mu-s)\mathrm{d}s + \int_{0}^{\Delta} tf(\mu+t)\mathrm{d}t$$

$$= \int_{0}^{\Delta} tf(\mu+t)\mathrm{d}t - \int_{0}^{\Delta} sf(\mu-s)\mathrm{d}s$$

$$[由对称性，f(\mu-s) = f(\mu+s)]$$

$$= \int_{0}^{\Delta} tf(\mu+t)\mathrm{d}t - \int_{0}^{\Delta} sf(\mu+s)\mathrm{d}s$$

$$= 0$$

因此有 $\int_{x_1}^{x_2} xf(x)\mathrm{d}x = \mu \int_{x_1}^{x_2} f(x)\mathrm{d}x \quad (3.19)$

以及 $\int_{-\infty}^{x_1} xf(x)\mathrm{d}x + \int_{x_2}^{+\infty} xf(x)\mathrm{d}x = \mu\left[1 - \int_{x_1}^{x_2} f(x)\mathrm{d}x\right] \quad (3.20)$

把式（3.2.6）和式（3.2.7）代入式（3.2.5），可得：

$$C = a + b_l\left[\int_{-\infty}^{x_1} xf(x)\mathrm{d}x + \int_{x_2}^{+\infty} xf(x)\mathrm{d}x\right] + b_h \int_{x_1}^{x_2} xf(x)\mathrm{d}x$$

$$= a + b_l\mu\left[1 - \int_{x_1}^{x_2} f(x)\mathrm{d}x\right] + b_h\mu \int_{x_1}^{x_2} f(x)\mathrm{d}x$$

$$= a + b_l\mu + (b_h - b_l)\mu \int_{x_1}^{x_2} f(x)\mathrm{d}x \quad (3.21)$$

$$= a + b_l\mu + (b_h - b_l)\mu\left[2\Phi(\frac{x_2 - \mu}{\sigma}) - 1\right]$$

其中 $\Phi(\cdot)$ 为标准正态分布的累积分布函数。因为收入分配方差和总消费需求之间的关系是负相关的，即 $\partial C/\partial\sigma < 0$，可推出 $(b_h - b_l) > 0$，即 $b_h > b_l$，这亦表明中等收入者的边际消费倾向较高，财产性收入对消费的影响机制在于中产阶层可获取更多的财产性收入，并通过较高的边际消费倾向对传统的收入—消费传导机制产生扩大效应。

四、中国居民财产性收入影响消费支出的面板数据实证

(一)面板数据选取

为检验居民财产性收入对消费支出的影响，本节采用省际数据进行面板数据分析。所有数据均从中国统计年鉴搜集并整理得到。基于数据可得性因素，本书所选统计期间为 1999—2008 年间年度数据，截面成员包括北京、天津、宁夏、新疆等 31 个省、直辖市、自治区，涵盖了除台湾省、香港特别行政区和澳门特别行政区之外的所有单位。由于城镇居民是股票市场的主要投资主体、股市财产性收入的主要影响群体，因此实证研究对象仅针对各地区城镇居民。所涉及变量包括城镇居民人均全年消费性支出、城镇居民人均全年家庭总收入以及城镇居民人均全年财产性收入。

由于实证研究目的在于检验居民财产性收入对消费支出的影响，因此主要变量为居民消费支出与居民财产性收入。同时考虑到消费支出还受多种因素的影响，其中最重要的因素之一为居民总收入，因此把居民人均总收入扣去财产性收入作为另一变量引入模型，以便较全面反应消费支出的变动。

(二)实证模型选择

基于实证研究目的，基本模型选用经典的凯恩斯绝对收入假说模型：

$$C=\overline{C}+cY,\overline{C}>0,0<c<1 \tag{3.22}$$

其中 C 为消费，$\overline{C}$ 为自发消费，Y 为收入，c 为边际消费倾向。

由于该面板数据模型所涉及对象包含 31 个截面成员、10 个年度时期，属于典型的"短而宽"数据，因此放弃采用侧重于成员时期性差异分析的变系数模型，而选择侧重于截面分析的变截距模型，该模型允许截面成员上存在个体影响，并用截距项的差别来说明。模型的回归方程形式如下：

$$y_i=a_i+x_i\beta+u_i,i=1,2,\cdots,N \tag{3.23}$$

式中，y_i 为 $T\times1$ 维被解释变量向量，x_i 为 $T\times k$ 维解释变量矩阵，β 为 $k\times1$ 维系数向量，i 个截面成员议程间的截距项 a_i 不同，用来说明个体影响，即反映模型中忽略的反映截面差异的变量的影响；随机误差项反映模型中忽

略的随截面成员和时期变化的因素的影响。此外,个体影响可分为固定影响(Fixed Effects)和随机影响(Random Effects),而在本书的实证模型中,由于数据中所包含的截面成员包括研究总体的所有单位,截面成员单位之间的差异可以被看作回归系数的参数变动,因此使用固定影响模型进行分析是一个合理的选择。

同时,把式(3.23)中反映个体影响的跨成员方程变化的截距项分解成在各截面成员方程中都相等的总体均值截距项(m)和跨成员方程变化的表示截面对总体均值偏离的截面截距项(a_i^*),则式(3.23)可转化为:

$$y_{it} = m + x_{it}^{'}\beta + a_i^* + u_{it}, i=1,2,\cdots,N; t=1,2,\cdots,T \tag{3.24}$$

其中截面截距项 a_i^* 表示截面成员 i 对总体平均状态的偏离,所有偏离之和应该为零,即 $\sum_{i=1}^{N} a_i^*$。

结合式(3.23)和式(3.24),同时基于模型的对比性考虑,解释变量取两种情况:(1)仅为城镇居民人均财产性收入(PI);(2)包括人均财产性收入(PI)及人均净收入(NI,为人均总收入减去人均财产性收入所得净值),分别对城镇居民人均全年消费性支出(CS)建立回归模型形式如下:

$(1) CS_{it} = a + a_i^* + \beta_1 \times NI_{it} + \beta_2 \times PI_{it} + u_{it}, i=1,2,\cdots,31; t=1,2,\cdots,T$

$(2) CS_{it} = a + a_i^* + \beta \times PI_{it} + u_{it}, i=1,2,\cdots,31; t=1,2,\cdots,T$

(三)实证结果

1. 面板单位根检验

对 CS、PI、NI 三个序列分别进行相同根假设下的 LLC(Levin-Lin-Chu)单位根检验和不同根假设下的 PP 检验[①]。通过截面个体图形观察,可发现三序列均有明显的截距项和趋势项,因此单位根检验选取具截距项与趋势项的 PP 检验。检验结果见表 3-11。结果显示,不论在各截面序列具有相同单位根过程假设的 LLC 检验或者在具有不同单位根过程假设的 PP 检验中,CS、PI、NI 序列的水平值均无法拒绝单位根的原假设,其一阶差分形式均拒绝一个单位根的原假设,说明 CS、PI、NI 均为一阶单整过程。

---

① LLC 等相同根假设的检验方法假设面板数据中的各截面序列具有相同的单位根过程(common unit root process),PP 等不同根假设的检验方法允许面板数据中的各截面序列具有不同的单位根过程(individual unit root process)。

表 3-11　面板单位根检验结果

变量序列		相同根的 LLC 检验		不同根的 PP 检验	
		LLC 值	概率	PP 值	概率
CS	水平值	3.45026	0.9997	17.4784	1.0000
	一阶差分	−3.44199	0.0003	203.7320	0.0000
PI	水平值	−2.98772	0.0014	56.1841	0.6841
	一阶差分	−11.32840	0.0000	177.3800	0.0000
NI	水平值	4.02247	1.0000	6.2936	1.0000
	一阶差分	−5.66295	0.0000	116.5610	0.0000

2. 面板协整检验

　　Pedroni(1999)提出了基于 Engle and Granger 二步法的面板数据协整检验方法,该方法以协整方程的回归残差为基础,通过构造七个统计量来检验面板变量之间的协整关系,检验的原假设为面板变量之间不存在协整关系。分别对面板数据组 CS、PI、NI 和面板数据组 CS、PI 进行 Pedroni 面板协整检验,结果见表 3-12。其中前四个统计量为维度内(within-dimension)检验,主要检验同质面板数据的协整关系;后三个统计量为维度间(between-dimension)检验,主要检验异质面板数据的协整关系。结果显示,在样本区间1999—2008 年间,我国 31 个省市自治区的城镇居民人均消费、人均财产性收入、财产性收入外其他收入的面板数据之间,以及人均消费、人均财产性收入的面板数据之间均存在协整关系。

表 3-12　Pedroni 面板协整检验结果

统计量名	对 CS、PI、NI 序列检验结果		对 CS、PI 序列检验结果	
	统计量值	P 值	统计量值	P 值
Panel v-Statistic	−1.738870	0.0880	75.834550	0.0000
Panel rho-Statistic	2.606254	0.0134	2.752837	0.0090
Panel PP-Statistic	−7.559160	0.0000	0.157559	0.3940
Panel ADF-Statistic	−1.701080	0.0939	−0.745390	0.3022
Group rho-Statistic	4.865652	0.0000	4.637538	0.0000
Group PP-Statistic	−20.112300	0.0000	−4.271470	0.0000
Group ADF-Statistic	−3.826480	0.0003	−1.653950	0.1016

3.考虑截面异方差的广义最小二乘法(GLS)实证结果

以城镇居民人均全年消费性支出(CS)为被解释变量，以人均财产性收入(PI)为解释变量，以及以人均财产性收入(PI)和人均净收入(NI,为人均总收入减去人均财产性收入所得净值)同时作为解释变量，分别进行考虑截面异方差的 GLS 检验，其中变量全部取一阶差分形式，结果见表 3-13。

表 3-13　固定影响变截距模型 GLS 回归结果

解释变量	回归方程①		回归方程②	
	系数	t 值	系数	t 值
D(PI)	0.9054***	5.5467	1.7378***	5.5465
D(NI)	0.5803***	33.9271		
C	−1.5005	−0.0749	625.9699***	30.7955
R-squared		0.8654		0.2657
F-statistic		49.4468		2.8837
Prob(F-statistic)		0.0000		0.0000
Durbin-Watson stat		2.4027		1.4685

注：***表示系数在 1% 水平上显著。

以上估计结果可描述如下：

$$①\hat{D}(CS)_{it}=-1.50+a_i^*+0.58D(NI)_{it}+0.91D(PI)_{it} \tag{3.25}$$

$$②\hat{D}(CS)_{it}=625.96+a_i^*+1.74D(PI)_{it} \tag{3.26}$$

估计结果显示，不论采用第①或第②种模型进行分析，城镇居民人均财产性收入的增长水平对人均消费支出的增长水平均具有显著的正向效应：当考虑财产性收入之外的收入时，居民人均财产性收入的增长水平每增加 1 单位，人均消费支出的增长水平将增加 0.91 个单位；如果不考虑财产性收入之外的收入时，居民人均财产性收入的增长水平每增加 1 单位，则人均消费支出的增长水平将增加 1.74 个单位。以方程(3.26)为依据，反映各地区消费差异的 a_i^* 的估计结果由表 3-14 给出。

由表 3-14 的估计结果可以看出，对于 31 个省市自治区来说，虽然它们的城镇居民消费增长水平的边际倾向相同，但消费支出增长水平中的自发消费因素存在显著的差异，其中上海的城镇居民自发消费因素最高，北京次之；云南的城镇居民自发消费因素最低，西藏略高。

表 3-14　各地区自发消费对平均自发消费偏离(a_i^*)的估计结果

地区 i	a_i^* 估计值	地区 i	a_i^* 估计值	地区 i	a_i^* 估计值
北　京	300.1098	安　徽	−44.5235	重　庆	−11.903
天　津	192.3204	福　建	27.9039	四　川	−71.702
河　北	−81.7362	江　西	−57.4963	贵　州	−151.548
山　西	−59.9988	山　东	49.2014	云　南	−308.730
内蒙古	144.4526	河　南	−22.1925	西　藏	−301.272
辽　宁	140.4077	湖　北	−75.7314	陕　西	32.581
吉　林	35.3709	湖　南	−85.5909	甘　肃	−117.642
黑龙江	−70.0224	广　东	212.2078	青　海	−149.342
上　海	554.8605	广　西	−95.2413	宁　夏	22.466
江　苏	110.4279	海　南	−86.1793	新　疆	−144.053
浙　江	112.5927				

五、本节小结

　　本节从不同收入阶层在边际消费倾向上存在差异的新的视角,分析财产性收入对居民消费需求的影响机制。文中首先对财产与财产性收入进行界定,并对中国居民财产性收入的现状进行国际比较,发现中国居民财产性收入在总量规模上远小于美国等发达国家,这也许是造成居民消费不振的一个重要原因。从财产性收入的构成上分析,发现中国居民财产性收入的构成单一,主要的来源是利息收入,红利及股息的收入比重极小。因此,如何保证居民在巨额存款的状况下免于遭受因存款利率被人为限制而造成利息损失,是一个重要的投资保护者问题。同时,如何提高居民在股市总值高速增长的时候,免于遭受因不规范的股市政策而造成的投资收益损失,也是一个重要的投资者保护问题。

　　从中国居民财产性收入的结构进行分析,发现居民财产性收入存在明显的阶层差异,财产性收入主要流向中产以上阶层,这就意味着,不规范的利率政策、股市政策等金融政策对居民财产性收入造成的损害,主要作用于中等收入群体。进一步的研究表明，中等收入阶层具有较高的边际消费倾向，不论从理论的角度分析不同收入阶层的生命周期储蓄动机、遗赠储蓄动机和预防性储蓄动机的差异表现，或者通过边际储蓄倾向、边际消费倾向等数理模型的推导，都可得出这一结论。通过对全国除港、澳、台以外的 31 个省、自治区、直辖市在 1999—2008 年间的城镇居民消费支出、财产性收入及其他收入的面板数据进行分析，实证结果支持居民财产性收入对消费支出有显著正效应的观点，当考虑财产性收入之外的收入时，居民人均财产性收入的增长水平每增加 1 单位，人均消费支出的增长水平将增加 0.91 个单位；如果不考虑财产性收入之外的收入，居民人均财产性收入的增长水平每增加 1 单位，则人均消费支出的增长水平将增加 1.74 个单位。同时发现在财产性收入对居民消费支出的影响中，上海的城镇居民自发消费影响因素最强，北京次之；云南的城镇居民自发消费影响因素最弱，西藏略高。

综上所述，本书提出观点，认为中国居民财产性收入对消费需求的影响机制在于中产阶层获取更多财产性收入并通过较高的边际消费倾向对传统的收入—消费传导机制产生扩大效应。因此，培育、扩大中产阶层的规模，让低收入者尽多尽快流向中产阶层，将对一国消费需求的增长产生加速效应。同时，一国的金融约束政策将通过利率控制政策、股市约束政策等手段使居民遭受财产性收入的损失，其中最大的受损者无疑是中产阶层，他们遭受的财产性收入的损失对一国消费需求增长造成的不良影响，将远大于其他阶层。

第三节 金融约束政策对居民财产性收入的影响 ●●➡

居民消费水平直接关系到一国经济的增长，居民财产性收入的变化又直接影响居民的消费需求。金融约束政策正是通过削减居民的财产性收入，进而抑制居民的消费需求，从而对一国经济发展产生不良影响。其间，受金融约束政策影响最大的是中产阶层。

一、重新审视金融约束政策 ....

　　赫尔曼、斯蒂格利茨等人（1997）认为，由于金融市场信息具有不完全性，金融自由化政策会导致市场失灵，所以实践中的金融自由化政策很难达到预期的政策目标。因此对发展中国家而言，由政府维持一种垄断性的金融制度安排即"金融约束"政策要比竞争性的制度安排即"金融自由化"政策更有利于支持经济增长。因为"在金融抑制下，政府通过将名义利率保持在远低于通货膨胀率水平的方式直接从民间攫取租金；而在金融约束情况下，政府是通过一系列金融政策将利率维持在低于竞争性均衡水平的正的实际利率，以此在民间部门创造租金"，而不是直接向民间部门提供补贴，从而为民间机构经营提供了有效的激励机制，推动了金融深化和经济增长。因此，金融约束政策是"一种比金融抑制政策和金融自由化政策更有吸引力的模式"，政府的选择性干预政策是有助于而不是阻碍了金融深化。

　　如前文所述，赫尔曼等人提倡的"金融约束"政策是指政府通过一系列金融政策，将利率维持在低于竞争性均衡水平的正的实际利率，从而为金融部门和企业等民间机构创造租金机会（Rent Opportunities，图 3-8），而这种租金机会的激励机制会使民间部门具有长期经营的动力，通过"租金效应"[①]（Rent Effect，图 3-9）推动一国的金融深化和经济增长。在金融约束政策下，政府通过控制存款利率政策，使存款利率 r_d 低于自由竞争条件下瓦尔拉均衡利率水平 r_0，降低银行吸收存款成本，创造了可增加银行"特许权价值"（Franchise Value）的租金机会 $r_d - r_0$，为银行经营提供了有效的激励机制。这种特许权价值激励机制的安排，不仅使银行部门具有了长期经营的动力，发挥其掌握企业内部信息的优势，主动有效地监督企业，管理其贷款组合的风险，以降低贷款的道德风险而提高贷款质量，同时也激励银行积极以增设分支机构和吸纳新储户方式吸收存款，此时居民存款供给曲线由 S 下移至 S'，从而推动金融深化。与此同时，政府通过控制贷款利率政策，使贷款利率 r_L 低于自由竞争

----

　　① "租金效应"是指为了将金融约束政策所提供的"租金机会"转变为现实的租金，金融机构增设储蓄机构以增强吸收储蓄存款能力、企业部门扩大贷款需求、增加投资等现象。

条件下瓦尔拉均衡利率水平 r_0，降低了企业融资成本，为企业部门创造了租金机会 $r_0 - r_t$，刺激了企业部门的贷款需求增加及投资增长，企业贷款需求曲线由将 D 上移至 D'，从而促进了经济增长。

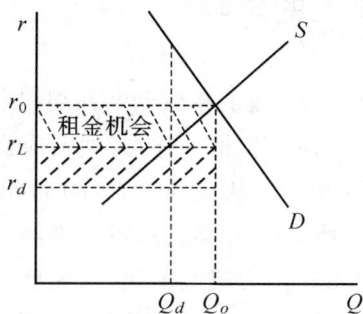

图3-8　金融约束政策下的租金机会　　图3-9　金融约束政策下的租金效应

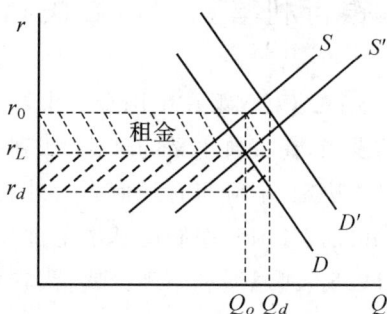

　　但是，如果在完全竞争存款市场条件下或存款工具的替代资产品种丰富的情况下，银行部门则难以得到"专属权保护"（Patent Protection），上述所讲的银行部门"特许权价值"的租金机会也就会被大为削弱，租金效应也就不易发生。因此，控制利率的金融约束政策若要发挥其政策效应，必须有相应的辅助性政策安排才能得以保证。因此他们提出了限制竞争、限制资产替代及信贷配给等一系列辅助性政策，并以实际利率水平为正、宏观经济环境稳定及可预期、通货膨胀水平较低等条件作为前提，以确保金融约束政策得以顺利实施。中国政府正是通过控制存贷款利率并辅之限制竞争与限制资产替代等一系列金融约束政策，为国有金融机构及国有企业创造了"特许权价值"的租金机会，以维持它们的垄断地位。在金融约束政策下，国有银行为争夺租金机会，竞相扩大其金融组织规模，从而在一定程度上加速了中国的金融深化，但是这种人为割裂金融组织聚集程度与地区经济发展水平之间内在联系的金融机构扩张，其最终结果将造成整个国有银行体系规模臃肿、重复建设和金融资源低效率运行（王国松，2001），使居民遭受租金侵剥的同时未能得到预期的服务提升，财产性收入受损的同时未能得到相应的弥补。

　　此外，在中国资本市场上体现出的金融约束性质，包括通过低利率政策、股权分置、大小非进入流通所支付的过低对价、对大小限股票进入全流通的期限锁定和降低再融资的门槛、监管宽容等措施来降低股票融资成本，并人为地造成股票相对稀缺,使 IPO 得以高溢价发行等行为,也直接影响到居民,尤其是中产阶层的财产性收入,使他们的消费需求走向低潮。

二、银行利率管制对居民财产性收入的影响

金融约束政策在中国金融市场的最主要的体现是利率管制。回溯利率理论的发展,在古典主义的理论里,利率如同普通商品价格一样,天然便应由市场自主决定,不应当有任何人为外在的干预和扭曲。从实践上看,20 世纪 30 年代以前,各国利率制度基本上都坚持了这一原则。30 年代的世界性经济大危机以后,凯恩斯利率理论盛行,它以有效需求不足为研究前提,认为低利率政策有利于经济发展。凯恩斯在《就业、利息与货币通论》中指出"利率不会自动调整到一种水准,来适合社会利益,反之,利率常有太高之趋势,故贤明当局应当用法令、习惯甚至道义制裁加以抑制"(1983)。他认为,由于市场失灵,尤其是"流动性陷阱"的存在,利率不可能出清市场,因此一种矫正手段,政府的干预和管制是必要的。

货币主义学派则主张实施利率市场化,减少政府干预。他们认为在长期中货币供给增加的长期效应只表现为价格水平的提高,对实际收入和利率并无影响。也意味着当经济达到潜在生产能力水平附近时,不应当再实施低利率政策,而应实施市场化的利率管理体制。随后麦金农(Mckinnon)和肖(Shaw)提出金融深化理论的模型,与凯恩斯的廉价货币政策相反,他们认为在落后的国家,高利率有助于吸引储蓄、促使企业改善经营、提高生产效率,有助于经济发展。而提高实际利率的关键在于放松对利率尤其是对存贷款利率的管制。

确实,从资源配置的角度讲,管制利率不可避免地存在着一定的效率损失。金融的人为抑制影响到储蓄投资的正常进行,从而对经济增长造成了严重的影响。经济发展的前提应是以利率市场化为主要内容的金融自由化,借此消除"金融抑制",促进经济持续快速增长。可以说,利率自由化在整个金融深化理论中居于核心地位。甚至可以说金融发展的实质就是以利率自由化为主要内容的金融深化。而由赫尔曼、斯蒂格利茨等人针对金融深化和金融抑制理论提出的介于二者之间的"金融约束"理论,仍然以提倡适度的利率管制为宗旨。

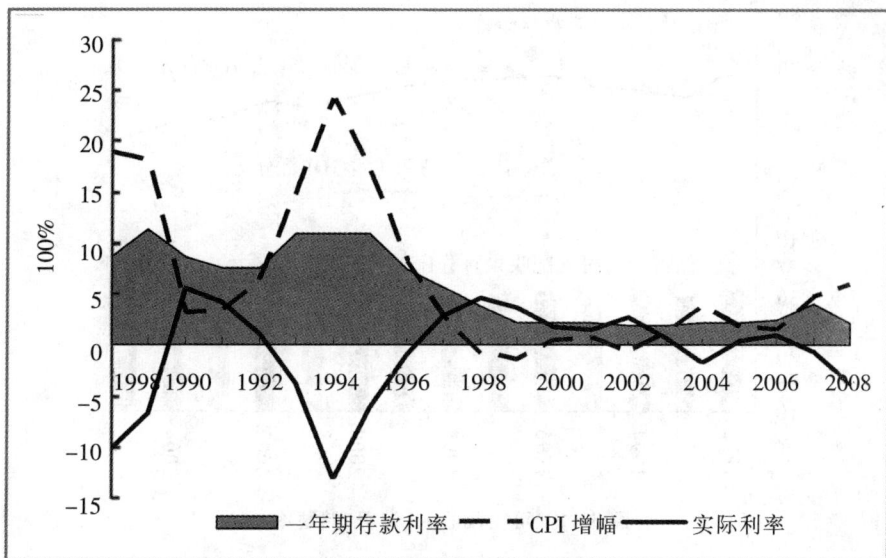

图 3-10 1988—2008 中国一年期名义及实际存款利率

图 3-10 回顾了 1988—2008 二十年间中国银行一年期的存款利率、居民消费物价指数(PI)增幅和一年期实际存款利率。一年期名义存款利率在这20 年间最高值为 1989 年的 11.34%,到 2008 年,一路下降到 2.25%,至 2010年 10 月,一年期名义利率为 2.5%,减去消费者物价指数 4.4%,实际利率为－1.9%。事实上从图中可知,除了少数几个年份因较低的 CPI,实际利率为正,其余年份,银行一年期存款利率大多为负,居民几乎不能从存款中获取多少利息收入。再比较历年来不断激增的居民储蓄存款,至 2009 年底这一指标已达 26 万亿元人民币,其间由于低利率和实际的负利率已给居民财产性收入造成极大的损失。从图 3-11 和图 3-12 中可以看出,中国居民储蓄占可支配收入的比率居高不下,而消费率逐年下降,可支配收入各成分中的财产性收入也逐年下降,该现象与实际利率的低下不无关系。对于这一观点更深入的分析将在第六章进行。

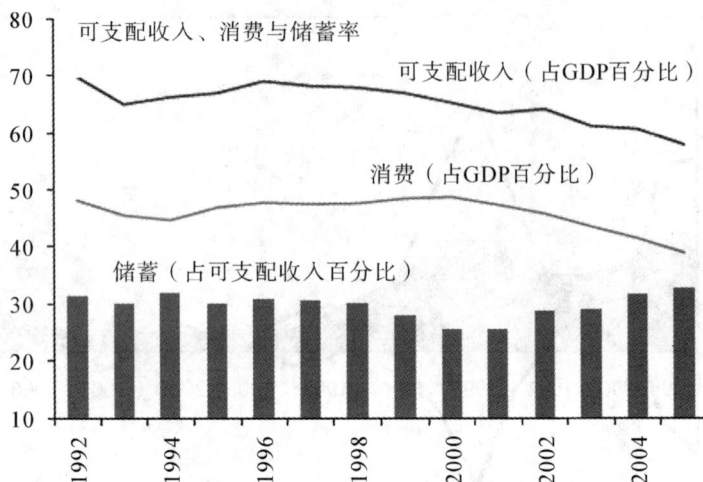

图 3-11　可支配收入、消费、储蓄率

图 3-12　家庭可支配收入成分

　　如果再考察居民投资收入的国际比较，则中国居民投资收入的低下更加显著。如图 3-13 所示，1995—2005 年间各国的投资收入占可支配收入的比重的平均值最高者如希腊和墨西哥，已达 57％，而在这段时间内中国居民的可支配收入中来自于投资收入的比率尚不足 8％，这是全球最低的水平之一。即便用统计方法进行调整，比如把居民中自我雇佣者的收入（经常项目中记为劳务报酬)也当作投资收入记入数据中,结果并未有多少变化。至 2005 年,该数据已低于 3%。

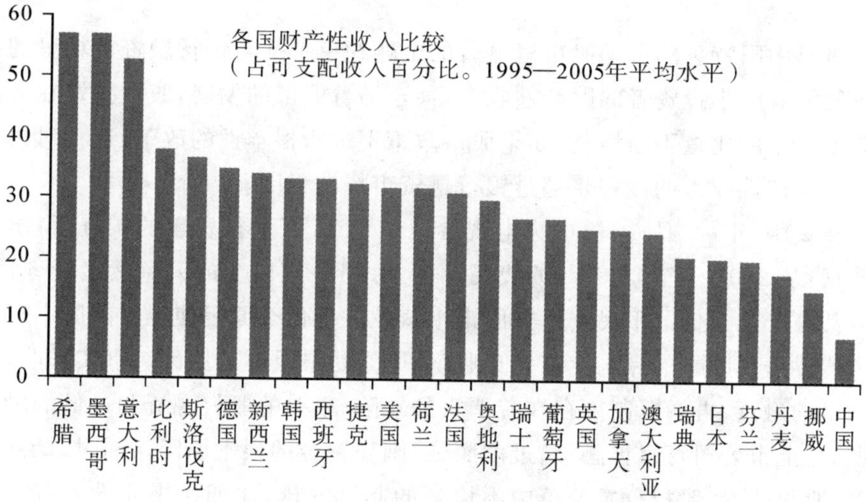

各国财产性收入比较
（占可支配收入百分比。1995—2005年平均水平）

图 3-13 各国居民投资收入比较[①]

　　金融约束政策的初衷是为银行等金融机构提供租金机会,使其利用租金效应发挥金融中介强大的作用,以促进金融深化及经济的增长。但该政策目标在中国并未得到实现(Jahangir Aziz,Li Cui,2007)。很多文献在研究金融部门的发展与经济增长之间关系时,会聚焦于金融中介在动员储蓄和分配储蓄的功能上。但研究并未发现中国的银行部门能够通过动员和分配储蓄来服务于经济的增长(Aziz,Duenwald,2002),相反,中国银行融资服务主要集中于为表现不良的国有企业提供成本低廉的资金,以便它们通过维持社会稳定而间接地促进经济增长的部门。于是,作为金融市场在动员和分配储蓄的功能之外另一个重要的作用——分配储蓄的收益上,中国金融市场的表现却极为不佳,不论是以红利形式或者以利率形式,金融部门都未能扮演好把利润收益从企业分配到家庭的作用,严重损害了投资者本应获得的财产性收入。

----

　　① 图 3-11、图 3-12、图 3-13 数据均转引自 Jahangir Aziz,Li Cui,Explaining China's Low Consumption:The Neglected role of Household Income,IMF Working Paper,2007/181。

三、股市约束政策对居民财产性收入的影响 ⋯⋯⋯⋯⋯⋯⋯

极具中国特色的中国股市里显著的金融约束特征与银行融资市场里的一样正侵吞着中小投资者的财产性收入，甚至随着股市的发展，股票投资在居民投资渠道中的比重不断增长，如果股市政策不进行根本性的改革，这种对中小投资者财产性收入的侵吞将超过银行融资市场的程度。

在 2010 年 10 月 5 日，中央电视台通过对 76 万名投资者的调查，得出一个数据：从 2007 年至今，92％的股民亏损，亏损 5 成以上的人竟然接近 6 成！几万甚至十几万亿的平民资产在股市中蒸发。是什么原因使得中国股市成为一个侵吞居民财富的黑洞？首先，制度性因素是最重要的原因。事实证明，中国股市的融资、再融资制度存在着严重的缺陷，单一的股权融资和过低的融资门槛，是上市公司盲目再融资、过度圈钱、囤积资金的根本原因。同时，低利率政策、股权分置、股权分置改革中不恰当的制度安排，比如大小非进入流通时的对价管理、大小限股票进入流通的期限锁定等措施大大降低了股票融资成本，并人为地造成股票相对稀缺，使 IPO 得以高溢价发行，并使中小投资者的大量资金通过上市公司的再融资环节流入股市并大规模蒸发。股市中最具金融约束政策性质制度安排是新股发行时的股权分置制度、新股发行价格的管理制度以及再融资监管的过度宽松。

首先从新股发行制度进行考察。股票市场的结构本身决定了上市公司在股票市场群体中处于强势群体的角色，这就为上市公司过度"圈钱"行为提供了有利条件。虽然融资者解决资金需求的渠道很多，如银行借款或债权融资等，但股票融资的非偿还性及低成本性使其对企业具有巨大的吸引力，融资者首选的方案自然是股票融资。当然融资者通过股票进行融资时必须要将自己企业的发展前景、融资项目进行一番包装，才能吸引投资者的投资欲望。相反投资者由于信息不对称及知识限制等，极难全部摸清融资者情况。从这个角度看，股票市场结构本身就决定了融资者群体即上市公司与投资者群体之间是一种不平等的关系。用当代美国社会学家科尔曼的话来说就是融资者结构群体与投资者结构群体是两个不同层次的"结构分布"。这种不平等的"结构分布"赋予上市公司优越的地位，为其能够在市场上过度"圈钱"提供了方便。

而中国上市公司产生的特殊背景则为过度"圈钱"提供了土壤。中国股票市场是在改革开放后管理层采取渐进式市场经济模式为导向的大背景下产生的，其产生的基础存在着制度性的先天缺陷。过度"圈钱"行为实际上是旧体制下国有企业"投资饥渴症"行为的延续。计划经济体制导致的软预算约束形成了企业的"投资饥渴症"。中国上市公司大多是从国有企业改制而来，软预算约束在没有得到彻底改进的情况下，过度"圈钱"行为也就难以避免。"圈钱"上市公司往往并没有把圈得资金投入到实质经济中，这是导致中国股票市场效率低下、收益不振、资源配置低效的一个重要原因，同时也严重侵害了投资者利益。

改革开放初期为了扶持国有企业改革，国家开始创建股票市场，为国企的上市提供制度性便利。同时出于考虑到"国有股的内在价值难以计量导致人们认为国有股出售时可能存在国有资产流失，同时，国有股的出售也会导致国有资本对于上市公司控制权，乃至对于整个国民经济控制力的削弱及考虑市场扩容对投资者心理的影响"（苏梅等，2006），政策制订者提出把股票分为两个类型：可以上市流通的以及不能上市流通的，股权分置的制度安排由此产生，归根结底，该制度安排的根本目标是为保证国家对国有企业的控制权。截至2004年底，中国上市公司总股本约7 149亿股，其中非流通股约4 543亿股，占上市公司总股本的63.55%。随着股市的发展，股权分置这一行政手段越来越显示出其制度性缺陷和对市场规则的违背。于是2004年2月，《国务院关于推进资本市场改革开放和稳定发展的若干意见》正式发布，正式提出"积极稳妥解决股权分置问题"。2005年4月29日，中国证监会发布《关于上市公司股权分置改革试点有关问题的通知》，标志着股权分置改革试点正式启动，历经近两年的改革，上市公司的股权分置改革在2007年底已经基本完成。但伴随着股权分置改革的进行，改革中的大小非进入流通所支付的过低对价、大小限股票进入全流通的期限锁定等问题逐渐显露，股权分置对投资者利益的损害也彻底释放出来。

此外，过低的再融资门槛也使再融资圈钱之风盛行，严重侵蚀着投资者的利益，使投资者产生财产性收入的流失。中国上市公司的再融资有几大特点：一是造假，在再融资的时候采用"做账"的方法包装公司报表，以便公司的各项财务指标达到再融资的条件要求，一旦再融资成功，则多数出现亏损。二是高价发行，不论是IPO还是再融资，高价成了共同的明显标志，以至新股的发行价格透支了股票的投资价值。三是资金使用效益低下，在融资成功时，未按原投资计划进行资金配置，而是大量变更资金用途，甚至干脆把筹集的资金变成长年的银行存款。四是低回报，甚至无回报，除极少数公司外，绝大多数的投资回报率比银行利率还低。五是融资密度大，而据资料显示，美国证券监管机构有关再融资的规定是：美国上市公司挂牌交易后，平均要等18年后才有资格进行再融资，并且，只有投资者持有该公司股票的投资回报大于其投入的资金，才有资格进行再融资。相较而言，中国股市的再融资门槛之低，与股市的发展状态反差太大。具有这些特征的再融资行为确实是投资者利益受损、财产性收入受侵的根本性原因之一。

四、小结：金融约束政策侵吞居民财产性收入

对于中国居民消费需求不足原因的解析，很多学者认为是因为居民实际工资收入水平的下降造成的。事实上，如 Aziz 和 Cui（2007）所言，如果不断上升的投资利润能够分配给居民家庭，单纯工资水平的下降并不会导致中国居民收入水平如此不合理的企低。但几个原因决定了这在中国是不可能发生的事：首先，国内上市公司的所有权并不能广泛掌握在居民手中，不论是直接还是间接方式（比如通过机构投资者和养老基金）。

其次，即便公司已上市，公司治理的不规范和公开股权的少数性都允许上市公司过度积累利润，把这种内源性储蓄作为一种成本低廉的投资资金来源，而非向投资者分红。过去几年内一系列由于对经纪公司监管不力产生的丑闻导致了人为压低股价、限制流通等问题，使持有股权的居民甚至无法从最基本的资本收益中获得利益。

再次，政府仍然持有可观的企业所有权，在很多国家，这将是政府把企业利润间接转移给居民的一条通道，国有企业向国家分红，国家以这些红利作为基金，对居民进行利润再分配，向居民提供教育、医疗、卫生等必需的私人物品以及福利支付。而在中国，政府花在民众健康、教育上的开支只占 GDP 的3％左右[①]，是世界范围内该部分支出占比最低的国家之一。在中国，自国企改革之后的2003年起，国有企业净利润占 GDP 的比重超过6.5％，其中起码向一部分所有者分配了红利，但作为最大股东的国家，却自1994国企改革以来，未得到除税收之外的利润转移。国有企业不必向政府支付红利，因而向居

---

① 数据来源：转引自 Jahangir Aziz，Li Cui，Explaining China's Low Consumption：The Neglected Role of Household Income，IMF Working Paper，2007。

民转移支付的通道是行不通的。

最后，作为居民的主要储备形式的银行存款，其利率又由政府严格控制，导致过去几年内居民的利息收入不断下降。同时，由于国内投资渠道极度匮乏，现行严格的资本管制又阻止了居民的境外投资，导致贷款利率大低于真实水平，意味着一种过低的资本成本。从中，银行享受着极高的贷款利率下限和存款利率上限之间的可观的利率剩余（higher interest margin，预计在4%[①]左右）带来的租金收益。这种剩余确保了银行的充足利润，使得大量缺乏金融纪律的银行可以免于毁灭性的竞争去争取客户。因此，如图3-14所示，实际存款利率如此之低，平均水平竟不足2%。进一步考察存款利率与GDP增长率之间的缺口，不难发现近年来这一缺口正逐步加宽，同时伴随着投资收入的减少。居高的利率剩余不论其最初的实践意图是什么，最后都成为一种从居民流向企业、金融机构的"转移"——租金转移。

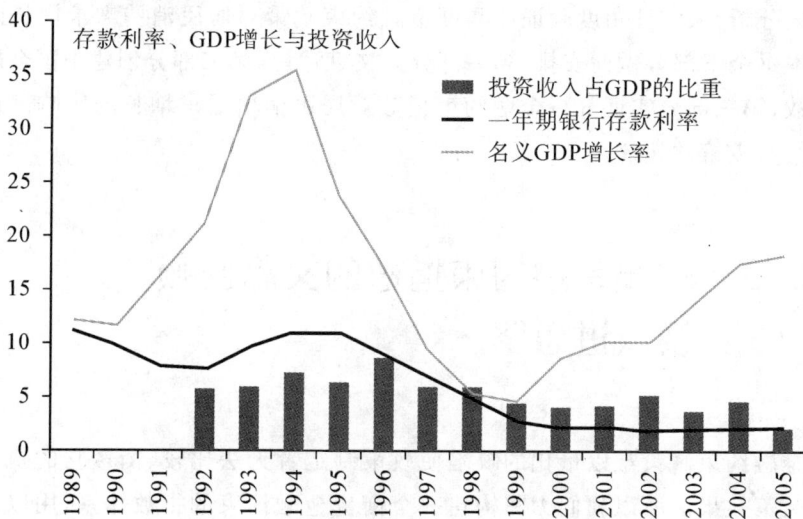

图3-14　存款利率、GDP增长率以及投资收入

[①]　数据来源：转引自 Jahangir Aziz, Li Cui(2007)。

第四章
中国金融约束指数的构建
与实证检验

作为本书一个最重要的组成部分之一,本章旨在对中国金融约束政策进行指数化处理,创建一个金融约束指数,并对其与居民消费需求之间的关系进行实证分析,从实证角度验证并测度金融约束政策对居民消费需求增长的影响。本书余下部分做此安排:第一部分为文献述评,第二部分创建中国金融约束指数,第三部分实证分析金融约束指数对居民消费需求增长的影响。最后为总结与政策性建议。

第一节 构建金融约束指数的文献回顾 及改进思路

金融约束政策难以量化的缺陷使政策制定者无法比较、衡量它的执行力度及政策效果。所以我们力图构建一个衡量金融约束的指数体系,用以测度金融市场金融约束的程度,并进一步据以实证分析它对于居民消费需求的影响。当前研究中专门讨论金融约束效应的文献并不多,尚无金融约束指数一说,但相关文献中金融抑制指数、金融市场化指数创建的方法值得借鉴。

Demetriades 和 Luintel(1997)采用主成分分析法,利用印度从 1960—1991 年的相关数据构建了金融抑制指数。主成分分析法可以解决模型中多个变量之间存在的多重共线性,通过投影的方法,实现数据的降维,将所有指标的信息转化为少数几个有代表意义的综合指标,在低维空间将信息分解为互不相关的部分,以获得更有意义的解释。

Demetriades 和 Luintel 构建的金融抑制指数涉及 9 种政策数据,其中 6 个利率控制量,用虚拟变量测度:有控制,则选择 1,其他,则选择 0,它们分别为:固定存款利率、存款利率上限、存款利率下限、固定贷款利率、贷款利率上限、贷款利率下限。另有 3 个关于信贷管制的控制量,包括直接信贷管制、法定存款准备金率以及流动性比率,其中直接信贷管制根据管制程度分别取值 0、1、2、3,对应管制信贷占银行总信贷比值的 0、1%~20%、21%~40%以及 40%以上。

印度 1960—1991 年间相关数据如表 4-1 所示。

表 4-1 印度 1960—1991 年间相关数据表

Year	DR	FDR	DRC	DRF	FLR	LRC	LRF	RTD	LQR	DCP	BRN
1960	4.5	0	0	0	0	0	0	2.0	25.0	0	4 263
1961	4.5	0	0	0	0	0	0	2.0	25.0	0	4 492
1962	4.5	0	0	0	0	0	0	2.0	25.0	1	4 806
1963	4.5	0	0	0	0	1	0	2.0	28.0	1	4 492
1964	6.0	0	1	1	0	1	0	2.0	30.0	1	5 719
1965	6.0	0	0	1	0	1	0	2.0	30.0	1	6 122
1966	6.0	0	0	1	0	1	0	2.0	30.0	1	6 592
1967	6.0	0	0	1	0	1	0	2.0	30.0	1	7 053
1968	6.0	0	0	1	0	1	0	2.0	30.0	1	7 547
1969	6.0	1	1	1	0	0	0	2.0	32.0	2	10 133
1970	6.5	1	1	1	0	0	0	3.0	31.0	2	12 013
1971	6.5	1	1	1	0	0	0	3.0	30.0	2	13 620
1972	6.5	1	1	1	0	0	0	3.0	32.0	2	15 362
1973	6.0	1	1	1	0	0	1	3.0	33.0	2	16 936
1974	6.75	1	1	1	0	0	1	3.0	33.0	2	18 730
1975	8.0	1	1	1	0	1	0	3.0	33.0	2	21 220
1976	8.0	1	1	1	0	1	0	10.0	33.0	2	24 802
1977	6.0	1	1	1	0	1	0	10.0	33.0	2	28 016
1978	7.0	1	1	1	0	1	0	10.0	34.0	2	30 220
1979	7.0	1	1	1	0	1	0	10.0	34.0	2	32 419
1980	7.0	1	1	1	0	1	0	10.0	34.0	3	35 706
1981	7.5	1	1	1	0	1	1	7.0	34.0	3	39 180
1982	8.0	1	1	1	0	1	1	8.0	35.0	3	42 016
1983	8.0	1	1	1	0	1	1	8.5	36.0	3	45 332

续表

Year	DR	FDR	DRC	DRF	FLR	LRC	LRF	RTD	LQR	DCP	BRN
1984	8.5	1	1	1	0	1	1	10.0	37.0	3	51 385
1985	8.5	0	1	0	0	1	1	10.0	37.0	3	53 262
1986	8.0	0	1	0	0	1	1	9.5	38.0	3	53 840
1987	8.8	0	1	0	1	1	1	10.0	38.0	3	55 414
1988	8.0	1	1	1	1	0	1	11.0	38.0	3	57 197
1989	8.0	1	1	1	0	0	1	15.0	39.0	3	58 901
1990	8.0	1	1	1	0	0	1	15.0	38.5	2	60 101
1991	9.0	1	1	1	0	0	1	15.0	38.0	2	NA

符号含义如下:

DR——名义存款利率;FDR——固定存款利率;DRC——存款利率上限;

DRF——存款利率下限;FLR——固定贷款利率;LRC——贷款利率上限;

LRF——贷款利率下限;RTD——存款准备金比率;

LQR——流动性比率;DCP——直接信贷计划;BRN——银行分支数目。

经过主成分分析的结果显示 1960—1991 年间印度的金融约束指数如图 4-1 所示。

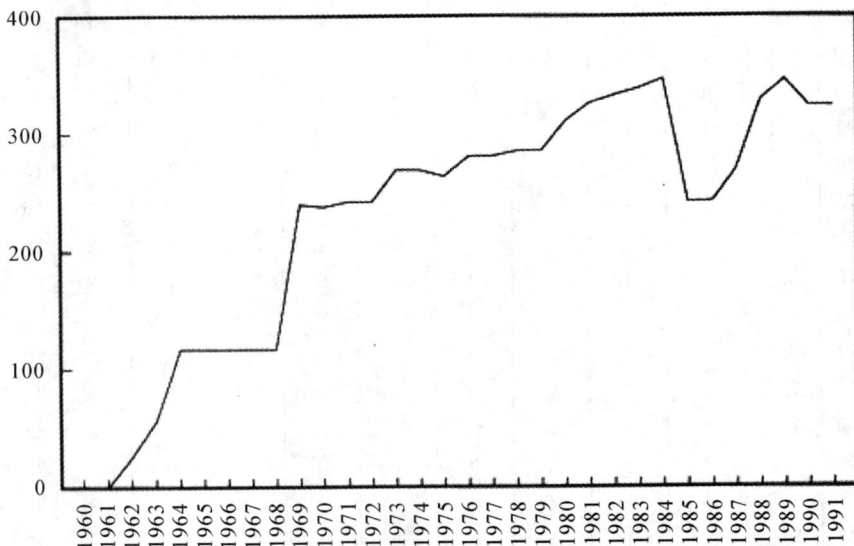

图 4-1　印度 1960—1991 年间金融约束指数

　　Oriana Bandiera 等人(2000)根据主成分分析法构建了金融自由化指数体系,利用 8 个发展中国家 25 年的自由化进程绘制出了各国的金融自由化指数曲线图。文中也是将每种改革措施和一个虚拟变量联系起来,在此项自由化实现的年度及此后年度将该变量取值为 1,否则为 0。

　　国内李辉文(2010)对 D-L 方法进行调整,利用主成分法构建了中国金融抑制指数,并用以检验金融抑制对居民消费的"门槛效应",即金融抑制在某一水平下可以促进居民消费水平,超过此临界值则会通过信贷可得性和财产性收入等途径挤出消费需求。他所描绘的中国金融抑制指数如图 4-2 所示。

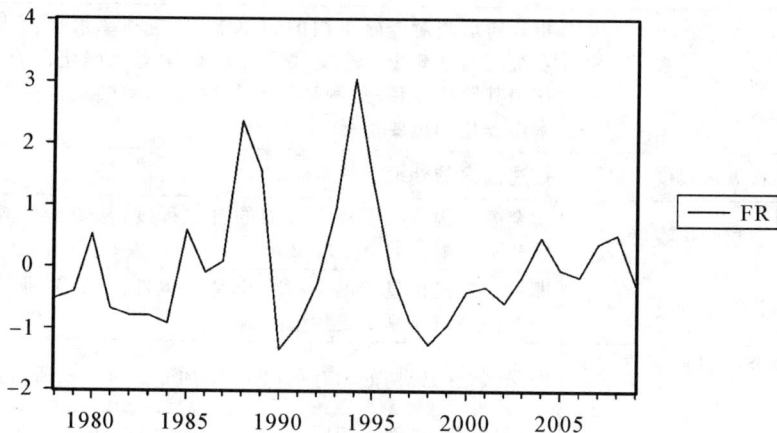

图 4-2　中国金融抑制指数

　　国内其他学者主要对金融市场化进行指数测度,影响最大的是樊纲等人(2003)所给出的较完整的测度,他们采取类似 Bandiera 等人的方法,也运用主成分分析法提炼出市场化总指数。在樊纲等人的研究中,已经注意到渐进式改革的重要意义,所以除了基于明显的政策外生变化的测度外,还通过了一系列调查数据和指标来弥补这种外生政策变化测度的不足。但是他们的指标只有最近 5 年,并且关于金融市场化的测度非常简单。

　　黄金老(2001)以 8 个指标来衡量中国的金融市场化程度,分别为利率市场化程度、信贷自主权维护程度、机构准入自由程度、商业性金融机构产权多元化程度、业务范围自由度、资本自由流动程度、社会融资的市场化程度和金融调控间接化程度。他对每个指标划分了 5 个等级:极低、低、中度、高、极高,权重分别为 1、2、3、4、5，由此得到我国金融市场化程度为 40％。但黄金老的研究没有构成有效的时间序列，无法判断市场化的进程。

刘毅和申洪沨(2002)在黄金老的研究基础上，吸收了 Bandiera 等人的测度方法，选择了利率市场化程度等 9 个指标来衡量中国的金融市场化程度，但同样无法测度渐进式改革的进程和特征，也无法提炼出各影响因子的权重以及相应的市场化总指数，更没有进一步研究这种市场化的资源配置后果。其具体方法详见表 4-2。

表 4-2　中国金融自由化评估指标

指标名称	指标说明
利率市场化程度	指政府取消对金融机构的利率限制，使利率水平由市场供求决定。其衡量标志主要是金融机构有无确定的自主权，作为其阶段性目标，利率调整频度及浮动幅度也是衡量利率市场化的重要指标
外汇储备需求程度	描述国家的外汇管理策略
信贷自主权维护程度	指金融机构在配置资金方面的自主程度，从资金配置的规模和资金配置的对象来反映
机构准入自由程度	即对金融机构设置的审批完全是审慎性的，在营业许可上没有经济需求测试或数量限制
商业性金融机构客户多元化程度	即降低金融机构的国有化比率，增加非国有产权所占比重
业务范围自由度	它包括两个方面：一是是否实行合业经营，即银行业与证券业、信托业、保险业的融合；二是金融机构是否可以在不违背法规的前提下自由进行业务创新
资本自由流动程度	指政府对资本流出、流入的管制程度
社会融资的市场化程度	指在社会融资总量中通过市场进行的融资所占的比重
金融调控间接化程度	它包括两个方面：一是间接货币政策工具的完善程度和运用频度；二是中央银行资产负债表中中央银行能够主要控制的部分

对各指标的取值方法为：若该年发生了有利于市场化的重大改革，则该年度及之后年度取值为 1；如果发生了政策的逆转，则该年度及之后的年度取值为 0。由此得到表 4-3。

表 4-3　中国金融市场化进程量化表

年份	利率	外汇	信贷	准入	产业	业务	资本	融资	调控	年份	利率	外汇	信贷	准入	产业	业务	资本	融资	调控
1978	0	0	0	0	0	0	0	0	0	1989	0	1	0	0	0	0	0	0	0
1979	0	0	0	0	0	0	0	0	0	1990	0	1	0	0	0	0	0	0	0
1980	0	0	0	1	0	0	0	0	0	1991	0	1	0	0	0	0	0	0	0
1981	0	0	0	1	0	0	0	0	0	1992	0	1	0	1	0	1	0	0	0
1982	0	0	0	1	0	0	0	0	0	1993	0	1	0	0	0	0	0	0	0
1983	0	0	0	0	0	0	0	0	0	1994	0	1	1	1	0	1	0	1	1
1984	0	0	0	0	0	0	0	0	0	1995	0	1	1	1	1	1	0	1	1
1985	0	0	0	1	0	1	0	0	1	1996	1	1	1	1	1	1	0	1	1
1986	1	1	1	1	1	1	0	1	1	1997	1	1	1	1	1	1	1	0	1
1987	1	1	1	1	1	1	0	1	1	1998	1	1	1	1	1	1	1	1	1
1988	1	1	0	0	0	0	0	0	0	1999	1	1	1	1	1	1	1	1	1

进一步得到如图 4-3 所示的中国金融市场化指数曲线图。

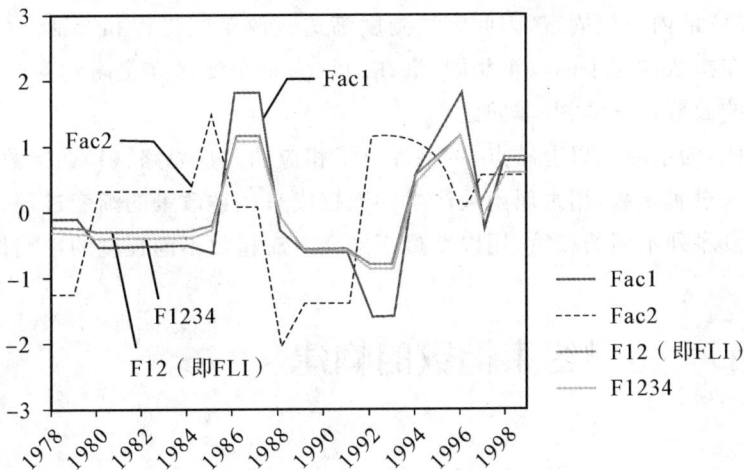

图 4-3　中国金融市场化指数曲线图

周业安、赵坚毅(2005),金雪军、朱建芳(2006),易文斐、丁丹(2007),雷宏(2007),庄晓玖(2007)也都做过类似的研究,其中易文斐、庄晓玖最后得到的中国 1978—2004 年金融自由化指数的趋势图几乎一致,如图 4-4 所示。

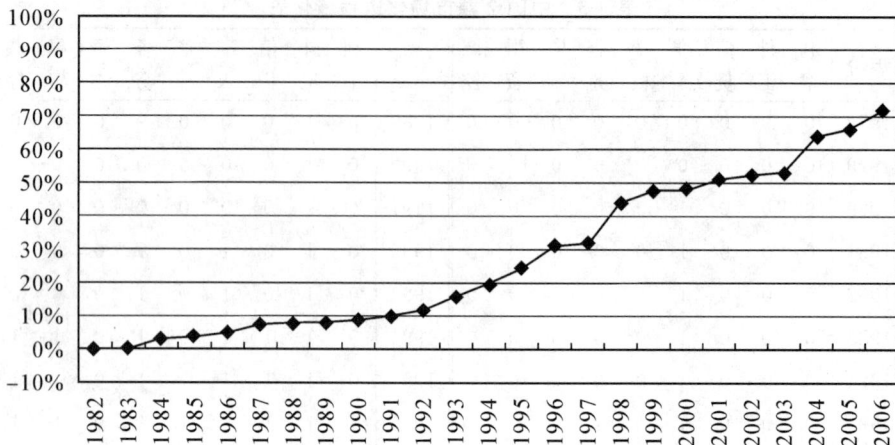

图 4-4 中国金融自由化指数(1982—2006 年)

以上文献共同的特点是都采用主成分分析法和因子分析法进行指数的构建,但也都存在相同的问题:(1)绝大多数的变量赋值采用虚拟变量法,把政策集简单化为 0 和 1 数字的加总,也即把金融市场化或者金融抑制视为突变情况,在非变期内取值固定,因此无法测度渐进式改革的进程和特征。(2)默认各变量在指数构建中的权重相同,潜在地认为每个变量在金融约束政策中具有等同的效应,而事实并非如此。

因此,为了克服以上缺点,本书提出了相应的改进思路:(1)在指数变量序列里引入隶属函数,用隶属函数产生的数据集来描述政策的渐变过程。(2)赋予各变量序列不同的权重,用以衡量不同变量对指数不同程度的影响作用。

第二节　金融约束指数的构建 ●●➡

一、金融约束指数构建原则

作为对金融约束政策影响居民消费需求的初步研究,我们的思路是构建一个衡量金融约束的指数体系,用以测度中国金融市场中金融约束的程度,并进一步估计它对于居民消费需求的影响。借鉴国内外学者建立金融市场化指数的方法,我们也拟采用主成分分析法构建中国金融约束指数。为了克服前人对政策过程的渐进式特征的忽略,我们在指数变量序列里引入隶属函数,同时赋予各变量序列不同的权重,以反映各个变量对指数影响的不同程度。

传统金融约束论只关注银行融资市场的约束政策,但中国股票市场的若干政策也具有显著的金融约束性质,因此在构建中国金融约束指数时,必须同时关注银行融资市场和股票市场两个领域。金融约束论在银行融资市场的政策主张主要通过存贷款利率限制、市场进入限制、定向信贷和产业政策等方面加以实现,中国股市的金融约束政策则主要体现在低利率政策、新股发行与股权分置、降低再融资门槛等人为造成的市场流通数量限制和市场准入等现象上,因此要建立一个能较完整地反映两个领域的金融约束程度的综合性指数,指标体系必须包括以上因素。据此思路,我们确定所涉及的政策指标,并为其构造对应的隶属函数以形成相应的代理变量,见表4-4。

表4-4 中国金融约束指数指标体系构成因素

领 域	政策指标	隶属函数	变量符号
银行融资市场	存贷款利率限制	利率控制指标 存款准备金率	INT RES
	市场准入限制	银行业市场份额结构	HER
	定向信贷和优惠性产业政策	金融机构短期贷款流向工业的比重	IOC
股票市场	新股发行与股权分置	国有股比重	PSO
	再融资管理	再融资与净利润比值	SEO

二、构造隶属函数

构造指标体系中各种政策指标隶属函数的基本原则是务必使得所有函数的值的变化方向与金融约束的程度呈现一致的协同正效应,函数值越大,反映的金融约束程度越强,才能保证运用主成分分析法时各变量的作用不会相互抵销。

(一)存贷款利率限制的隶属函数1:利率控制指标

利率控制指标(INT)由两部分组成,分子为存贷款利率比,比值越大说明存贷利差越小,约束程度越大;同时引入贷款利率作为分母,对分子数值起标准化作用,一般而言贷款利率越低,约束程度越大,因此得到的利率控制指标与约束程度成正相关。考虑到存贷利差的显著性问题,操作中选择五年期的存贷款利率,具体函数公式如下。

$$利率控制指标 \ INT = \frac{5\text{年期存贷款利率比}}{5\text{年期贷款利率}} = \frac{5\text{年期存款利率比}}{5\text{年期贷款利率}^2}$$

根据这一隶属函数得到的利率控制指标序列如图 4-5(a)所示,可以明显观察到 1994—2009 年间存贷款利率控制程度及所反应的金融约束程度呈现上升趋势。

(二)存贷款利率限制的隶属函数 2:存款准备金率

存款准备金率(RES)直接引用中国人民银行公布的数据,数值越大说明金融约束性质越显著。数值序列如图 4-5(b)所示,可观测到从 1999 年以来存款准备金比率逐年攀升。

(三)市场进入限制的隶属函数:银行业市场份额结构

衡量一个市场集中度的方法有绝对法和相对法,其中常用的是 Herfindahl 指数法。Herfindahl 指数公式为: $H = \sum_{i=1}^{n}(T_i/T)^2$,其中 T 为市场总规模,T_i 为各企业的规模,n 为该行业企业总数。一般而言,H 指数越小,行业竞争力越大,H 指数越大,市场垄断程度越强。本书利用中国各银行的资产份额计算银行业的市场份额结构指数(HER)。

$$中国银行业市场份额结构指数 \ HER = \sum\left(\frac{\text{各银行资产数}}{\text{银行业总资产}}\right)^2$$

如图 4-5(c)所示,经整理得到的 HER 指数序列表明 1994—2009 年间中国银行业的集中化程度逐年降低,体现于此的金融约束性质逐渐减弱。

(四)定向信贷的隶属函数:金融机构短期贷款流向工业的比重

$$短期贷款流向工业的比重 \ IOC = \frac{\text{金融机构短期贷款流向工业的数量}}{\text{金融机构短期贷款总数}}$$

定向信贷主要体现在国家对某些产业的支持上,本来用政策性贷款最好,但数据很难获得,因为很多贷款其性质实际上是定向的政策性贷款,但银行统计分类没有体现出来,只好用工业部门贷款。且由于数据可得性限制,只能用短期贷款中流向工业部门的比重来反映定向信贷的约束特征。如图 4-5(d)所示,1994—2009 年间该函数值反映出来的约束程度呈现平稳状态。

(五)新股发行与股权分置政策的隶属函数:上市公司国有股比重

中国股市建立之时,就被定位为"为国企解困"而服务的市场。追溯中国金融制度的变迁过程,在改革开放初期,银行融资渠道在政府导向下大量聚集居民储蓄流向国有银行,为国有企业提供信贷支持。这种信贷支持的过度膨胀导致了国有企业资本金的下降与资产负债率的上升,也导致国有银行坏账的剧增和银行体系的脆弱性。同时随着中国经济货币化程度的提高,政府不能再无节制地依赖国有银行向国有企业融资、买单,于是开拓新的融资渠道成为必然,此时建立股票市场无疑是最佳的融资途径。一批企业把上市等同于集资手段,把上市募集的资本金视作"不必还本的无期贷款"(水皮,2005)。政府的一系列股市制度安排使居民储蓄流入股市为国有企业提供持续融资,并形成金融租金流向上市公司。国家通过限制非国有企业进入股票市场、国有企业优先上市,以获得证券市场的金融控制权;同时为了保证对国有企业的所有权和控制权,推出了股权分置的独特的制度安排,使流通股股东的资产市值大幅缩水,通过主动创设租金的行为为国有企业继续提供低成本的融资支持。因此本书把证券市场金融约束政策中的新股发行与股权分置的隶属函数定义为上市公司股票中国有股的比重(PSO),该比重越大,金融约束性质越显著。变量序列如图 4-5(e)。

$$国有股比重\ PSO = \frac{新股发行中国有股股数}{新股发行总股数}$$

(六)再融资管理的隶属函数:再融资与净利润比

再融资管理时所设置的低门槛导致中国股市圈钱行为的盛行。朱云(2009)把再融资圈钱行为定义为"再发行前没有良好投资项目支撑,而再发行后滥用募集资金",并通过理论模型证明不论从短期还是长期角度看,非流通股股东都能从再发行行为中获取正回报,而流通股股东短期必然遭受损失,长期来看也必须依赖于再发行所募资金的投资回报率。中国股市过低的再融资门槛和监管宽容的特点为上市公司二次攫取租金提供了便利。同时她发现56.5%配股公司在再发行后长期业绩恶化。因此再融资圈钱行为具有显著的金融约束性质。朱云用公式 $\theta = 1 - \dfrac{ROE_R}{ROE_P}$ 来量化再发行圈钱的程度,但这一横向指标不适合时间序列研究,因此本书用再融资与净利润的比值(SEO)作为隶属函数。序列见图 4-5(f)。

$$再融资与净利润之比\ SEO = \frac{年度再融资总额}{年度净利润总值}$$

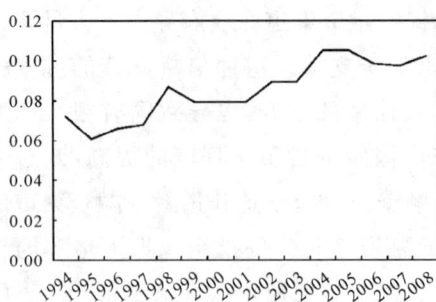

（a）利率控制指标INT

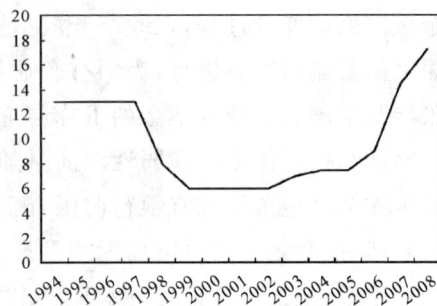

（b）存款准备金率（%）RES

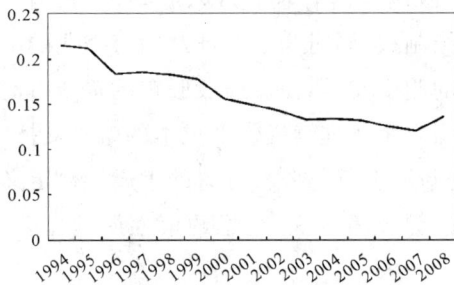

（c）中国银行业市场份额结构指标HER

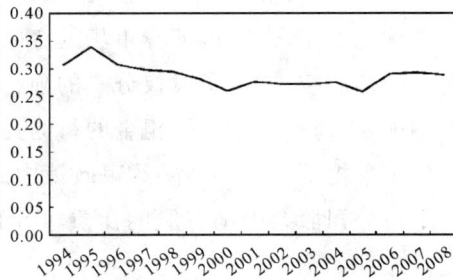

（d）短期贷款流向工业的比重IOC

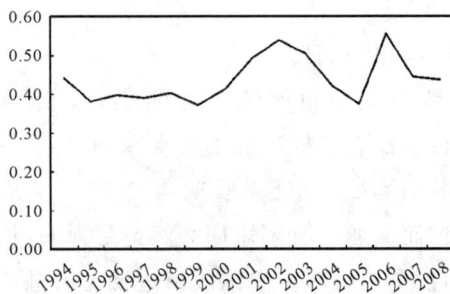

（e）上市公司国有股比重指标PSO

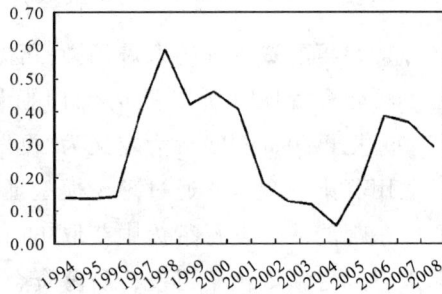

（f）再融资与净利润之比SEO

图 4-5　根据隶属函数计算得到的变量序列

数据来源:根据国泰安数据库、CEIC 数据库、万德数据库等数据计算得到。

三、主成分分析及结果

主成分分析法可以解决模型中多个变量之间存在的多重共线性，通过投影的方法，实现数据的降维，将所有指标的信息转化为少数几个有代表意义的综合指标，在低维空间将信息分解为互不相关的部分，以获得更有意义的解释。根据各隶属函数计算得到的数据见表4-5。

表 4-5　金融约束指数所需的各变量序列

obs	INT	RES	HER	IOC	PSO	SEO
1994	0.07	13.0	0.21	0.31	0.44	0.14
1995	0.06	13.0	0.21	0.34	0.38	0.14
1996	0.07	13.0	0.18	0.31	0.4	0.14
1997	0.07	13.0	0.19	0.30	0.39	0.39
1998	0.09	8.0	0.18	0.29	0.40	0.59
1999	0.08	6.0	0.18	0.28	0.37	0.42
2000	0.08	6.0	0.16	0.26	0.41	0.46
2001	0.08	6.0	0.15	0.28	0.49	0.41
2002	0.09	6.0	0.14	0.27	0.54	0.18
2003	0.09	7.0	0.13	0.27	0.50	0.13
2004	0.11	7.5	0.13	0.28	0.42	0.12
2005	0.11	7.5	0.13	0.26	0.37	0.06
2006	0.10	9.0	0.13	0.29	0.56	0.18
2007	0.10	14.5	0.12	0.29	0.44	0.39
2008	0.10	15.0	0.14	0.26	0.44	0.37
2009	0.11	15.0	0.14	0.26	0.45	0.29

表4-5所列六个变量代表的金融约束政策的效果、力度并不完全相同，其对指数的影响也必须分而视之。其中利率政策手段在金融约束的政策中具有最重要的作用和效应，一方面，在银行融资市场上高度管制的利率政策直接创造租金；另一方面，在股票市场上低利率政策间接对流通股股东造成损害，因

为低利率无法对企业进行筛选、降低了市场准入门槛;利率管制扭曲了资源配置、降低资本产出比率;利率管制还导致高溢价发行和配股(邱崇明等,2009)。因此我们为利率控制指标(INT)赋予的权重为0.25,其他五个序列分别赋予0.15的权重,经过主成分分析得到的六个主要特征值如表4-6所示,碎石图如图4-6所示,表明前两个主成分的累积贡献度已近70%,合适的主成分个数为2。

由主成分分析得到的两个主成分及其合成值序列如表4-7所示,其中合成值的计算公式:$PC = PC1 \times 0.5137 + PC2 \times 0.1737$。此主成分分析的结果$PC$值就是我们所构建的中国金融约束指数,对应于主成分曲线图,见图4-7。图4-7表明,1994—2009年间中国金融约束程度有所起伏,但总体趋势呈现为逐年提高。

表4-6 主成分分析所得特征值

Eigenvalues(Sum=7,Average=1)				Cumulative	Cumulative
Number	Value	Difference	Proportion	Value	Proportion
1	3.595636	2.379675	0.5137	3.595636	0.5137
2	1.215961	0.132832	0.1737	4.811597	0.6874
3	1.083129	0.334979	0.1547	5.894727	0.8421
4	0.748151	0.527324	0.1069	6.642877	0.9490
5	0.220827	0.084531	0.0315	6.863704	0.9805
6	0.136296	0.136296	0.0195	7.000000	1.0000

表4-7 两个主成分及其合成值序列

obs	PC1	PC2	PC
1994	−2.63	0.94	−1.19
1995	−4.15	1.13	−1.94
1996	−2.28	0.91	−1.01
1997	−2.25	−0.25	−1.20
1998	−0.62	−1.58	−0.59
1999	−0.90	−1.80	−0.77
2000	0.09	−2.17	−0.33
2001	0.19	−1.43	−0.15

续表

obs	PC1	PC2	PC
2002	1.31	−0.25	0.63
2003	1.27	0.05	0.66
2004	2.09	0.44	1.15
2005	2.29	0.24	1.22
2006	1.79	0.95	1.08
2007	0.98	0.90	0.66
2008	0.81	0.94	0.58
2009	2.03	0.99	1.22

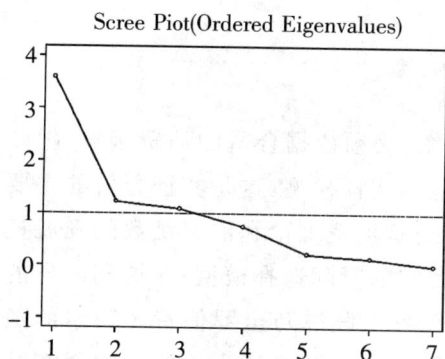

图 4-6 主成分分析所得碎石图

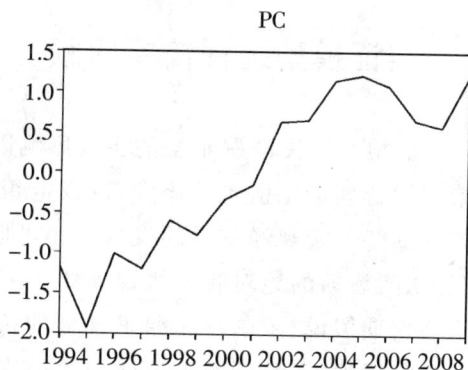

图 4-7 1994—2009 年中国金融约束指数

第三节 金融约束指数影响居民消费增长的实证检验 ●●➡

如图 4-8 所示,改革开放以来中国的国内生产总值(GDP)快速增长的同时,居民消费水平(CON)的增长却未尽如人意,居民消费率(CTG=CON/GDP)一路从 52% 下滑到 35%。如前文分析,对于这一现象的解释可以通过很多角度,本书尝试利用上文所得的综合性金融约束指数从金融约束角度验证它对居民消费水平的影响。

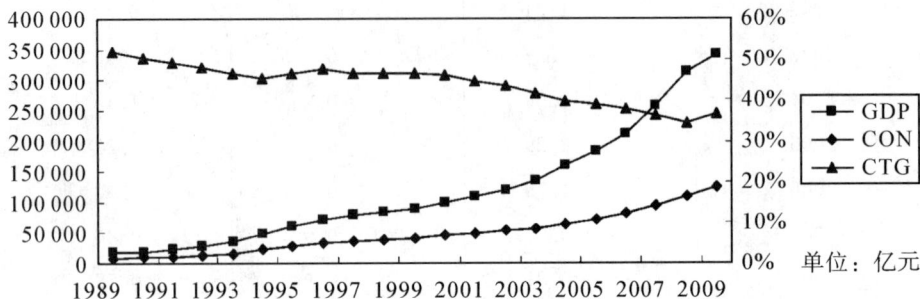

图 4-8　1989—2009 年度居民消费水平、消费率及国内生产总值

一、实证模型选择简要回顾

欲检验居民消费水平的主要影响因素,必须依据合适的消费函数、把政策因素合理量化引入该函数,以设定相应的实证模型,这是实证分析的主要技术支持。宏观经济学的发展历程可以说是消费理论和消费函数的发展过程,从凯恩斯的绝对收入假说到欧文·费雪的时际选择模型、莫迪利阿尼的生命周期假说、米尔顿·弗里德曼的持久收入假说乃至罗伯特·霍尔的随机游走假说,消费函数理论的演化越来越多地与经济计量学的运用紧密结合,对影响居民消费行为的因素的分析愈加深入。但它们都假定收入线性地决定消费,即假定收入和消费变量是平稳数列。而人们通过对有关变量时间序列自相关图的研究,发现它们的表现是非平稳的,导致普通最小二乘法容易产生"伪回归"。20 世纪 80 年代开始,罗素·戴维森(Russell David-son)把协整分析引入消费函数,用收入与消费序列之间的协整组合产生的均衡误差对模型进行修正,解决了"伪回归"问题,这就是误差修正模型(ECM)方法。误差修正模型的优点在于把解释消费变量的长期与短期作用分离开来,既能说明变量的短期波动影响机制,也能把长期作用的动态均衡机制显示出来。尤其当一个内生因变量只被表示成同一时点的一个外生自变量的函数时,误差修正模型是最佳的选择。因此本节在完成变量序列的平稳性检验和协整关系检验的基础上,确定用误差修正模型来验证金融

约束指数对居民消费水平的影响。

二、居民消费水平和金融约束指数的协整关系检验

对居民消费水平（CON_t）和金融约束指数（PC_t）[①]对数和分别进行单位根检验，发现两序列均含有一个单位根，一阶差分后是平稳的，即 $\ln(CON_t)$ 和 $\ln(PC_t)$ 均是一阶单整序列。首先建如下回归方程：

$$\ln(CON_t) = k_0 + k_1 \ln(PC_t) + u_t \tag{4.1}$$

对式（4.1）进行 OLS 估计后，用残差序列进行单位根检验，结果表明是平稳序列，意味着 $\ln(CON_t)$ 和 $\ln(PC_t)$ 之间存在协整关系，可进一步建立误差修正模型。

三、建立误差修正模型（ECM）

首先根据金融约束指数建立一个一般的动态消费函数模型：

$$\ln(CON_t) = \beta_0 + \beta_1 \ln(CON_{t-1}) + \beta_2 \ln(PC_t) + \beta_3 \ln(PC_{t-1}) + \varepsilon_t \tag{4.2}$$

两边求期望可得：

$$\ln(CON)^* = \frac{\beta_0}{1-\beta_1} + \frac{\beta_2+\beta_3}{1-\beta_1} \ln(PC_t)^* \xlongequal{\text{记为}} k_0 + k_1 \ln(PC_t)^* \tag{4.3}$$

在式（4.2）两端减去 $\ln(CON_{t-1})$，在右边加、减 $\beta_2 \ln(PC_{t-1})$，并依据式（4.3）中的系数关系，可得

$$\Delta\ln(CON_t) = \beta_0 + (\beta_1-1)[\ln(CON_{t-1}) - k_1 \ln(PC_{t-1})] + \beta_2 \Delta\ln(PC_t) + \varepsilon_t \tag{4.4}$$

令 $a = \beta_1 - 1$，误差修正项 $ECM_{t-1} = \ln(CON_{t-1}) - k_1 \ln(PC_{t-1}) = u_{t-1}$，可得

$$\Delta\ln(CON_t) = \beta_0 + a ECM_{t-1} + \beta_2 \Delta\ln(PC_t) + \varepsilon_t \tag{4.5}$$

式（4.5）即为本节所采用的误差修正模型。

[①]　因金融约束指数存在负数，不能用对数形式估计，故此处的 PC 值均在原金融约束指数上加 3，此操作不影响该变量的经济性质。

四、基于 Engle 和 Granger 两步法估计的实证结果 ⋯⋯⋯⋯⋯⋯

对式（4.1）进行协整回归得到残差序列 u_t，用 u_{t-1} 替换式（4.5）中的 ECM_{t-1}，再用 OLS 方法估计其参数，得到：

$$\Delta\ln(CON_t) = 0.0559 + 0.1346 ECM_{t-1} - 0.1091\Delta\ln(PC_t) \qquad (4.6)$$
$$(9.44, 0.00) \quad (1.89, 0.08) \quad (-2.31, 0.04)$$

$R^2 = 0.69$，$D.W. = 1.26$，括号内前为 t 值，后为概率。

式（4.6）的误差修正模型中，影响居民消费短期变动的原因可以分解为两部分：其一，金融约束指数差分项的短期波动影响；其二，误差修正项的长期均衡调整力度。系数（-0.109）表明金融约束指数每增长 1%，就会引致居民消费下降 0.109%。系数（0.1346）表明当居民消费短期波动偏离长期均衡时，将以每年 0.1346 的调整力度将非均衡状态拉回到均衡状态。

第四节　主要结论与政策含义 ●●➡

本章对传统的金融约束理论进行了理论拓展，揭示其在中国股票市场的实质性表现，并根据银行融资市场和股票市场的金融约束政策变量包括利率控制变量、存款准备金率、市场进入限制、定向信贷政策、新股发行与股权分置政策以及再发行圈钱问题等，构建相应的隶属函数，运用主成分分析法对变量序列进行处理，得到 1994—2009 年度综合性的中国金融约束指数序列。该指数序列表明该期间内中国金融约束程度有所起伏，但总体趋势呈现为逐年提高。究其原因，为应对近年来变数颇多的国际国内经济局面，央行对利率控制的实质程度不降反升是其主因，这一因素同时导致银行融资市场和股票市场的金融约束程度一起加重。同时，在过去十年戏剧性变化的中国股市中，对新股发行的政策导向、对股权分置改革时过低对价的默许、对再发行门槛的放松等政策设置，与银行融资市场政策双管齐下，创造大量租金从居民百姓手中流向国有银行、上市公司，导致金融约束程度总体趋势不断加重。

本章亦进一步运用时间序列的误差修正模型检验金融约束指数序列与居民消费水平之间的相关关系。在单整与协整关系检验基础上的误差修正模型证实,金融约束指数序列在 5% 显著性水平上对居民消费水平产生负影响。该模型把影响居民消费短期变动的原因分解为金融约束指数差分项的短期波动影响和误差修正项的长期均衡调整两部分,结果表明金融约束指数每增长 1%,就会引致居民消费下降 0.109%,而当居民消费短期波动偏离长期均衡时,误差修正项将以每年 0.1346 的调整力度将其拉回均衡状态。

　　本章的政策含义是显而易见的。不可否认,金融约束的理论思想在发展中国家经济发展的特殊时期起到过重要作用,但从根本上说,经济现状的改善和解除不是依赖于政府继续提供和增加租金,而是取决于国有银行和国有企业的真正市场化。在此过程中,政府的支持和必要的援助虽是不可缺少的,但金融约束的政策主张毫无疑问会使现有的状况继续维持下去,从而增加未来的改革成本。因而,从长期看这一做法并不是一个最优选择,甚至不是一个次优选择(程建伟,2002)。本书实证结果证实金融约束政策将通过掠夺租金、侵害居民财产性收入,进而影响居民消费水平的增长,极不利于经济的持续发展。因此,金融约束政策必须逐渐淡出金融市场,加速利率市场化进程、改革当前缺陷型的股市政策,加速股票市场的规范操作,力推公开、公正、公平的市场规则,加大力度保护投资者权益,方是立市之本。

第五章
总论：金融约束政策影响居民消费需求——基于租金度量的机理分析

金融约束政策为银行、企业创造租金，租金源头来自于中小投资者。由于部分财产性收入以租金的形式流失，收入受损，消费下降，因此租金的规模直接影响到中小投资者的消费水平，对于租金规模的测算可以衡量中小投资者受损的财产性收入以及消费下降的程度。前文已对传统的金融约束论进行了理论拓展，揭示其在银行融资市场和股票市场的主要政策表现，并在第三章对金融约束政策影响居民财产性收入进行了理论分析，在第四章构建了反映各政策变量的隶属函数，运用主成分分析法对变量序列进行处理，得到1994—2009年度综合性的中国金融约束指数序列。该指数序列表明期间内中国金融约束程度有所起伏，但总体趋势如预期所料呈现为逐年提高。进一步运用误差修正模型检验金融约束指数序列与居民消费水平之间的相关关系，检验结果证实，金融约束指数序列在5%显著性水平上对居民消费水平产生负影响，说明在中国，金融约束程度对居民消费水平产生实质性的影响。本章则将进一步对金融约束政策作用于银行融资市场和股票市场所创造的租金规模进行总体的定量测算。

第一节　银行融资市场中金融约束政策的租金规模测算

金融约束论的三大主要政策导向中，控制存贷款利率是直接创造租金的根源，其他两个政策导向——限制竞争和限制资产替代所起的作用可以认为是为通过存贷款利率的控制攫取租金创设了有利条件，其主要功能在于把居民的储蓄圈向国有银行和国有企业，对创造租金起到间接作用。因此对于租金规模的测算，关键在于分析存贷款利率受控制的程度，而其中贷款利率的水平主要是决定了租金在国有银行和国有企业部门间的分配比例。因此，本章对租金规模的测算仅针对低存款利率对居民储蓄存款的利息收入的侵夺。

一、均衡利率的判断

要测算银行融资市场中低存款利率对居民储蓄存款利息收入的侵夺，必须知道在具体宏观经济条件下的市场均衡利率。魏克塞尔认为利率可以分为市场利率与自然利率，但他并未指明市场利率如何取得。利率这一变量同时受多种经济变量的影响和制约，随时可能由于经济周期的影响和整个市场环境的变化而变化。在此状况下，一国需要有一个相对客观的基准利率以供参考。但在中国，资金供给和需求关系被人为扭曲，金融市场的各种利率均无法体现均衡的市场利率。在长期严格的利率管制下，各种利率均处低位，表5-1列示了2010年9月份各种一年期金融工具的收益率水平，其中除了上海银行间同业拆放利率为2.6793%，略高于1年期储蓄存款利率2.25%以外，其他各种一年期利率水平均低于1年期储蓄存款利率，包括加权平均的银行间同业拆借利率、央行票据发行的参考收益率及实际收益率、银行间和上交所的国债发行收益率以及政策性金融债收益率。所有可直接获取的利率水平，均是利率管制导向下的产物，不能作为市场均衡利率的代表进行租金测算。

表5-1　2010年9月各种一年期金融工具收益率水平

单位：%

储蓄存款：定期（1年）	银行间同业拆借利率：加权平均（1年）	上海银行间同业拆放利率（1年）	中央银行票据发行：参考收益率（1年）	央行票据收益率：银行间：到期（1年）	国债发行票面利率（1年）	国债收益率：银行间：到期（1年）	国债收益率：上交所（1年）	政策性金融债收益率：到期（1年）
2.25	2.24	2.6793	2.0929	2.0957	1.87	1.9605	1.76	2.301

当前有部分研究者认为，在中国货币市场上，上海银行同业拆借利率（Shibor）自2007年1月4日开始正式运行后，即作为央行打造中国式"联邦

基金利率"、培育货币市场基准利率体系的重要举措,具有相对显著的市场特征,是最合适的市场基准利率(周珠玲,2009;陈逸,2008)。

但事实上,当前薄弱的市场基础影响了 Shibor 的市场地位,交易规模小、交易期限集中于 1 天和 7 天的短期交易等特点,均制约了 Shibor 的发展。最重要的是,作为基准利率,应该能够及时反映市场中的资金供求状况,并及时将这一信号传导至整个利率体系。然而在中国,由于存贷款利率长期由中央银行决定,属于政府利率政策范畴,使得 Shibor 的波动不仅不能影响存贷款利率,反而会被存贷款利率"倒逼",出现 Shibor 被存贷款利率所影响的现象。同样的分析也适用于央票利率,央行票据作为人民银行货币政策的工具之一,其定价会受到央行意志的影响,并不是按市场规则进行定价,这在扭曲市场机制的同时,也切断了 Shibor 利率传导的路径,使 Shibor 失去其作为市场基准利率的基础(张一中,2008)。

另有一个思路,民间利率不受央行直接管制,是否可以看作市场均衡利率。以厦门市 2010 年第一季度的民间利率为例,据统计,在各中国人民银行厦门监测点下的民间借贷累计发生额 818 万元,加权平均利率 24.3557%,其中农户贷款 470 万元,平均利率 23.0128%,其他企业、个体户等样本贷款 348 万元,平均利率 26.1695%,详见图 5-1。如此高企的利率,显著地体现了高风

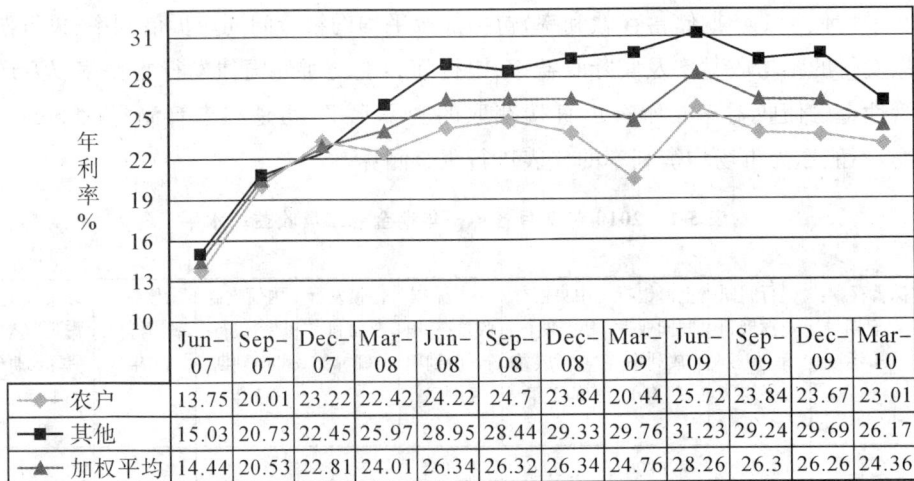

	Jun–07	Sep–07	Dec–07	Mar–08	Jun–08	Sep–08	Dec–08	Mar–09	Jun–09	Sep–09	Dec–09	Mar–10
农户	13.75	20.01	23.22	22.42	24.22	24.7	23.84	20.44	25.72	23.84	23.67	23.01
其他	15.03	20.73	22.45	25.97	28.95	28.44	29.33	29.76	31.23	29.24	29.69	26.17
加权平均	14.44	20.53	22.81	24.01	26.34	26.32	26.34	24.76	28.26	26.3	26.26	24.36

图 5-1 厦门辖区 2007—2010 年民间借贷利率走势

数据来源:中国人民银行厦门辖区报告材料(2010)。

险与资金短缺的条件下资金价格的过度攀升,一旦民间借贷合法化且有充分的法律保障,居民储蓄将由银行体系大量转移至民间借贷市场,彼时民间借贷利率无疑将不再保持当前的高水平,因此,民间利率也不适合作为市场均衡利率。

再考虑是否可用 HP 滤波的趋势分解法从储蓄存款利率的序列中分解出长期趋势项以作为市场均衡利率。HP 滤波的处理原理在于时间序列的数据信息一般包含四种变动因素(高铁梅,2009):

$$
时间序列变动因素\begin{cases}长期趋势因素\ T\\循环因素\ C\\季节变动因素\ S\\不规则因素\ I\end{cases}
$$

可先对该序列进行季节调整,剔除掉季节变动因素 S 和不规则因素 I,再用 HP 滤波的方法把趋势循环因素 TC 分离成长期趋势 T 和循环因素 C 两部分。如果按照 HP 滤波的方法把利率的趋势循环因素 INT_t^{TC} 分解为长期趋势项 INT_t^T 和周期项 $INT_t^C = INT_t^{TC} - INT_t^T$,其中长期趋势是否可当作市场均衡利率,而周期项是否就是利率的实际值对均衡值的偏离,从而计算出由此产生的租金值? 基于这一思路,本书首先尝试用 HP 滤波的方法对一年期储蓄存款利率进行趋势分解。HP 滤波分离出趋势项 INT_t^T 的原理在于求该最小化问题的解:

$$
\min\{\sum_{t=1}^{T}(INT_t^{TC}-INT_t^T)^2 + \lambda\sum_{t=2}^{T-1}[(INT_{t+1}^T-INT_t^T)-(INT_t^T-INT_{t-1}^T)]^2\},
$$

其中 λ 决定了趋势序列与实际序列间的接近程度和平滑程度的取舍。对1988—2010 年间银行一年期储蓄存款利率进行 HP 滤波趋势分解的结果如图5-2 所示。其中的利率趋势项仍是基于利率的实际值分解得到的,事实上仅刻画了在该时间段内利率实际值变化的总体趋势,并不能代表市场的均衡利率;如果利率的实际值本身是有偏的,则趋势值也一样有偏。利率周期项也只说明了利率的总体趋势与实际值间的偏离,并不能代表当前利率与市场均衡利率之间的缺口。这一缺陷正是 HP 滤波趋势分解法固有的缺陷。分析证明,常被学者用于寻找市场均衡值的 HP 滤波趋势分解法并不能用来确定市场均衡利率。

均衡的市场利率应由多种因素共同决定,其中,社会实际资金的供需情况属最重要的决定因素之一。基于这一因素考虑,由于企业债券的发行相比于

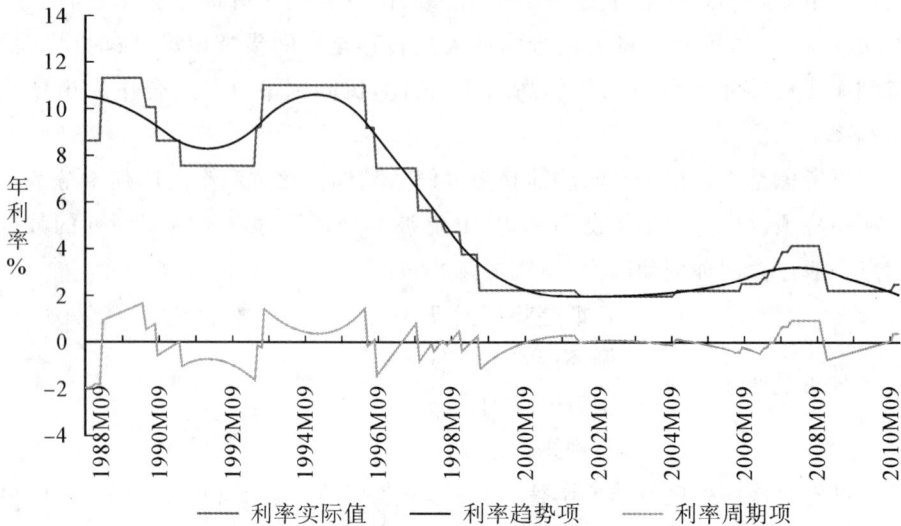

图 5-2　对 1988—2010 年 1 年期存款利率的 HP 滤波趋势分解结果

其他金融工具在票面利率的决定上具有较强的灵活性,因此其发行状况可以在一定程度上较直接地体现社会资金供需情况,其收益率也比较接近于资金的市场收益率。当受数据可得性限制而无法获取企业债券收益率时,企业债券发行的票面利率也不失为一次佳选择。因此下文将首先从中国债券市场企业债券票面利率的角度展开对银行融资市场租金规模的测算。

二、基于债券市场企业债券票面利率的租金规模测算

我国于 1984 年开始出现企业债券,1987 年一些大企业开始发行重点企业债券,以后陆续出现了企业短期融资债券、内部债券、住宅建设债券和地方投资公司债券。相比较于股票市场的发展,我国企业债券市场相对不活跃,日成交量远低于股票市场的日成交量。但从 2006 年开始,企业债券的发行逐渐得到发展。2006 年企业债券发行总额首次突破 1 000 亿元;2007 年 8 月末,我国在银行间债券市场交易流通的企业债券达到 2 932 亿元,占企业债券存量的 87.8%,交易量占比约为 98%;2008 年,企业债券交易市场全年成交金额为 98.9 万亿元,同比上升 55.6%,从债券发行市场来看,全国债券发行总额为 6.9 万亿元。2009 年中国企业债券共发行 165 只,发行规模历史性地达到 4 214.3 亿元。

（一）租金测算思路及数据来源

金融约束政策下，银行融资市场为银行和企业创造的租金来源于居民储蓄在低利率政策下丧失的利息收入，以式（5.1）表示。

$$rent = deposit \times (i_{market} - i_{restraint})$$

(5.1)

由于中国证券市场上企业债券发行的票面利率相对灵活，其收益率较接近于反映社会资金供需情况的市场均衡水平，因此以企业债券收益率作为市场利率的代理变量具有一定的合理性。由于无法获取所有企业债券的各期收益率数据，因此以企业债券发行的票面利率作为替代。而反映银行融资市场上对居民利息收入产生影响的管制利率通常以一年期存款利率作为代表（$i_{restraint}$）。基于中国企业债券的发展事实，租金规模测算的期间为 1996—2010 年。市场利率的代理变量由每年度所有已发行未到期的企业债券的票面利率加权平均所得，其中以债券市值占当年全部企业债券总市值的比重作为权重，用式（5.2）所示。全部数据均来源于万得资讯。

$$i_{market} = \sum_{b=1}^{N} (企业债券发行票面利率_b \times \frac{企业债券市值_b}{该年度企业债券总市值})$$

式中，$b = 1, 2, \cdots, N$

(5.2)

（二）租金测算结果

租金合计为 51 442.63。由表 5-2 可知，中国企业债券的发展从 2005 年开始加速，2009—2010 年规模发展尤为显著。除 1996 年、1997 年两年的平均票面利率较高以外，2000 年后平均票面利率趋于平稳，保持在 4‰～5‰之间，恒高于同期一年期定期存款利率 2‰～3‰。根据设定的租金计算公式，居民储蓄由于低利率政策导致的利息损失每年均在 1000 亿元以上，占同期 GDP 比重为 1.43‰～3.86‰（2007 年例外）。15 年来银行融资市场金融约束政策所创租金共达 5.144 万亿元，规模可观。

表 5-2 基于企业债券票面利率的租金规模测算结果

年度	企业债券市值（亿元）	企业债券数（只）	平均债券票面利率	1 年期存款利率	储蓄存款（亿元）	租金（亿元）	租金占GDP（%）
1996	1.00	5	0.1460	0.0747	38 520.8	2 745.57	3.86
1997	7.46	13	0.1178	0.0567	46 279.8	2 829.48	3.58
1998	20.90	44	0.0918	0.0378	53 407.5	2 884.60	3.42

续表

年度	企业债券市值（亿元）	企业债券数（只）	平均债券票面利率	1 年期存款利率	储蓄存款（亿元）	租金（亿元）	租金占GDP(%)
1999	37.10	89	0.0723	0.0225	59 621.8	2 966.24	3.31
2000	43.35	97	0.0653	0.0225	64 332.38	2 750.36	2.77
2001	65.79	101	0.0533	0.0225	73 762.43	2 273.84	2.07
2002	103.21	92	0.0471	0.0198	86 910.65	2 369.93	1.97
2003	150.18	79	0.0456	0.0198	103 617.7	2 671.55	1.97
2004	179.38	91	0.0454	0.0225	119 555.4	2 742.39	1.72
2005	264.20	138	0.0461	0.0225	141 051	3 327.69	1.80
2006	382.00	196	0.0444	0.0252	161 587.3	3 096.37	1.43
2007	555.13	282	0.0471	0.0414	172 534.2	976.83	0.37
2008	812.01	370	0.0487	0.0225	217 885.4	5 697.85	1.81
2009	1 330.99	632	0.0502	0.0225	260 771.7	7 220.70	2.12
2010	1 326.59	629	0.0502	0.0275	303 302.5	6 889.24	1.73
租金合计						51 442.63	

三、基于扩展的泰勒规则的租金规模测算

作为一种对照试验,本节将尝试利用扩展的泰勒规则作为模型对银行融资市场的租金规模进行另一种方式的测算。根据利率决定理论,市场利率除了由资金的供需决定外,也由宏观经济条件所决定,因此作者假设可以尝试利用各个时期具体的宏观经济条件推导得到市场均衡利率,而推导最好的工具就是泰勒规则。

(一)模型选择——L. Ball 开放经济下的货币政策规则

1. 泰勒规则原型

泰勒规则是泰勒(1993)提出的一个简单又相对科学的货币政策规则,他利用该规则考察了美国 1987—1992 年的货币政策,发现这个规则与美国货币政策的实际操作能够很好地拟合。许多研究也表明,该规则能较好地反映西方国家成功的货币政策实践经验,因此实际上已成为美联储、欧洲中央银行、

英格兰银行和加拿大银行操作货币政策的理论依据。

标准的泰勒规则形式如下:

$$i_t = \bar{r} + \pi_t + \alpha(\pi_t - \pi^*) + \beta \cdot \tilde{y}_t$$

其中 i_t 是第 t 期的短期利率,即联邦基金利率,$\bar{r}$ 是长期均衡利率,π_t 是前四个季度的平均通货膨胀率,π^* 是通货膨胀目标,$\tilde{y}$ 表示产出缺口,而 α 和 β 是政策参数。泰勒根据自己的研究建议,把 α 和 β 取经验值 0.5,并且令长期均衡利率和通货膨胀目标均等于 2%,于是得到美联储货币政策规则的具体形式:

$$i_t = 2 + \pi_t + 0.5(\pi_t - 2) + 0.5 \cdot \tilde{y}_t$$

现实经济研究中对于泰勒规则,既有赞同者,亦有批评者。对泰勒规则的批评首先来自其对预期因素的忽视。传统的泰勒规则对通货膨胀缺口的衡量是直接以当期实际通胀率扣除物价上涨来表示的,而事实上事前预期的通胀率才是考虑货币政策取向的关键。基于此,Clarida、Gali、Gertler(1997,1999)引入预期构建了"前瞻性"(forward-looking)泰勒规则,表述为:

$$i_t = r^* + \pi_t + a(E_t\pi_{t+1} - \pi^*) + \beta \cdot y_t \tag{5.3}$$

其中 $E_t\pi_{t+1}$ 表示第 t 期预测 $t+1$ 期的通货膨胀率。

2.考虑汇率条件的 L. Ball 开放经济下的货币政策规则

对泰勒规则的第二个批评源自其对汇率因素的忽视。在一个开放的经济体中,利率、汇率和通货膨胀可以通过国际贸易和资本流动互相影响、互相作用。基于此,L. Ball(1998,1999)建立了开放经济下的货币政策规则,形式如下:

$$\omega \cdot r + (1-\omega)e = a \cdot y + b \cdot \pi^* \tag{5.4}$$

其中 e 表示汇率。等式左边的变量称为货币条件指数(Monetary Conditions Index,MCI),是根据经济状况分别对利率和汇率赋予权重,ω 和 $(1-\omega)$ 分别表示利率和汇率对总支出影响的权重,y 为实际产出的对数值,π^* 为通货膨胀目标值。

Svensson(2000)则将前瞻性的因素以及更多的微观基础引入泰勒公式,把货币政策规则表述为:$i_t = f\pi_t + gy_t + h_0e_t + h_1e_{t-1}$,并且经验地认为 $h_0 = -0.45, h_1 = 0.45$。

国内王胜、邹恒甫(2006)根据 Clarida 等人的研究结果,提出了扩展型的泰勒规则:$i_t = \beta_0 + \beta_1\pi_t + \beta_2\tilde{y} + \beta_3\Delta y_t^*$,其中 Δy_t^* 表示外国产出波动情况。他

们选用美、日、欧作为影响中国经济的外部因素对该模型进行实证检验，检验结果表明中国利率水平与通货膨胀、国内产出缺口相关，而且在开放经济环境下，一国的最优利率水平同时还受到外国经济发展状况的影响。

3. 模型说明

综合以上分析，本节认为可以利用式(5.4)做研究模型，把现实利率等数据序列代入模型、计算模型残差作为利率缺口，再把现实利率经利率缺口的调整得到均衡利率，并利用利率缺口进一步测算由于低利率政策产生的租金规模。由式(5.4)可得

$$r = -\frac{(1-\omega)}{\omega} \cdot e + a \cdot y + b \cdot \pi^* \tag{5.5}$$

式(5.5)表明一国利率水平的制定应该受汇率、产出水平和通货膨胀水平的决定。依据此式设立线性模型如式(5.6)

$$r_1 = \beta_1 \cdot e_t + \beta_2 \cdot y_t + \beta_3 \cdot \pi_t^* + \varepsilon_t \tag{5.6}$$

$$r_t - (\beta_1 \cdot e_t + \beta_2 \cdot y_t + \beta_3 \cdot \pi_t^*) = \varepsilon_t \tag{5.7}$$

$$r^* = \beta_1 \cdot e_t + \beta_2 \cdot y_t + \beta_3 \cdot \pi_t^* = r_t - \varepsilon_t \tag{5.8}$$

把各变量代入模型式(5.6)进行估计，得到的残差 $\hat{\varepsilon}_t$ 即为利率缺口，指现实利率与均衡利率之间的差异，衡量了现实利率对均衡利率的偏离。式(5.8)中 r^* 即为估计的均衡利率。如果利率缺口小于 $0(\varepsilon_t < 0)$，意味着现实利率低于均衡利率，其数值与居民储蓄总量的乘积表明了居民储蓄由于低利率而被侵吞的利息收入的程度，也即金融约束下的租金规模。

(二)数据选择与租金测算

1. 数据选择

利率：用1年期储蓄存款利率。严谨的方法，利率必须用不同期限的储蓄存款以存款量为依据加权平均得到，但基于数据可得性，无法获取不同期限结构的储蓄存款具体数额，因此一律默认为1年期。图5-3显示随着时间推移，银行中长期贷款的规模逐渐超过短期贷款，低利率政策也许是形成这种局面的一大因素。因此有理由认为，以1年期储蓄存款利率作为利率水平的代表进行租金估算是一种相对保守的估算方式。

汇率：利用直接标价法下的美元兑人民币的汇率。因在中国国际收支、外汇储备、进出口结算中美元的占有绝对优势，因此所有汇率中，美元兑人民币的汇率最关键。

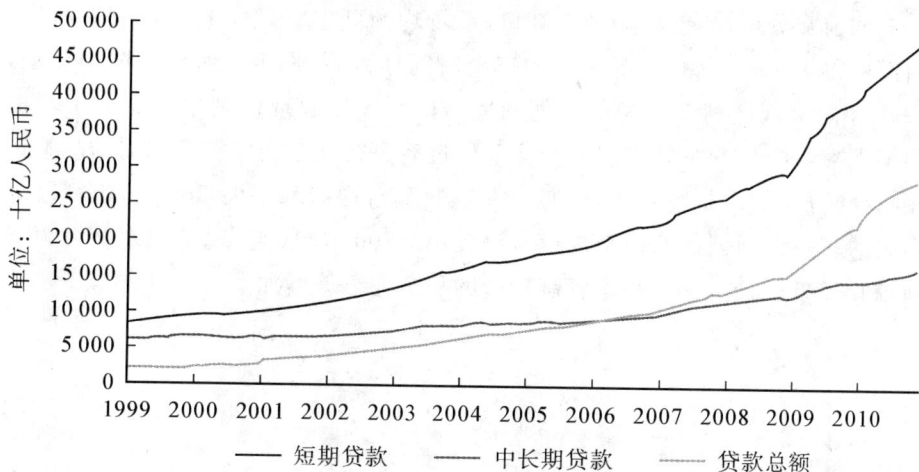

图 5-3　银行短期贷款与中长期贷款规模比较

产出水平：用经 GDP 增长指数调整后的 GDP 实际值取对数所得。

通货膨胀率：利用 CPI 的月度数据采用三项移动平均法求出季度数据，计算实际通货膨胀率＝季度 CPI－100，再根据四项移动平均法求出平均 CPI 通胀率。

受数据可得性限制，所有数据选自 1995 年第 1 季度至 2010 年第 3 季度的季度数据，不经季节调整（可保证残差序列更真实反映利率缺口）。除产出水平外，其余变量不再经通胀水平调整，因为最后欲估计得到的也是名义的市场均衡利率。

2. 均衡利率的估计

利用 EViews 6.0 进行 OLS 估计，可得表 5-3 回归结果，所有系数符号均与预期相同，且高度显著。同时获得残差序列 $\hat{\varepsilon}_t$，即利率缺口，据以计算低利率政策所创造的租金规模。

表 5-3　回归结果

	Coefficient	Std. Error	t-Statistic	Prob.
e	1.324235	0.284958	4.647132	0.0000
y	−1.969601	0.640293	−3.076094	0.0032
π	1.365288	0.516703	2.642311	0.0105

如前文分析,残差项为利率缺口,市场均衡利率＝现实利率－利率缺口,因而可得 1995—2010 第 3 季度的三个时间序列,如图 5-4 所示。图中显示,1998 年之前现实利率尚高于均衡利率,自 1998 年起现实利率开始低于均衡利率水平,这与 1997 年东南亚金融危机过后央行开始实施扩大内需的政策正相吻合。从 2004 年底开始,现实利率攀升至与均衡利率大抵持平,这一段时间内的利率管制创造的租金规模应该较小。2007 年底起,现实利率又大幅下降,利率缺口加速扩大,利率管制创造的租金亦显著增加。

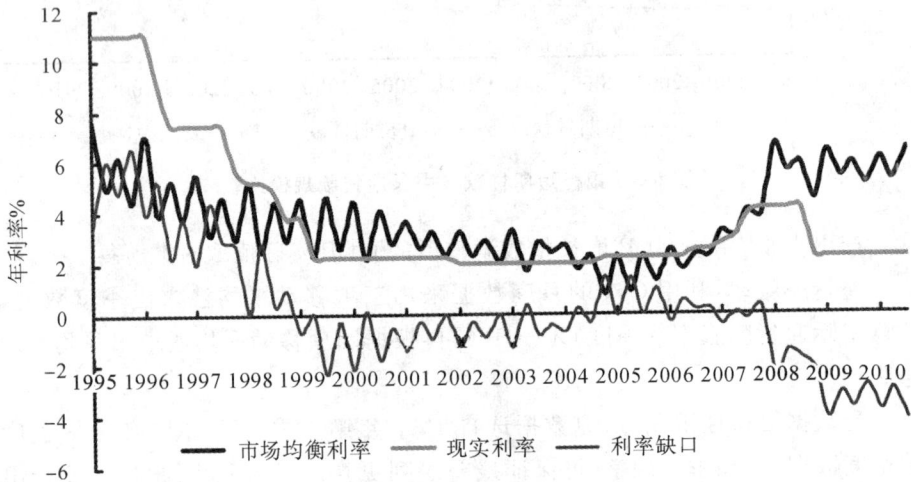

图 5-4　市场均衡利率与利率缺口

3.租金测算

囿于数据的可得性并考虑租金研究的现实意义,租金测算从 1999 年第 1 季度到 2010 年第 3 季度。利用 1999 年开始的居民储蓄总额季度数据(默认为 1 年期)乘以当期利率缺口,可得每一季度租金值,再以每四季度数值求和得年租金规模。负值的租金表明由于现实利率低于均衡利率导致居民丧失的利息收入,正值的租金表示由于现实利率高于均衡利率产生的反向租金流,见表 5-4。

表 5-4　银行融资体系下利率管制创造的租金规模(季度)

时间	利率实际值: 1 年期储蓄 存款利率 (A)(%)	均衡利率: 利率规则值 (B)(%)	利率缺口: 残差 (C) (10 亿元人民币)	居民 储蓄存款 (D) (10 亿元人民币)	租金(季) (E=D×C/4) (10 亿元人民币)
1999 年 3 月	3.78	4.53	−0.75	5 781.5	−10.87
1999 年 6 月	2.25	2.26	−0.01	5 917.3	−0.19
1999 年 9 月	2.25	4.57	−2.32	5 936.4	−34.49
1999 年 12 月	2.25	2.59	−0.34	5 962.2	−5.01
2000 年 3 月	2.25	4.41	−2.16	6 249.2	−33.70
2000 年 6 月	2.25	2.17	0.08	6 284.2	1.21
2000 年 9 月	2.25	4.07	−1.82	6 324.3	−28.76
2000 年 12 月	2.25	2.77	−0.52	6 433.2	−8.44
2001 年 3 月	2.25	3.67	−1.42	6 836.5	−24.22
2001 年 6 月	2.25	2.57	−0.32	6 962.9	−5.62
2001 年 9 月	2.25	3.21	−0.96	7 125.3	−17.16
2001 年 12 月	2.25	2.29	−0.04	7 376.2	−0.69
2002 年 3 月	1.98	3.25	−1.27	7 872.8	−25.01
2002 年 6 月	1.98	2.27	−0.29	8 171.2	−5.93
2002 年 9 月	1.98	2.90	−0.92	8 413.9	−19.36
2002 年 12 月	1.98	2.03	−0.05	8 691.1	−1.03
2003 年 3 月	1.98	3.32	−1.34	9 456.8	−31.75
2003 年 6 月	1.98	1.67	0.31	9 767.5	7.62
2003 年 9 月	1.98	2.81	−0.83	10 089	−20.85
2003 年 12 月	1.98	2.41	−0.43	10 362	−11.24
2004 年 3 月	1.98	2.73	−0.75	11 187	−20.98
2004 年 6 月	1.98	1.78	0.20	11 379	5.79
2004 年 9 月	1.98	2.30	−0.32	11 546	−9.32
2004 年 12 月	2.25	0.77	1.48	11 956	44.26
2005 年 3 月	2.25	2.30	−0.05	12 926	−1.70
2005 年 6 月	2.25	0.87	1.38	13 234	45.80

续表

时间	利率实际值：1年期储蓄存款利率(A)(%)	均衡利率：利率规则值(B)(%)	利率缺口：残差(C)(10亿元人民币)	居民储蓄存款(D)(10亿元人民币)	租金(季)(E=D×C/4)(10亿元人民币)
2005 年 9 月	2.25	2.29	−0.04	13 632	−1.24
2005 年 12 月	2.25	1.29	0.96	14 105	33.83
2006 年 3 月	2.25	2.54	−0.29	15 282	−11.04
2006 年 6 月	2.25	1.75	0.50	15 500	19.35
2006 年 9 月	2.52	2.34	0.18	15 811	7.26
2006 年 12 月	2.52	2.27	0.25	16 159	9.91
2007 年 3 月	2.79	3.23	−0.44	17 240	−19.12
2007 年 6 月	3.06	3.03	0.03	16 954	1.19
2007 年 9 月	3.87	4.06	−0.19	16 897	−7.95
2007 年 12 月	4.14	3.83	0.31	17 253	13.17
2008 年 3 月	4.14	6.59	−2.45	18 755	−114.66
2008 年 6 月	4.14	5.59	−1.45	19 440	−70.43
2008 年 9 月	4.14	5.90	−1.76	20 469	−90.14
2008 年 12 月	2.25	4.46	−2.21	21 789	−120.56
2009 年 3 月	2.25	6.37	−4.12	24 307	−250.44
2009 年 6 月	2.25	5.35	−3.10	24 938	−193.04
2009 年 9 月	2.25	5.92	−3.67	25 572	−234.55
2009 年 12 月	2.25	5.08	−2.83	26 077	−184.61
2010 年 3 月	2.25	6.07	−3.82	28 105	−268.74
2010 年 6 月	2.25	5.24	−2.99	28 813	−215.25
2010 年 9 月	2.25	6.41	−4.16	29 928	−311.12

　　由季度数据再整理得到年度数据，见表 5-5。2004—2006 年三年间由于利率实际值较高，租金出现小额的反向流动。其他各年度租金的流向均自居民家庭流向银行融资体系，且 2007 年后逐年显著提高，几年来由于利率管制所创造的租金已达 2.2 万亿元。尽管国内生产总值逐年增加，但租金占 GDP 的比重也逐年攀升，如图 5-5 所示，至 2010 年前三季度已达 2.96%。

表 5-5　银行融资体系下利率管制创造的租金规模(年度)及占 GDP 比重

年度	租金(年) (10 亿人民币元)	国内生产总值 (10 亿人民币元)	年租金占 GDP 的比重 %
1999	−50.55	8 967	−0.56
2000	−69.69	9 921	−0.70
2001	−47.69	10 966	−0.43
2002	−51.33	12 033	−0.43
2003	−56.22	13 582	−0.41
2004	19.75	15 988	0.12
2005	76.68	18 494	0.41
2006	25.49	21 631	0.12
2007	−12.71	26 581	−0.05
2008	−395.79	31 405	−1.26
2009	−862.65	34 051	−2.53
2010 前 3 季度	−795.11	26 866	−2.96
合计	−2219.84		

单位：%

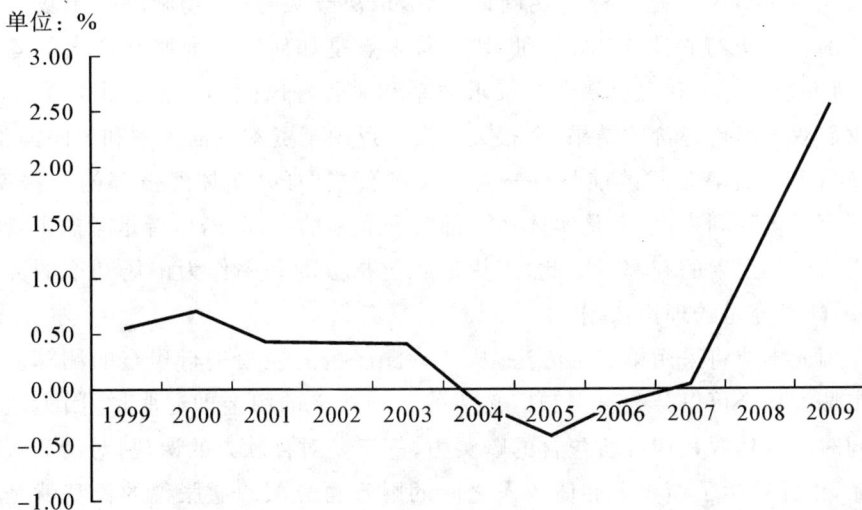

图 5-5　1999—2009 年间利率管制创造的租金占 GDP 的比重

四、基于通货膨胀税视角的租金测算
——兼对前两种测算技术的反思

（一）对前两种测算技术的反思

前文两种租金测算的技术均存在局限。方法一，采用加权的企业债券票面利率作为市场利率的代理变量进行租金测算时，首先，在中国金融市场中，企业债券发行利率的确定未能超越于金融约束的政策导向之外，仍然受到"不得超过同期限存款利率40％"等限制，并非真正市场化的利率；其次，对企业债券的票面利率根据市场流通量进行加权平均计算，未考虑发行利率中由于风险等级不同所包含的风险溢价的不同，将导致计算结果可能有失准确。

方法二，利用扩展的泰勒规则作为市场利率缺口的计算模型时，存在的问题在于，泰勒规则所探讨的是促使宏观经济均衡和产出通胀缺口为零的利率水平，这是货币政策工具利率，是根据货币状况指数计算出来的利率（Monetary Condition Index，MCI），它与市场利率之间存在以下不同：①二者形成机制不同。MCI利率是一种宏观调控工具，取决于央行；市场利率是市场自发形成的。②央行在决定MCI利率时，着眼点是如何实现通胀和产出的零缺口，而不是如何使利率反映资金供求关系和对各种风险的补偿。市场利率则是供需双方讨价还价的结果，在很大程度上反映了资本供需关系和风险溢价。③MCI利率计算公式的前身——泰勒规则公式中的"实体经济部门回报率"并不等于实际利率，前者是实体经济部门利润率的一部分，后者是考虑了货币购买力变化因素的利率。因此，用货币状况指数的利率作为市场利率的分析工具，缺乏充足的理论依据。

因此本节将采用第三种方法，从通货膨胀税的视角进行租金的测算。信贷市场的租金可以分为狭义和广义两种：（1）狭义的租金即通胀税，因为通胀会同时减少债权和债务所包含的购买力，等于是对存款人的课税，对借款人的补贴，由此产生了债权人和债务人之间的财富再分配。通胀税的税基就是货币余额，税率是通胀率。（2）广义的租金是以市场利率为基础所推算的存款人利息收入损失。因为租金不仅包括通胀给存款带来的价值损失，还应该包括这部分存款如果按照市场利率贷放所应得到的收入，即存款的机会成本。广义租金涵盖了狭义租金。

（二）狭义租金的测算——居民储蓄存款的通货膨胀税的计算思路[①]

通货膨胀税（Inflation Tax）是指在通货膨胀条件下，货币持有者的真实购买力下降，它显示了以货币表示的社会资源通过物价和货币存量的变动向货币发行部门的转移（吉松涛，2008）。在金融约束政策下，居民储蓄由于低利率政策和高通货膨胀水平，储蓄余额的实际购买力下降，其下降的规模体现了财富从储蓄者流向借款人的规模，亦即狭义的租金。

本节测算的时间跨度为 1978 年改革开放至 2010 年，测算的基数为 1978 年以来居民的储蓄存款。原始数据采集自 CEIC 中国经济数据库，经整理和计算得到年度居民储蓄存款新增额以及以 1978 年为 100 的定基 CPI 指数序列。具体测算方法为：首先把环比的 CPI 数据换算为以 1978 年为 100 的定基 CPI 指数序列，以便衡量 1978 年之后每年相对于 1978 年的物价上涨水平。其次，以 1978 年居民储蓄存款余额作为基准，计算自 1979 年起每年新增的存款额，并依各年的定基 CPI 指数，把 1978 年的储蓄存款余额及往后各年的新增存款额分别换算为 2010 年物价水平下的实际存款额，并将它们加总，所得数据为 33 年来居民储蓄存款余额扣除了通货膨胀因素后，在 2010 年实际的购买力。再将此数据与 2010 年的居民储蓄存款余额进行比较，差额部分即为因通货膨胀因素导致的货币购买力的损失规模，即通货膨胀税，也就是本节所测算的狭义的金融约束租金规模。

（三）通货膨胀税——狭义租金规模的测算结果

将 2010 年官方公布的年度环比 CPI 指数 103.3％换算为 1978 年的定基指数，数值为 526％，即 1978 年的居民储蓄存款余额 210.6 亿元，由于通货膨胀因素，所剩下的实际购买力仅相当于 2010 年的 40 亿元，价值损失比例达 81％。

[①]　该计算思路受益于上海立信会计学院管理学院杨玉红老师的指导，在此向杨老师致以诚挚的感谢！

表 5-6　1978－2010 年居民储蓄存款损失的狭义租金测算表

年度	CPI 环比指数（上年＝1）	CPI 定基指数（1978＝1）	居民储蓄存款余额（亿元）	每年新增储蓄存款（亿元）	折算为 2010 年实际价值（亿元）
1978	1.00	1.00	210.60	210.60	40.01
1979	1.02	1.02	281.00	70.40	13.64
1980	1.06	1.08	395.80	114.80	23.58
1981	1.02	1.11	523.70	127.90	26.90
1982	1.02	1.13	675.40	151.70	32.51
1983	1.02	1.15	892.50	217.10	47.23
1984	1.03	1.18	1 214.70	322.20	72.05
1985	1.09	1.29	1 622.60	407.90	99.70
1986	1.07	1.37	2 238.50	615.90	160.32
1987	1.07	1.47	3 081.40	842.90	235.43
1988	1.19	1.75	3 822.20	740.80	245.81
1989	1.18	2.06	5 196.40	1 374.20	538.07
1990	1.03	2.13	7 119.60	1 923.20	776.37
1991	1.03	2.20	9 244.90	2 125.30	887.12
1992	1.06	2.34	11 757.30	2 512.40	1 115.82
1993	1.15	2.68	15 203.50	3 446.20	1 755.54
1994	1.24	3.33	21 518.80	6 315.30	3 992.41
1995	1.17	3.90	29 662.30	8 143.50	6 028.50
1996	1.08	4.22	38 520.80	8 858.50	7 102.10
1997	1.03	4.34	46 279.80	7 759.00	6 394.78
1998	0.99	4.30	53 407.50	7 127.70	5 827.48
1999	0.99	4.24	59 621.80	6 214.30	5 009.57

续表

年度	CPI 环比指数(上年＝1)	CPI 定基指数(1978＝1)	居民储蓄存款余额(亿元)	每年新增储蓄存款(亿元)	折算为 2010 年实际价值(亿元)
2000	1.00	4.26	64 332.40	4 710.60	3 812.57
2001	1.01	4.29	73 762.40	9 430.00	7 685.70
2002	0.99	4.26	86 910.70	13 148.30	10 630.48
2003	1.01	4.31	103 617.70	16 707.00	13 669.80
2004	1.04	4.48	119 555.40	15 937.70	13 548.93
2005	1.02	4.56	141 051.00	21 495.60	18 602.73
2006	1.02	4.62	161 587.30	20 536.30	18 039.12
2007	1.05	4.85	172 534.20	10 946.90	10 077.33
2008	1.06	5.13	217 885.40	45 351.20	44 211.90
2009	0.99	5.10	260 771.66	42 886.26	41 516.22
2010	1.03	5.26	303 300.00	42 528.34	42 528.34
合计					264 748.10
1978—2010 年间居民储蓄的通货膨胀税损失＝狭义的租金规模					38 551.90
1978—2010 年间居民储蓄价值的损失比例					12.7%

　　如表 5-6 所示,1978 年至 2010 年,历年来所有居民储蓄存款额由于通货膨胀因素,价值损失共达 3.86 万亿元,损失比例为 12.7%,此即为仅考虑通货膨胀因素的狭义的租金规模。

　　基于与前方两种测算方法在时间跨度上的可比性要求,本节同时测算自1996 年以及 1999 年以来居民储蓄存款因通货膨胀因素而损失的租金规模,结果见表 5-7。比较结果显示,1996—2010 年间,广义的租金规模的确超过狭义的租金规模,因此方法一基于企业债券票面利率的测算方法相对可行;1999—2010 年间广义租金的规模比狭义租金的规模还小,表明方法二基于扩展的泰勒规则的测算方法存在问题。

表 5-7　三种租金测算方法的结果比较

单位:亿元

时期跨度		1978—2010	1996—2010	1999—2010
广义租金	方法一:基于企业债券票面利率		51 442.63	
	方法二:基于扩展的泰勒规则	22 198.40		
狭义租金	对照系:方法三:通货膨胀税	38 551.90	30 861.84	30 913.56①

五、结论

　　银行融资市场中金融约束政策所创造的租金主要形成原因在于低利率导致居民储蓄存款的利息收入受侵夺。欲测算其规模,必须掌握市场的均衡利率水平。基于中国企业债券发行的票面利率进行的租金测算结果显示,中国居民储蓄由于低利率政策导致的利息损失每年均在 1 000 亿元以上,占同期GDP 比重的 1.43%～3.86%,15 年来银行融资市场金融约束政策所创租金共达 5.144 万亿元,是 1996 年底居民储蓄存款余额的 1.34 倍。另一租金测算方式通过对 L.Ball 提出的扩展的泰勒规则模型进行估计得到残差序列作为利率缺口序列,衡量了利率实际值对均衡利率的偏离。用利率缺口与储蓄存款数额的乘积可测算得银行融资市场中利率管制所创造的租金规模。测算结果显示,自 1999 年以来,除 2004—2006 年间由于利率实际值较高,租金出现小额的反向流动以外,其余各年度租金的流向均自居民家庭流向银行融资体系,且 2007 年后逐年显著提高,几年来由于利率管制所创造的租金已达 2.2 万亿元,租金占 GDP 的比重也逐年攀升,意味着由于低利率政策导致居民储蓄的财产性收入的损失有逐年加重的趋势。

　　同时,作为对照实验,本节也利用通货膨胀税的计算,测算狭义的银行融资租金规模,结果显示,1978—2010 年间居民储蓄存款因通货膨胀因素被征收的狭义租金达 3.86 万亿元,是 1978 年底居民储蓄存款余额的 183 倍,租金规模是显著且可观的。利用狭义的租金测算方法同时可以发现,方法一是可行的,方法二存在问题。

---

　　①　狭义租金 1996—2010 年的规模比 1999—2010 年的规模还小,原因在于 1996—1999 年间物价水平较平稳,且居民储蓄新增规模较小。

第二节　股票市场中金融约束政策的租金规模测算 ●●●➡

正如前文分析，上市公司的高价 IPO 行为、再融资偏好下的圈钱行为等都是非流通股股东掠夺中小投资者权益的途径，加之偏好于配股、转增等分红形式而吝于现金分红，使各种掠夺产生的租金逐渐累积。除去在一股独大的股权结构下由于成本、费用监管存在漏洞而导致巨大的成本与费用损失的部分以外，这些租金主要以实收资本、资本公积、盈余公积等所有者权益的形式累积，最终体现为非流通股股东名义上的每股净资产的增加，从而扩大与实际投入上市公司资本额的低成本之间的差距。而股权分置改革的直接结果使得在发行时享有同股不同价特权的非流通股东向流通股股东支付过低对价后把非流通股推向市场，使这些低成本股即刻获得高溢价、享有与流通股同一市场价的特殊收益，租金从流通股东向非流通股东的转移成为现实。股权分置改革正是导致股市租金释放出来、成为事实的原因。

一、中国股市 IPO 与再融资定价偏离内在价值
——租金成因

（一）股票内在价值理论综述

关于股票内在价值的研究，欧文·费雪（Irving Fisher，1930）提出了确定条件下的价值评估理论，该理论认为投资项目的价值是未来各期现金流量按照一定利率折现后的现值，若预期现金流贴现值大于当前投资额，则投资可行，否则投资不可行。该理论派生出 Williams（1938）的股利贴现模型，认为股票的内在投资价值是"将今后能领取的全部股息加以资本还原的现在价值的总和"，买进股票意味着现在财富和未来财富的交换。但由于经济活动中存在着许多不确定性，使得该理论缺乏现实操作意义。而且股利贴现模型无法应用于很少发放或不发放股利的企业价值评估，同时股利政策由人为制订，具有较强的主观性。

针对费雪价值评估理论中的股利政策问题，Myron J. Gordon(1962)等人用自由现金流代替了股利概念，并由此提出了自由现金流贴现模型，克服了股利易受操纵、易受股利政策限制的问题，并提出了零增长股利贴现模型、固定增长股利贴现模型以及有限增长期股利贴现模型。针对不确定性问题，莫迪里安尼和米勒(1958)提出了著名的 MM 理论，解决了不确定条件下企业价值的评估方法以及企业价值与企业资本结构之间关系的问题。他们认为，在不确定条件以及资本市场有效率的条件下，企业的市场价值等于企业的权益市场价值和债务市场价值之和。

直至 20 世纪 80—90 年代间，股票内在投资价值理论有了新的进展。Collins 和 Kothari(1989)等研究表明，会计盈余与公司内在价值相关；Landsman(1986)、Barth(1991)、Shevlin(1991)的研究认为，账面净资产包含公司未来活动的相关信息，而且在理论上如果存在强势有效市场的话，仅仅运用账面净资产就足以进行公司内在价值的估价，这时其他任何信息都是多余的。

这一阶段最有影响力的股票内在价值模型是由 Ohlson(1995)、Felthama 和 Ohlson(1995)提出的一种基于账面价值和未来收益的内在投资价值模型，即 F-O 模型。F-O 模型提出三个基本假设：

(1)假设公司只发放股利，传统的股利贴现模型成立，因此以下等式成立：

$$V_t = \sum_{i=1}^{\infty} (1 + \rho_t)^{-1} E_t [d_{t+i}]$$

式中，V 为企业价值，ρ 为无风险利率，$E[d]$ 为预期股利。

(2)假设净剩余关系(CSR：Clean Surplus Relation)成立，即：

$$BV_t = BV_{t-1} + RI_t - d_t$$

$$RI_t = X_t - \rho_t \times BV_{t-1}$$

式中，BV 为企业净资产的账面价值，RI 为剩余收益，即企业所有者或经营者按现行利率扣除其资本利息后所留下的收益，X 为综合收益。

(3)假设该条件成立：$(1 + \rho_t)^{-\infty} E_t(BV_{t+i}) = 0$

由以上三个假设条件可以推出 F—O 模定价型的表达式：

$$V_t = BV_t + \sum_{i=1}^{\infty} \frac{ROE_{t+i} - \rho_t}{1 + \rho_t} \times BV_{t+i-1}$$

式中，$ROE_t = \dfrac{X_t}{BV_{t-1}}$，表示 t 期的净资产收益率。从 F-O 模型的表达式可以看出，一个企业的内在价值是当期净资产和以后各期剩余收益贴现之和。

(二)中国股市 IPO 与再融资定价对股票内在价值的偏离

刘熀松(2005)对 Felthama 和 Ohlson 提出的 F-O 模型进行改进,改变了他们能对未来做无限期预测的假设,假定在现有的信息集下,投资者只能够对公司未来 N 年内的情况进行预测,对 N 年以后公司的情况不再有任何信息,不能做出任何预测,因此经过推导得到改进后的 F-O 模型:

$$V_t = BV_t + \sum_{i=1}^{N} \frac{ROE - \rho^i}{(1+\rho)^i} \times BV_{t+i-1}$$

进一步运用净剩余关系 CSR 等式得到:

$$V_t = BV_t + \sum_{i=1}^{N} \frac{ROE - \rho}{(1+\rho)^i}(1 + ROE - \alpha \cdot ROE - \rho)^{i-1} BV_t$$

这一表达式把股票的内在投资价值简化为无风险收益率 ρ、净资产收益率 ROE、平均分红比例 α 的函数。以 1994—2003 年 10 年间中国上市公司平均净资产收益率 8.53% 作为未来 17 年(2004—2020)可预测的平均净资产,以国债收益率 5% 作为无风险收益率的取值,利用修正后的 F-O 模型,计算出中国上市公司股票的平均内在价值是 4.03 元。

考察中国自股市初建以来的首次发行与再发行数据,根据中国经济数据库(CCER)列出的 2111 只 A 股的首次发行价计算得到的平均 IPO 价格为 12.38 元/股,对股票内在价值的平均绝对偏离值为 8.35 元/股,偏离程度达 2.07 倍;1016 次再发行融资中,平均再发行价为 11.12 元/股,对股票内在价值的绝对偏离值为 7.09 元/股,偏离程度达 1.76 倍,如表 5-8 所示。上市公司在首次公开发行时,非流通股东承诺其股份不上市公开流通,而流通股以高于股票内在价值的价格溢价发行。在股权融资偏好的驱使下,非流通股东又以远高于股票内在价值的配股价或增发价进行股权再融资,通过这种"利益输送"的方式,上市公司的每股净资产大幅增加,非流通股东的权益大幅增值,流通股东的权益受到损害。高价 IPO 与高价再融资行为是非流通股股东对流通股东租金侵占的成因,并通过股权分置改革使之得以释放、成为现实。

表 5-8　中国股市 IPO 与再发行定价偏离内在价值的程度

事件	登记样本数 (只股)	平均发行价 (元/股)	内在价值 (元/股)	股价偏离值 (元/股)	偏离程度
首次发行	2111	12.38	4.03	8.35	2.07 倍
再发行	1016	11.12		7.09	1.76 倍

二、股权分置改革中过低对价——租金实现

（一）股权分置改革与对价支付依据的理论研究回顾

股权分置改革的研究可以简单分为两个阶段。早期的研究或者集中于在股权分置改革中对价确定影响因素的考察（例如，吴超鹏等，2006；赵俊强等，2006；沈艺峰等，2006；辛宇等，2006；靳庆鲁等，2006），或者以股权分置改革为特殊的公司事件而展开相关效应的检验等（例如郑志刚等，2007；许年行等，2007 等）。随着时间的推移，样本期的延长，近年来开始出现关于股改短期效应的考察。例如，廖理、刘碧波和郦金梁（2008）研究了中国股权分置改革的市场效应，发现股权分置改革的市场效应显著为正。廖理和张学勇（2008）进一步实证检验了股份全流通对于纠正终极控制者利益取向的有效性。他们的研究表明，股改导致大部分家族终极控制权下降，股改之后家族终极控制者掏空上市公司的程度呈明显下降趋势。

关于股权分置改革的研究存在一个核心的问题——股改中非流通股东对流通股东的对价（Consideration）支付的公平性问题。

中国证券市场初建之时，出于为国有企业解困、保证国家对企业的控制权的目的，上市公司的股权被割裂为非流通股和流通股两种类型，从而形成了独特的股权二元结构格局。截至 2004 年 12 月，中国上市公司总股本为 7 149 亿股，其中非流通股份 4 543 亿股，占上市公司总股本的 63.55%；国有股份占非流通股份的 74%，占总股本的 47%。如前文分析，股权分置的结构安排成了制约中国股市健康发展的重要问题，"没有证据表明股权分置问题是证券市场最大的'元凶'，但是拿股权分置问题开刀实在是监管部门无奈下的选择"（唐国正等，2005）。于是 2005 年起中国证监会颁布《关于上市公司股权分置改革试点有关问题的通知》，标志着股权分置改革的正式启动（以下简称股改）。股改的实质是让非流通股上市流通，实现股权的全流通。股改的核心问题是对价问题，非流通股股东为弥补流通股股东在股改中的损失应向流通股股东支付一定的对价，对价方案制定的基础是维持流通股股东股改前后的财富不受损失。

股改中现有的对价方案有以下几种。送股式方案：由非流通股股东向流通股股东赠送一定比例股份，支付对价；缩股式方案：非流通股股东将现持有

股份注销一部分;权证式方案:向流通股股东发放"权证",将对价补偿单独剥离出来;资本公积金转增方法:上市公司用资本公积金向全体流通股股东转增股本,非流通股股东不获得转增股份。

国内学者关于股改中对价的原理和依据有 3 种不同的观点:"流通权价值说""补偿历史投入说"和"谈判能力说"。"流通权价值说"认为,非流通股与流通股的最大差异在于流通权,而股票的流通权具有价值。由于在公开发行时承诺不流通,非流通股现在打破这个承诺转为流通股必然会导致流通股股价下跌,因此流通股股东同意非流通股可流通的同时,非流通股股东必须向流通股股东做出对价安排,给予相应承诺或者给予补偿,以保证流通股股东的利益不受损。"补偿历史投入说"则要求非流通股股东支付更高的对价,该观点认为,对价应是对流通股股东历史上对公司超额投入的补偿。由于历史上高溢价发行和再融资的存在,流通股股东和非流通股股东对上市公司的资金投入比率与两者在公司股东权益价值中所占的比率是不匹配的。因此出于公平的原则,在非流通股股东要求获得流通权的同时,流通股股东也要求非流通股股东对其历史上的超额投入进行补偿,以使得全流通后两类股东在股东权益中占有的比例与历史上对公司的相应投入比例相一致。因此股改方案的提出和表决实际上就是流通股股东和非流通股股东之间的一个讨价还价的博弈过程。"谈判能力说"因而认为,股改问题的实质是上市公司非流通股东和流通股股东间的利益分配,对价水平的高低反映出两类股东的谈判能力(bargaining power)对比及对上市公司实际控制能力的大小(赵俊强等,2006)。

(二)对价公平性研究的文献回顾

对价是股权分置改革的核心问题。截至 2010 年,沪深两市已基本完成股权分置的改革,根据中国经济数据库(CCER)的披露,登记在案的完成股改的上市公司有 1 334 个样本。当前国内针对对价问题的研究主要在于分析对价是否能补偿流通股股东在股改中遭受的损失? 对价的制定是否公平合理? 研究结论大概包括两种观点:"对价公平说"与"对价不公说"。安青松(2009)通过建立一个合理的对价水平模型,并利用 1 062 家完成股改的上市公司数据对之进行检验,结果表明,流通股股东和非流通股股东在股改中达成利益均衡,股改的协商机制有效性和制度变革契约具有公平正义基础。但安青松研究的最大问题在于,他的检验结果只能证明合理的对价水平与决定性因素之间的相关性,却不能证明非流通股股东实际支付的对价水平的合理公平性。

陈震、张鸣(2008)也利用2007年前完成股改的1 071家上市公司中的921个样本数据进行相关性分析和多元线性回归检验,结论也认为在股权分置改革中非流通股股东支付给流通股股东的对价水平在总体上是公平的,不公平成分占整个对价水平的比例很小。但他的研究同样存在上述的问题。

更多的研究结果支持"对价不公说"观点。唐国正等(2005)从理论和实证两个方面分析了股权分置改革试点在保护公众投资者权益方面的政策内涵,运用不对称信息理论和行为金融学理论解释四个首批试点公司股权分置改革方案的公众投资者支持率的差异,理论探讨表明,《关于上市公司股权分置改革试点有关问题的通知》并没有支持公众投资者的历史诉求,几乎没有保护他们免受改革带来的流通股供给冲击的权益。吴德胜等(2008)从事后的角度分析流通股股东的股票财富在股权分置改革前后的变化,结果发现虽然非流通股比例越大,非流通股股东支付的对价股票也越多,但是流通股股东享受的财富增值却越低,非流通股比例与对价水平之间正的相关性掩盖了非流通股股东少付对价的事实。杨丹等(2008)对股权分置条件下的价格模型与回报率模型进行了修正并进一步分析股权分置改革是否公平地补偿了流通股股东,分析结果显示,对于非流通股比率较小的公司,补偿是公平的,但对于非流通股比率较高的公司,存在着大的非流通股股东剥削流通股股东的现象。贾明等(2009)从代理成本角度分析发现,在中国现行制度环境下,上市公司内部人、政府与投资者间所形成双重代理问题决定大股东出售解禁股行为的本质是对投资者利益的侵占。

(三)合理对价模型的选择

根据"流通权价值说"的思想,对价方案的确定应以维持流通股股东利益在股改前后不受损、非流通股股东利益不变化为基础。以此为据,可推导出合理的对价模型。预设各符号含义如下:

P^T:股改前流通股价格

P^N:股改前非流通股价值

P^R:股改后股票价格

N^T:股改前流通股数量

N^N:股改前非流通股数量

N^{TR}:股改后原流通股股东所持的股票数量

N^{NR}:股改后原非流通股股东所持的股票数量

cr：合理对价率

cr^T：实际对价率

nr：非流通股比例，$nr = \dfrac{N^N}{N^T + N^N}$

则合理对价率应满足以下三个关系：

$$P^T N^T + P^N N^N = P^R (N^T + N^N) \qquad (5.9)$$

$$P^T N^T = P^R N^{TR} \qquad (5.10)$$

$$P^N N^N = P^R N^{NR} \qquad (5.11)$$

由式(5.9)可得 $P^R = \dfrac{P^T N^T + P^N N^N}{N^T + N^N}$ \qquad (5.12)

把对价率定义为流通股股东每一股获得的股票增量，则有对价率公式

$cr = \dfrac{N^{TR} - N^T}{N^T} = \dfrac{N^{TR}}{N^T} - 1$ ，把式(5.10)代入可得

$$cr = \dfrac{P^T}{P^R} - 1 \qquad (5.13)$$

把式(5.12)代入式(5.13)可得

$$cr = \dfrac{P^T (N^T + N^N)}{P^T N^T + P^N N^N} - 1 = \dfrac{(P^T - P^N) N^N}{P^T N^T + P^N N^N}$$

$$cr = \dfrac{(P^T - P^N) \cdot \dfrac{N^N}{N^T + N^N}}{(P^T N^T + P^N N^N) \cdot \dfrac{1}{N^T + N^N}} \text{，再代入式(5.12)，得}$$

$$cr = \dfrac{(P^T - P^N) \cdot \dfrac{N^N}{N^T + N^N}}{P^R} \text{，两边求对数，得}$$

$$\ln cr = \ln (P^T - P^N) + \ln \left(\dfrac{N^N}{N^T + N^N} \right) - \ln P^R \qquad (5.14)$$

式(5.14)中$(P^T - P^N)$为股改前流通股与非流通股价的差异，$\dfrac{N^N}{N^T + N^N}$为股改前非流通股的比例nr，P^R为股改后股票价格。该表达式意味着合理对价率由股改前两类股票的价格差异、非流通股比例和股改后股票价格所决定。对式(5.14)求反对数，可得

$$cr = \exp^{\ln(P^T - P^N) + \ln nr - \ln P^R} \qquad (5.15)$$

式(5.15)即为合理对价率的计算公式，该公式表明合理对价率由三个因

素决定：(1)合理对价率与股改前流通股价与非流通股价间的差异正相关,股改前流通股价越高于非流通股价,则合理对价越高；(2)合理对价率与非流通股比例正相关,上市公司非流通股比例越高,合理对价率越高；(3)合理对价率与股改后股价成负相关,股改后股价下跌越多,合理对价率越高。如果能证明股权分置改革中非流通股股东对流通股股东支付的实际对价率低于合理对价率,则证实股改过程是非流通股股东对流通股股东利益侵占的过程,使股票市场的租金成为现实。

三、数据选择与租金测算

(一)数据选择

根据前文分析,租金测算的基础在于流通股股东实际得到的对价与应得到的合理对价的差,合理对价率的计算公式为式(5.15)。

1. 股改前流通股价格 P^T,选取公布股改方案后首次复牌日前 90 天的收盘价均值。

2. 股改后股票价格 P^R,选取公布股改方案后首次复牌日后 90 天收盘价均值。

3. 股改前非流通股价值 P^N。在既有文献中,通常以股改前一年上市公司股票每股净资产($naps$)作为股改前非流通股价值的代理变量。但由于处于实际控股地位的非流通股股东在 IPO 时使流通股通常以高溢价发行,IPO 后又以高配股价或增发价再行股权再融资,这种"利益输送"的融资方式使上市公司的每股净资产大幅增加,但流通股股东和非流通股股东对上市公司的资金投入比率与两者在公司股东权益价值中所占的比率是不匹配的,非流通股的每股净资产已大大超出其投入公司的实际价值,因此若以股改前一年上市公司股票每股净资产 $naps$ 代表股改前非流通股价值,必须对其超值部分进行适当估计和调整。但由于 IPO 时非流通股的价值并不直接对等于股票面值,也无法获取真实数值,且上市公司往往进行多次再融资,很难计算出流通股东和非流通股东在公司净资产中的贡献,因此难以给出一个准确的调整系数 α。

(1)一般调整思路。根据既有数据,本书认为首发前后的每股净资产的变化可以在一定程度上反映出首次公开发行前后非流通股价值的溢价程度,并可用它对股改前一年每股净资产进行调整,以得到更为真实的股改前非流通

股价值。方案如下:

$$P^N = \alpha \cdot naps = \frac{naps^1}{naps^2} \times naps \qquad (5.16)$$

式中,α 为非流通股价值调整系数;$naps$:股改前一年上市公司股票每股净资产;$naps^1$:首发前上市公司股票每股净资产;$naps^2$:首发后上市公司股票每股净资产。

(2)备选调整思路。在锐思数据库提供的首次公开发行数据信息中,有 15% 的样本缺失首发前后每股净资产的数据。为了尽可能不放弃任何一个样本以保证租金测算的准确性,本书决定用回归辅助法修复缺失的数据。首先假定所有样本的面值与首发价之比 β 与调整系数 α 之间存在相关关系。图 5-6(a)显示 α 与 β 的关系图,其中 α 为曲线 APC,β 为曲线 SPC。利用 Eviews 6.0 对两者进行相关性检验,初步证实二者存在显著相关性。用 Quantile－Quantile(QQ 图)法检验后,发现二者均符合指数分布数列,检验结果如图 5-7 所示。二者的对数关系图如图 5-6(b)所示,显示出二者间显著的对数线性关系,于是建立检验模型:

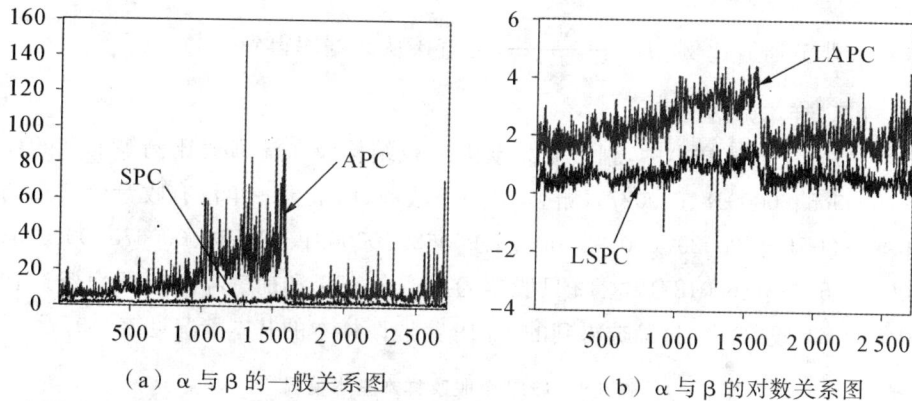

（a）α 与 β 的一般关系图　　　　（b）α 与 β 的对数关系图

图 5-6　α 与 β 关系图(α－APC;β－SPC)

$$\ln\alpha = c \ln\beta + e \qquad (5.17)$$

对模型(5.17)进行回归,得到系数 $c = 0.3063$,t 值为 144.2,高度显著。于是对于 15% 部分缺失首发前后每股净资产的样本,利用下式估计其调整系数 α。

$$\alpha = \exp^{0.31\ln\beta}$$

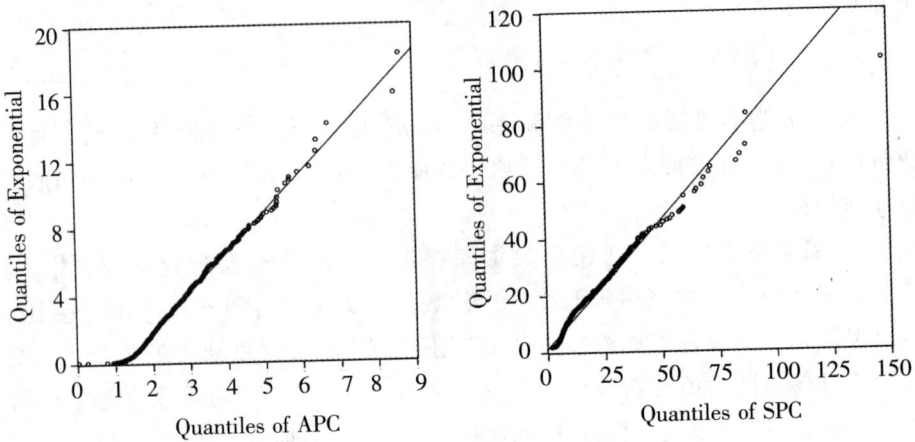

图 5-7 α 与 β 数列指数分布的 QQ 图检验结果(α—APC;β—SPC)

即 $P^N = \alpha \cdot naps = \exp^{0.31\ln\beta} \times naps$

其中 $\beta = \dfrac{面值}{首次公开发行股价}$

4. 非流通股比例 $nr = \dfrac{N^N}{N^T + N^N}$,可直接从数据库得到。

(二)样本筛选

1 334 个股改样本中,删去 3 只缺失股权结构及非流通股比例等信息的样本(600065、6000018、600027),删去 12 只股改前、后最少一年没有收盘价信息的样本(000517、000529、000592、00620、000622、000631、000638、000670、000688、000805、600181、600187),这 12 只股票为股改前一年和前三年的每股净资产均为负的 ST 股票。经过筛选得到的 1 319 个股改样本的基本情况见表 5-9。

表 5-9 1319 个股改样本基本情况

股改后股价上升	股改前一年每股净资产<0	股改前一年每股净资产>股价
664 只,占 50%	50 只,占 3.8%	31 只,占 2.3%

(三)合理对价率计算

1. 一般计算公式

当股改前一年每股净资产低于复牌日前 90 天收盘价均值的条件满足时,合理对价率的计算公式如下式:

$$cr = \exp^{\ln(P^T - P^N) + \ln nr - \ln P^R}.$$

其中当首发前后每股收益率信息完整时,$P^N = \alpha \cdot naps = \dfrac{naps^1}{naps^2} \times naps$;

当首发前后每股收益率信息缺失时,$P^N = \alpha \cdot naps = \exp^{0.31\ln\beta} \times naps$。

2. 备选计算公式

运用式(5.15)进行合理对价率计算的前提是 $P^T - P^N > 0$。但尚有 31 个样本由于公司经营状况良好,股改前一年每股净资产高于复牌日前 90 天的收盘价均值,具有相当的投资价值,式(5.15)并不适用,这些样本的合理对价率直接用式(5.13)进行估计,$cr = \dfrac{P^T}{P^R} - 1$。总结见表 5-10。

表 5-10 合理对价率计算公式

$P^T - P^N > 0$	首发前后每股收益率信息完整	$cr = \exp^{\ln(P^T - P^N) + \ln nr - \ln P^R}$ 其中,$P^N = \alpha \cdot naps = \dfrac{naps^1}{naps^2} \times naps$
	首发前后每股收益率信息缺失	$cr = \exp^{\ln(P^T - P^N) + \ln nr - \ln P^R}$ 其中,$P^N = \alpha \cdot naps = \exp^{0.31\ln\beta} \times naps$
$P^T - P^N < 0$,股改前一年每股净资产高于复牌日前 90 天的收盘价均值		$cr = \dfrac{P^T}{P^R} - 1$

经计算,1 319 个股改样本的合理对价率基本统计信息见表 5-11。

表 5-11 股改样本合理对价率的描述性统计

	复牌日前 90 天收盘价均值	股改前一年每股净收益（调整后）	非流通股比例	复牌日后 90 天收盘价均值	合理对价率
	P^T	P^N	nr	P^R	cr
均值	5.89	1.74	0.61	6.22	0.64
中位数	4.81	1.71	0.62	4.97	0.66
最大值	56.50	7.37	0.92	61.29	1.72
最小值	1.00	−12.48	0.13	1.65	−0.21
标准差	4.32	1.27	0.11	4.86	0.18
偏度	4.85	−1.97	−0.67	4.12	−0.81

续表

	复牌日前90天收盘价均值	股改前一年每股净收益（调整后）	非流通股比例	复牌日后90天收盘价均值	合理对价率
峰度	43.95	23.96	3.58	30.39	6.75
J-B统计量	97 314.84	24 998.51	117.12	44 964.67	915.57
概率	0.00	0.00	0.00	0.00	0.00
观测值	1 319	1 319	1 319	1 319	1 319

(四)实际对价率折算 cr^T

实际对价支付的形式包括:送股方式,由非流通股股东向流通股股东赠送一定比例股份,支付对价;缩股方式,非流通股股东将现持有股份注销一部分;权证方式:向流通股股东发放"权证",将对价补偿单独剥离出来;资本公积金转增方式,上市公司用资本公积金向全体流通股股东转增股本。由于1319个样本中对价支付涉及权证的样本量很少,且权证包括认购权证、认沽权证、认购认沽权证组合,不易折算,因此把含权证的对价支付先按下不表。其他的对价支付方式都必须折算为送股的对价方式,以方便进行比较。1319个样本中各种对价支付形式的样本数见表5-12。

表5-12 各种对价方式统计表

	送股方式	转增方式	派现方式	非流通股缩股方式
发生样本数	1056	237	81	19
占比	80%	18%	6%	1.4%
支付额度比例	cr^s	tr	mr	dr
折算为送股比例	cr^s	cr^t	cr^m	cr^d

1.资本公积转增股本方式折算对价

设转增比为 tr,非流通股比例为 nr,折算后的对价比率为 cr^t,则有

$$cr^t = \frac{1+tr}{(1-nr)(1+tr)+nr} - 1,进一步求简得$$

$$cr^t = \frac{nr \cdot tr}{1+tr-nr \cdot tr}$$

2. 派现方式折算对价

设派现比例为 mr,则有 $cr^m = \dfrac{mr}{P^T}$

3. 非流通股缩股方式折算对价

设非流通股缩股比例为 dr,表示非流通股的持股数缩小为原来持股数的 dr 倍,则有

$$cr^d = \frac{1}{(1-nr)+nr \cdot dr} - 1, 进一步求简得$$

$$cr^d = \frac{nr(1-dr)}{1-nr(1-dr)}$$

综合以上分析可得:实际对价率 $cr^T = cr^s + cr^t + cr^m + cr^d$。

(五)租金测算

由实际对价率与合理对价率的差距可看出实际对价率的偏离程度,表明非流通股股东对流通股股东利益的侵吞程度,且据此可进一步计算出股市租金规模。

$$cr^{gap} = cr - cr^T$$

$$cr^{gap}\_r = \frac{cr^{gap}}{cr^T}$$

$$rent = N \cdot (1-nr) \cdot P^T \cdot cr^{gap}$$

式中,cr^{gap} 为实际对价率缺口,数值越大,对合理对价率的偏离越大;

cr^T 为实际对价率;

cr^{gap}_r 为对价偏离度,衡量实际对价的偏离程度;

$rent$ 为股市租金;

N 为上市公司股改前总股本,$N = N^T + N^N$。

经过测算,在 1 319 样本中,有 33 家上市公司在股改中没有或者几乎没有支付对价或仅以权证形式支付。有 1 145 家上市公司所支付的对价低于合理对价值,占样本总数的 87%。其中不同程度的偏离样本数见表 5-13。

表 5-13　实际对价率对合理对价率的偏离程度

对价偏离率	≥1 倍	≥2 倍	≥3 倍	≥5 倍	≥10 倍
样本个数	904	384	304	255	219

租金测算后,在股权分置改革中非流通股股东侵占流通股股东权益的租金规模前 20 位的上市公司统计信息见表 5-14。这 20 家上市公司中非流通股

表 5-14 股权分置改革中租金规模前 20 位名单

排序	股改前股票简称	复牌日前90天收盘价均值 P^T	复牌日后90天收盘价均值 P^R	股改日前总股本 N	非流通股比例 nr	股改前一年每股净资产 $naps$	首发后/首发前每股净资产调整系数 α	调整后非流通股股改前价值 p^N	对价:送股比例 cr^S	实际对价率合计 cr^T	合理对价率 cr	实际对价率缺口 cr^{gap}	对价偏离度 cr^{gap}_r	租金(亿元) rent
1	中国石化	5.93	6.68	6921951000	0.77	2.49	1.21	2.05	0.28	0.28	0.71	0.43	1.52	399.82
2	上海石化	17.94	12.91	4870000000	0.58	2.68	1.16	2.31	0.32	0.32	0.86	0.54	1.67	198.08
3	招商银行	6.34	6.59	10305887828	0.67	3.20	1.31	2.45	0.17	0.17	0.67	0.49	2.85	106.78
4	深发展A	20.79	33.10	1945822149	0.28	3.33	1.10	3.03	0.10	0.10	0.44	0.34	3.34	98.33
5	宝钢股份	5.30	4.67	17512000000	0.78	3.35	1.24	2.69	0.22	0.22	0.70	0.48	2.17	97.88
6	贵州茅台	51.55	51.75	943800000	0.71	10.79	4.07	2.65	0.12	0.15	0.84	0.69	4.67	96.60
7	华能国际	5.99	5.07	9000000000	0.71	3.24	1.32	2.45	0.30	0.30	0.73	0.43	1.45	69.11
8	虹桥机场	14.15	12.26	192695448	0.61	4.73	1.94	2.44	0.19	0.19	0.79	0.60	3.15	64.18
9	仪征化纤	11.44	9.10	2600000000	0.60	2.07	1.14	1.81	0.32	0.32	0.82	0.50	1.57	59.61
10	哈医药	11.65	9.01	1242005473	0.35	4.06	1.00	4.06	0.00	0.00	0.59	0.59	N/A	55.42
11	民生银行	5.21	4.03	6222718975	0.69	2.49	2.67	0.93	0.35	0.35	0.87	0.53	1.52	52.80
12	爱建股份	27.75	18.41	460687964	0.33	1.27	1.30	0.98	0.13	0.13	0.73	0.60	4.60	51.12
13	浦发银行	10.48	10.18	3915000000	0.77	3.97	1.69	2.35	0.30	0.30	0.81	0.51	1.70	48.11
14	南方航空	5.83	9.22	3200000000	0.50	2.30	1.14	2.01	0.00	0.00	0.51	0.51	N/A	46.97
15	中兴通讯	26.86	29.19	799370610	0.52	9.56	2.00	4.78	0.25	0.25	0.67	0.42	1.66	43.02
16	中国联通	2.73	2.46	21196596395	0.69	2.24	1.08	2.07	0.28	0.28	0.48	0.20	0.72	35.65
17	武钢股份	3.65	2.89	7838000000	0.76	2.22	1.23	1.81	0.25	0.25	0.73	0.48	1.92	33.11
18	华夏银行	5.30	4.67	4200000000	0.71	2.49	1.69	1.48	0.30	0.30	0.79	0.49	1.64	31.36
19	五粮液	7.40	10.13	2711404800	0.72	2.71	2.69	1.01	0.17	0.17	0.71	0.54	3.17	30.47
20	金牛能源	13.80	6.39	783199083	0.66	4.71	1.94	2.42	0.25	0.25	1.08	0.83	3.30	29.97

股东向流通股东支付对价的偏离程度最大为贵州茅台，其合理对价率为0.84，实际对价率仅为0.15，偏离度达4.67倍。租金最高为中国石化，非流通股股东通过股权分置改革对流通股股东实现的租金侵占达400亿元，其次为上海石化，租金侵占达200亿元。

表 5-15　股改样本对价与股市租金的描述性统计

	租金（亿元）	实际对价率合计	合理对价率	实际对价率缺口	对价偏离度
	$rent$	cr^T	cr	cr^{gap}	cr^{gap}_r
均值	0.25	0.64	0.39	56.95	3.93
中位数	0.30	0.66	0.40	1.33	1.68
最大值	1.50	1.72	1.71	2 668.10	399.82
最小值	0.00	−0.21	−0.64	−201.84	−7.79
标准差	0.14	0.18	0.21	158.20	14.57
偏度	0.09	−0.83	−0.27	5.65	18.67
峰度	7.65	6.83	5.82	67.06	455.87
J−B 统计量	1 161.97	935.29	441.06	226 697	11 064 007
概率	0	0	0	0	0
观测值	1 286	1 286	1 286	1 286	1 286

表5-15显示了股改中对价情况与股市租金的描述性统计特征。1 319个样本删去实际对价率为0的23个样本后，1 286个实际样本的实际对价率平均值为0.25，而合理对价率平均值为0.64。平均租金为3.93亿元。其中对价偏离度数值偏大，原因在于该比值的除数为实际对价率，而实际对价率趋近于0的样本数量不少。

由于实际对价对合理对价的偏离普遍较大，导致2005年以来1 319家参与股改的上市公司的非流通股东通过股改从流通股股东掠取的租金总额达5 345.73亿元，其中2005年实现1 395.25亿元，2006年实现3 036.21亿元，2007年实现709.34亿元，2008年实现170.41亿元，2009—2010年实现33.94亿元。

四、结论——租金规模

本节从股票的内在价值理论回顾入手,分析了上市公司的高价 IPO 行为、再融资偏好下的高价圈钱行为严重偏离了股票投资的内在价值,使得非流通股股东对流通股股东掠夺的租金逐渐累积,非流通股的股东权益大幅增值。而股权分置改革正是导致股市租金释放出来、成为事实的根本性原因。

通过建立一个较为精确的合理对价率模型,本节对中国参与股权分置改革的 1 334 家上市公司中的 1 319 家进行了完整的合理对价率估算与租金测算,样本容量占总体的 99%。估算结果发现当前股改中实际对价对合理对价的总体偏离度达 2 倍以上,非流通股股东对流通股东租金的侵占规模是惊人的。进一步的测算表明,1 319 家公司的租金总规模达 5 345.73 亿元,将近 2005 年 A 股流通市值的 60%。

本节的租金测算所涉及的样本数为国内同类研究之先,通过大量精细的数据排查力图尽量追求精确。所采用的合理对价率的估计方法对股权分置改革中对价的合理安排有一定的辅助意义。租金的测算使被掩盖于各种方式的对价支付下的流通股东利益受侵的事实得以揭露。

但本节对于合理对价率的估计和租金的测算仍存在着很多问题,具体表现在:(1)由于数据可得性原因,忽略了所有通过配股增发等形式进行股权再融资时积累下的租金;(2)忽略了所有采集不到数据的上市公司的租金,事实上这里可能存在很大规模的租金;(3)即使已用首发前后每股净资产的变化率进行调整,股改前一年每股净资产仍然不能作为非流通股真实价值的准确代理变量。这些问题都有待改进。

第三节 主要结论与政策含义 ●●➡

欲全面了解金融约束政策对居民财产性收入的影响,必须测算该政策所创造的租金规模。金融约束政策所创造的租金规模,可以等同于居民财产性收入的损失规模。金融约束政策主要通过利率管制达到其政策目标,尤其在银行融资市场上,低利率政策是掠夺居民财产性收入的主要祸首。而股票市场上金融约束政策除了借由低利率政策达到租金的创造功能外，还通过股权分置等特殊的制度性安排创设租金，并通过股权分置改革中过低对价的支付从而释放出租金。本章分别从银行融资市场和股票市场两个领域分析金融约束政策所创造的租金规模。

银行融资市场中租金的测算必须借助于均衡的市场利率水平。由于均衡利率水平的获得存在较大困难，基于诸多方面的考虑，本章通过三个角度、利用三种方法分别比较测算银行融资市场的租金规模。首先基于中国债券市场中企业债券票面发行时的票面利率，利用发行额比重为权重的加权平均方法计算得到每一年度企业债券发行的平均票面利率，作为市场利率的渐近变量，观察其与一年期存款利率之间差异，并进一步计算与年居民储蓄存款的乘积，由此得到银行融资市场的租金规模。测算结果显示，1996—2010 年间，居民储蓄由于低利率政策导致的利息损失每年均在 1 000 亿元以上，占同期 GDP 比重在 1.43%～3.86%（2007 年例外）。15 年来银行融资市场金融约束政策所创租金共达 5.144 万亿元。

此外，根据利率决定理论，市场利率除了由资金的供需决定外，也由宏观经济条件所决定，获取市场均衡利率的方法还可以借助于宏观经济变量。因此，借鉴 L. Ball 提出的开放经济下的扩展的泰勒规则模型，进行模型估计得到残差序列作为利率缺口，衡量了利率实际值对均衡利率的偏离。用利率缺口与储蓄存款数额的乘积可测算得银行融资市场中利率管制所创造的租金规模。测算结果显示，自 1999 年以来，除 2004—2006 年间由于利率实际值较高，租金出现小额的反向流动以外，其余各年度租金的流向均自居民家庭流向银行融资体系，且 2007 年后逐年显著提高，几年来由于利率管制所创造的租金已达 2.2 万亿元，租金占 GDP 的比重也逐年攀升，意味着由于低利率政策导致居民储蓄的财产性收入的损失有逐年加重的趋势。

同时，作为对照实验，本章也利用通货膨胀税的计算，测算狭义的银行融资租金规模，结果显示，1978—2010 年间居民储蓄存款因通货膨胀因素被征收的狭义租金达 3.86 万亿元，租金规模是显著且可观的。利用狭义的租金测算方法同时可以发现，方法一是可行的，方法二存在问题。

对于股票市场租金规模的测算，本章从股票的内在价值理论回顾入手，分析发现上市公司的高价 IPO 行为、再融资偏好下的高价圈钱行为使股票严重偏离了投资的内在价值，使得非流通股股东对流通股股东掠夺的租金逐渐累积,非流通股股东的权益大幅增值。而股权分置改革正是导致股市租金释放出来、成为事实的根本性原因。

通过建立一个较为精确的合理对价率模型,本章对中国参与股权分置改革的 1 334 家上市公司中的 1 319 家进行了完整的合理对价率估算与租金测算,样本容量占总体的 99%。估算结果发现当前股改中实际对价对合理对价的总体偏离度达 2 倍以上,非流通股股东对流通股东租金的侵占规模是惊人的。进一步的测算表明,1 319 家公司的租金总规模达 5 345.73 亿元,将近 2005 年 A 股流通市值的 60%。

本章的政策含义是显而易见的。不论在银行融资市场还是在股票市场,中国金融约束政策均创造了规模巨大的租金,这些租金来自于对居民家庭财产性收入的掠夺,包括对利息收入和股票投资收益的掠夺。第三章实证检验已经证明,居民财产性收入的变化将直接正向影响居民的消费需求,居民消费需求又直接影响到经济的增长。因此,金融约束政策是影响居民消费需求增长的直接因素,政策制定者如果确定了经济持续增长的经济目标,则金融约束政策的逐渐淡出是必要的选择。下文将更深入分析银行融资市场和股票市场中金融约束政策对居民消费的影响。

第六章
传统理论：银行融资市场中金融约束政策对消费的影响及检验

前文从租金度量的角度分析了金融约束政策对居民消费的影响，本章将针对传统的金融约束论着重讨论银行融资市场中金融约束政策对消费的影响。根据传统的货币理论，利率政策是政府调节经济的重要手段，利率下调将引起居民减少储蓄、增加消费。但在中国的典型事实却是历次的利率下调对储蓄的影响极微，金融约束的低利率政策下仍然保持着高储蓄与低消费。本章将首先对中国居民储蓄的利率效应进行实证检验，继而分析银行融资市场中金融约束政策影响居民财产性收入的主要渠道，并建立一个理论模型分析金融约束政策下影响居民财产性收入的因素。

第一节　中国居民储蓄利率效应的实证检验

一、利率对储蓄作用的理论与文献回顾

自 1998 年以来，提高居民消费需求以带动经济增长越来越受到政府部门及理论界的关注。降息以抑制储蓄、刺激消费的思路形成一些宏观经济政策实施的重要原因。但多年来利率调整的政策效果并不理想，居民储蓄居高不下，并有加速增长的趋势。如表 6-1、图 6-1 显示了 1949—2010 年人民币一年期定期存款利率，图 6-2 显示了 1953—2008 年居民储蓄存款总额。利率与储蓄总额的运行轨迹直观地体现了利率调整对储蓄总额的影响极小，本节将对

这一直观判断进行检验。

表 6-1　1949—2010 年人民币一年期定期存款利率

利率:%

调整时间	利率	调整时间	利率	调整时间	利率
1949 年 8 月 10 日	252.0	1985 年 4 月 10 日	6.84	1997 年 10 月 23 日	5.67
1950 年 4 月 10 日	156.0	1985 年 8 月 1 日	7.20	1998 年 3 月 25 日	5.22
1950 年 10 月 20 日	34.8	1988 年 9 月 1 日	8.60	1998 年 7 月 1 日	4.77
1951 年 12 月 1 日	31.2	1989 年 2 月 1 日	11.34	1998 年 12 月 7 日	3.78
1952 年 9 月 15 日	14.4	1990 年 4 月 15 日	10.08	1999 年 6 月 10 日	2.25
1958 年 10 月 1 日	7.92	1990 年 8 月 21 日	8.64	2002 年 2 月 21 日	1.98
1959 年 1 月 1 日	4.80	1991 年 4 月 21 日	7.56	2004 年 10 月 29 日	2.25
1959 年 7 月 1 日	6.12	1993 年 5 月 15 日	9.18	2006 年 8 月 19 日	2.52
1965 年 6 月 1 日	3.96	1993 年 7 月 11 日	10.98	2007 年 3 月 18 日	2.79
1979 年 4 月 1 日	3.96	1996 年 5 月 1 日	9.18	2009—2010	2.25
1982 年 4 月 1 日	5.76	1996 年 8 月 23 日	7.47	2010 年 12 月	2.50

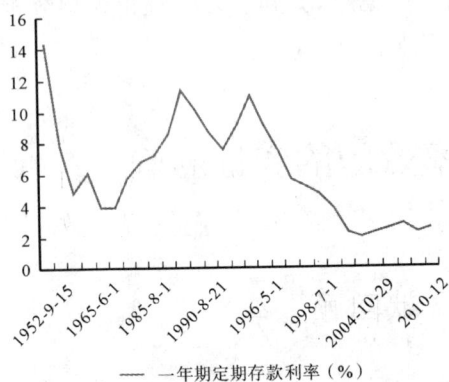

—— 一年期定期存款利率(%)

图 6-1　1952—2010 年以来人民币
一年期定期存款利率

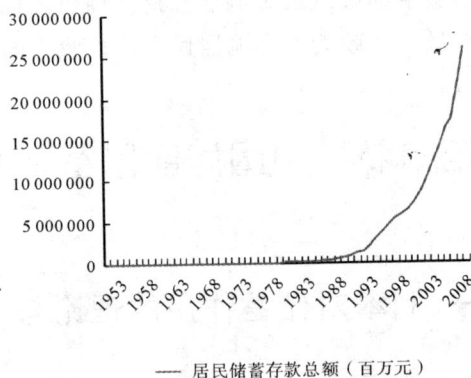

—— 居民储蓄存款总额(百万元)

图 6-2　1953—2008 年以来居民
储蓄存款总额

(一)利率对储蓄作用的理论回顾

利率变化对储蓄、投资和经济增长的影响是宏观经济理论的核心问题。按照古典经济学的观点,利率对于储蓄的作用是单一的、正向的、有力的。它们强调利率对储蓄的作用只有一个：利率的提高可以刺激储蓄、抑制消费；利率的降低则抑制储蓄、刺激消费。

但现代经济学理论认为，利率对储蓄的作用是双重的，既有正向作用，也有反向作用。正向作用与古典经济学的解释一致，即利率的变化对储蓄的作用方向一致；反向作用则认为利率的变化对储蓄的影响方向完全相反，当利率提高时，储蓄反而相应下降。现代经济理论的观点使得利率与储蓄的关系很不清晰，但利率对储蓄单方向正向作用的理论迄今也未得到完美的检验。国内外研究者对利率与储蓄的关系进行了大量的实证分析，实证结果主要包括两种观点：利率对储蓄的影响显著、利率对储蓄的影响不显著。

（二）认为利率对储蓄影响显著的文献回顾

1. 对发达国家的检验

Boskin（1978）利用工具变量法，把税后实际利率引入美国总消费函数，获得一个储蓄的利率弹性为正的 0.4，且在 1％水平上统计显著；Gyfason（1981）利用美国宾夕法尼亚联邦储备银行与麻省理工学院的数据银行的季度时间序列估计得到一个正的储蓄利率弹性为 0.3，不论是在名义利率条件下，还是在考虑预期的通货膨胀率条件下，该弹性都在 1％水平下统计显著且估计稳健。Summers（1981）在一个连续时间的生命周期框架下推导出一个美国总储蓄函数，他利用传统的两阶段模型得出结论，认为储蓄的利率弹性受限于当前和未来消费的替代弹性，如果该替代弹性大，储蓄对利率上升产生正反应，如果该替代弹性小，则储蓄对利率上升产生负反应。其正反应的弹性保持在 1.9～3.4 之间，且长期利率弹性在所有参数值下均稳健、统计显著。Evans（1983）对 Summers 的结论进行反驳，认为当 Summers 关于利率为正的条件放松为利率为零或负时，利率的储蓄弹性值大大下降。Blinder 和 Deaton（1985）利用一个时间序列的消费函数，发现美国非耐用消费品和服务的名义利率弹性为 -2.3，该数值对应着一个相当高的储蓄弹性。

Brown（1973）分别利用实际利率以及名义利率与通货膨胀率的组合作为解释变量对韩国数据进行估计，估计模型的被解释变量为私人储蓄占可支配收入的比例。同时引入多个对照模型的解释变量还包括私人可支配收入、上一期储蓄率、上一期资本收益率等，结果发现，不论是实际利率还是名义利率，在所有回归方程中储蓄的利率弹性都在 1％上统计显著。当引入上期储蓄率时，储蓄的利率弹性为 0.07～0.21；当解释变量为名义利率和通货膨胀率的组合时,该弹性为 0.38~0.43。该研究结果被 Yusuf 和 Peter(1984)再度证实,他们把韩国国民储蓄作为当前 GNP、持久性收入、GNP 增长率、通货膨胀率、实际存款率、外币储蓄等变量的函数,并且在 1965—1982 年度数据中引入虚拟变量反映增长迟缓的年度,检验结果表明,在所有回归模型中,实际利率变量的系数都为正且在 1% 水平上统计显著,并进一步揭示,利率上升 1% 将伴随着国民储蓄上升将近 1%。

2. 对发展中国家的检验

Willianson(1968)在五六个亚洲国家中发现储蓄的利率弹性为负,但如果剔除掉日本,则统计不显著。Gupta(1970)对印度数据进行检验,发现印度的储蓄利率弹性在 1% 水平上显著为正。Fry(1977、1979)分别对葡萄牙和土耳其的储蓄占 GNP 比率与 GNP 的增长率、外币储蓄率、实际存款率进行回归分析,结果发现两案例中储蓄对利率的变化均为正反应且在 1% 水平上统计显著。McDonald(1983)对 12 个拉美国家数据进行检验,也发现在绝大多数国家中实际利率与私人储蓄呈现显著的正相关关系,储蓄的利率弹性均在 0.2 左右。

Gupta(1984)对 12 个亚洲国家的储蓄函数进行检验,并且把金融储蓄与有形资产储蓄区分开。在 10 个可查到利率数据的国家中,有 9 个的系数为正,其中有三个案例在 5% 水平上统计显著。Giovannini(1985)对包括阿根廷、巴西、印度、印度尼西亚在内的 18 个欠发达国家的消费率作为实际利率的函数进行检验,发现除了巴西、印度和马来西亚外,在所有回归方程中实际利率的系数均为正,意味着储蓄对利率变化的反应为正,其中有 3 个案例在 1% 水平上统计显著、2 个案例在 1% 水平上统计显著。

(三)认为利率对储蓄影响不显著的文献回顾

1. 国外文献回顾

相对于认为利率对储蓄影响显著的研究结果,认为该影响不显著的研究更丰富。Alberto Giovannini(2002)对发展中国家的储蓄利率弹性进行了批判性分析研究,其一系列实证结果发现有 70 个国家的利率系数统计不显著,说明储蓄的实际利率弹性不能简单用现有的实证模型进行检测。Deena R. Khatkhate(1988)对 64 个欠发达国家 1971—1980 年的数据进行检验,发现结论并不能明确支持传统经济理论中对于储蓄与利率关系的观点,利率对各种宏观经济变量的作用非常有限。

Bandiera 等(2000)利用主成分分析法构造了 8 个发展中国家 25 年的时间序列指标，对这些国家的个人储蓄进行检验，把储蓄的利率弹性作为衡量金融自由化影响效果的一个主要参数，但实证结果没有发现利率对储蓄有正的影响的证据。Schmidt-Hebbel 和 Serven(2002)指出，储蓄率在不同时期各个地区的变化很大，利率作为金融自由化的一项改革目标，对储蓄率的影响非常模糊，并没有起到提高储蓄的作用。Reinhart、Camen 等(2005)利用 50 个国家(其中 14 个发达国家，36 个发展中国家)1970—1998 年的数据进行研究，结果同样指出，提高利率作为自由化的一个结果，其对国内储蓄和投资的影响是复杂的。

2.国内文献回顾

国内学者关于利率对储蓄影响关系的研究结果中，认为有显著影响的少之又少，如徐燕(1992)的实证研究发现 1978—1987 年我国居民储蓄对实际利率变动敏感，实际利率变化会导致储蓄额同方向变化。除此之外，国内此项研究结果大多认为利率对储蓄的影响不显著。

李焰(1999)对 1978—1998 年间我国居民储蓄行为的实证研究表明利率对储蓄率的影响是不清晰的，从名义利率看，有微弱的负效应；从实际利率看，有不显著的正效应，我国居民储蓄的利率弹性依然很低。张文中、田源(1989)的研究发现 1979—1987 年实际利率对居民储蓄的系数小于零但不显著，同期利率对城镇居民储蓄的系数则大于零。张文斌(1991)对同期居民储蓄的研究也发现实际利率对储蓄的影响较小，相关系数仅为 0.56，且为负相关。

郭明(2009)指出影响中国储蓄增长的三个因素：租金效应、居民收入和实际存款利率，并针对这三种因素的影响分别从整体与阶段性角度进行检验，结果发现收入效应与租金效应对中国储蓄的影响作用明显，而利率效应始终处于不显著的地位。但其研究中用银行网点作为衡量储蓄的租金效应的代理变量，并不合适。夏显莲(2009)利用中国 1978—2007 年的数据进行实证分析，结果显示居民收入增长对我国储蓄的影响作用明显，而利率效应处于不显著的地位。郑博(2010)对中国 1996—2008 年的储蓄、利率等数据进行实证分析，结果也表明收入对储蓄的影响具有十分显著且稳定的正效应，其对储蓄的影响起到决定性作用，而利率对储蓄的影响则较为微弱。

因此，下文将对中国的储蓄、利率与居民收入的最新数据展开多角度的检验，以分析中国储蓄的利率效应程度。

二、模型、变量、数据选择

受数据可得性限制并结合改革开放以来利率政策手段渐趋规范的事实，对中国储蓄的利率效应实证分析选用 1978—2009 年的年度数据，共 32 个样本。参考国内外研究经验，实证模型选用基本的储蓄函数，被解释变量为储蓄，解释变量主要包括收入、利率。为加强实证结果的稳健性，对储蓄影响因素的检验分别从三个角度展开：总量数据检验、人均数据检验和增速数据检验。具体变量见表 6-2。

表 6-2　实证分析角度及变量

分析角度	被解释变量及符号	解释变量及符号		
角度一：总量数据检验	新增储蓄存款 S、SAV	国民总收入 Y、NI	一年期定期存款利率 R、RIN	滞后一期一年期定期存款利率 RIN(-1)
角度二：人均数据检验	人均储蓄存款 ASA	人均国内生产总值 AGD		
角度三：增速数据检验	新增储蓄存款增速 GSA	国内生产总值增速 GGD		

变量数据中，国民总收入、国内生产总值、一年期定期存款利率均用当年消费者物价指数调整为实际数值。滞后一期利率的引入可以检验利率对储蓄的影响是否存在滞后效应，其中最关键的两个变量：新增居民储蓄 SAV 和实际利率 RIN 的序列如图 6-3 所示。

同时鉴于我国于 1996 年放开了同业拆借利率，利率管制有了一定的放松。为了研究放松管制是否影响储蓄的利率效应，在模型中尝试引入虚拟变量 D。因此，建立的基本实证模型为：

$$S_t = \beta_0 + \beta_1 Y_t + \beta_2 R_t + \beta_3 R_{t-1} + \beta_4 D_t + \beta_5 D_t R_t + \varepsilon_t \tag{6.1}$$

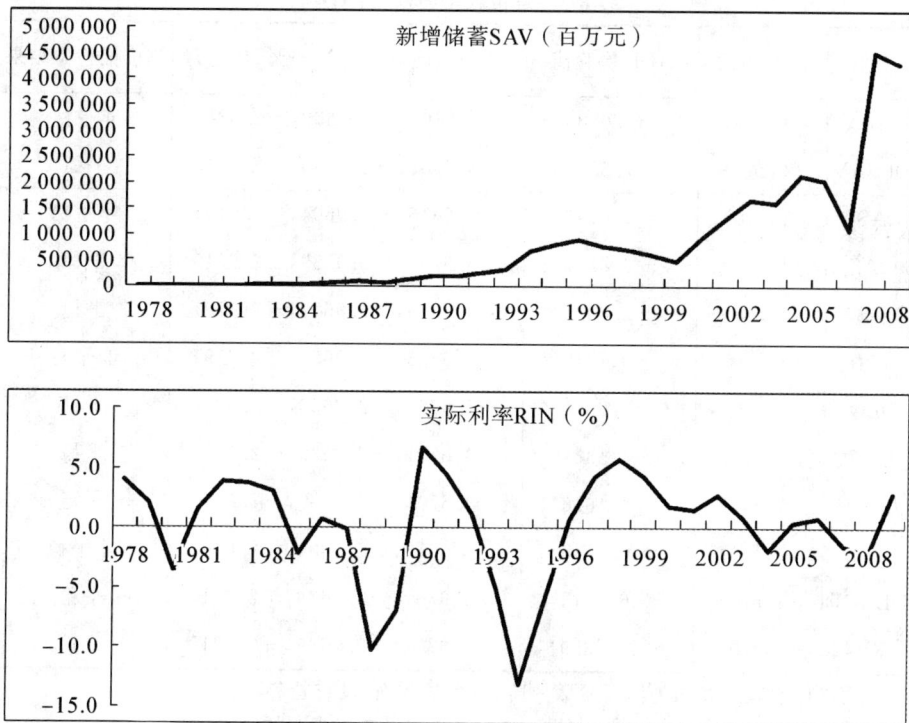

图 6-3 新增居民储蓄与一年期定期存款实际利率

三、实证结果与分析

（一）变量序列平稳性检验结果

为了克服异方差问题，对引入模型的总量数据与人均数据均取自然对数。为了消除虚假回归的问题，对所有变量序列进行单位根检验以及差分处理，检验结果如表 6-3 所示。

表 6-3   单位根检验结果(ADF)

变量	检验形式	ADF 检验值	麦金农临界值(1%,5%,10%)	单位根检验结果
LSAV	(1,c,0)	−1.6883	−3.6701,−2.9639,−2.6210	非平稳
DLSAV	(1,c,0)	−7.2570***	−3.6701,−2.9639,−2.6210	平稳
LASA	(1,c,0)	−2.0442	−3.6616,−2.9604,−2.6191	非平稳
DLASA	(1,c,0)	−6.8274***	−3.6701,−2.9639,−2.6210	平稳
LGSA	(1,c,0)	−2.8035**	−3.6616,−2.9604,−2.6191	平稳
LNI	(1,c,0)	−0.1849	−3.6616,−2.9604,−2.6191	非平稳
DLNI	(1,c,0)	−6.6651***	−3.6701,−2.9639,−2.6210	平稳
GGD	(1,c,0)	−4.1383***	−3.6701,−2.9639,−2.6210	平稳
LGGD	(1,c,0)	−4.1656***	−3.6701,−2.9639,−2.6210	平稳
LAGD	(1,c,0)	−0.0545	−3.6616,−2.9604,−2.6191	非平稳
DLAGD	(1,c,0)	−6.8313***	−3.6701,−2.9639,−2.6210	平稳
RIN	(1,c,0)	−4.7359***	−3.6701,−2.9639,−2.6210	平稳

注:(1)检验形式均为滞后阶数一阶、包含常数项、没有趋势项。
　　(2)**表示5%水平上显著,***表示1%水平上显著。
　　(3)D表示一阶差分;L表示取对数。

列于表 6-3 的检验结果表明,LSAV、LASA、LNI、LAGD 变量的水平序列单位根零假设均没有被拒绝,意味着这 4 个变量的水平序列存在单位根,均属非平稳序列。但其一阶差分序列零假设被拒绝,表明这些时间序列是一阶单整过程。LGSA、GGD、LGGD 以及实际利率 RIN 序列的单位根零假设被拒绝,因此属平稳序列。

(二)实证结果与分析

分别针对总量数据、人均数据和增速数据三种数据类型的检验,区分是否引入滞后一期的利率变量,同时判断是否有必要引入虚拟变量,共建立 7 个不同的检验模型,利用最小二乘法分别对之进行回归,回归结果见表 6-4。

对表 6-4 的回归结果进行分析,发现 7 个回归方程如果引入截距项,则各变量均不显著,因此全为无截距模型。

表 6-4 　模型估计结果

变量形式	变量符号	总量数据检验		人均数据检验		增速数据检验		
		方程①	方程②	方程③	方程④	方程⑤	方程⑥	方程⑦
新增储蓄存款对数	LSAV							
一阶差分	DLASA	因变量	因变量					
人均储蓄存款对数	LASA							
一阶差分	DLASA			因变量	因变量			
新增储蓄增速对数	LGSA					因变量	因变量	因变量
国民总收入对数	LNI							
一阶差分	DLIN	1.11*** (2.67)	1.13*** (2.69)					
GDP 增速	GGD					0.13*** (16.76)		
GDP 增速对数	LGGD						1.37*** (24.11)	1.49*** (21.05)
人均 GDP 对数	LAGD							
一阶差分	DLAGD			1.07*** (2.29)	1.09*** (2.29)			
虚拟变量:1996 后＝1	D							−0.28*** (−2.57)
1 年定存实际利率	RIN	−0.002 (−0.272)	0.0005 (0.06)	−0.002 (−0.25)	0.0001 (0.005)	0.011 (0.62)	−0.004 (−0.3)	0.005 (0.43)
滞后一期实际利率	RIN(−1)		−0.006 (−0.66)		−0.004 (−0.52)			

注:＊＊＊表示在 1％水平上显著,＊＊表示在 5％水平上显著;括号内为 t 值。变量符号 L 开头为对数形式,DL 开头为对数一阶差分形式。

7 个回归方程中收入变量的系数均为预期的正号,且其中 5 个方程在 1％水平上显著,2 个方程在 5％水平上显著,说明收入变化对居民储蓄产生显著的正向影响。更稳定的现象在于不论是总量数据检验还是人均数据检验,收入的系数都在 1.1 左右,说明居民收入总量与人均收入每增长 1％,居民储蓄总量或人均居民储蓄也随之增长 1.1%。

最重要的,7 个回归方程中实际利率的系数时负时正,数值很小,且均不显著;滞后一期的实际利率系数为负,也不显著。在总量数据与人均数据检验中,如未引入滞后一期实际利率,则实际利率的系数为微弱负号,一旦引入滞后一期利率变量,实际利率的系数变为微弱正号。这些事实再次证实了国内学者之前主要的研究结论:在中国,储蓄的利率效应极其微弱。

基于该部分的回归结果,关于储蓄影响因素的典型检验结果只能表示如下。

$$\mathrm{dln}S_t = 1.11\mathrm{dln}Y_t + \varepsilon_t$$

四、本节小结

本节主要任务在于检验中国储蓄的利率效应的微弱性。古典经济学认为利率对于储蓄的作用是单一的、正向的、有力的,现代经济理论则认为利率对储蓄的作用是双重的,既有正向作用,也有反向作用。国内外学者对于储蓄的利率效应的研究,既有研究结果认为其具有显著效应,也有研究结果发现其不具有显著效应。运用中国数据进行统计分析,绝大多数研究结论认为在中国,利率的变化对储蓄的影响非常微弱。

本节运用典型的储蓄函数,分别从总量数据角度、人均数据角度和增速数据角度对储蓄的利率效应进行检验,结果完全支持前人的观点,在中国,利率变化对居民储蓄的影响极其微弱。

进一步思考,造成这一现象的原因在于金融约束下的低利率政策损害了居民财产性收入、使居民对未来收入不确定性的预期企高,从而抑制消费需求。下一节将着重分析银行融资市场中金融约束政策影响居民财产性收入的主要渠道,并建立一个理论模型分析金融约束政策对居民财产性收入的影响因素。

第二节 银行融资市场中金融约束政策的
主要渠道 ●●➡

　　传统的金融约束理论主要提倡政府通过制定一系列的金融政策,在金融部门(主要是指银行部门)和生产部门创造租金机会。金融约束论的主要政策主张包括:(1)控制存贷款利率;(2)限制竞争,包括市场准入限制、限制资本市场的竞争等;(3)限制资产替代,限制居民将正式金融部门中的存款转化为其他资产。这些政策主张的目的在于为银行和企业部门创造经济租金,一方面使银行增加特许权价值、增加投资和股本,有利于银行的扩大规模、长期经营和创新活动,另一方面使企业提高投资水平、增加资本积累、增加股本、降低代理成本,并传递一种有利信号,以获取更多的贷款支持。但这些租金的直接来源来自于居民,可以说,居民用其财产性收入的受损为银行和企业的租金承担全部成本。本节将由这三方面的约束政策入手,分析金融约束影响居民财产性收入的渠道。

一、控制存贷款利率的渠道

　　金融约束政策的核心手段是利率管制。利率是资金的价格,是整个金融市场的核心,一国金融市场的发展状况直接反映在利率的灵活性上,灵活运用利率政策进行宏观调控是一国货币当局实现政策目标、发展金融市场的必要手段。但金融约束理论所提倡的利率政策却以管制为主,以人为压低利率作为根本政策手段。在低利率水平下,存款者的利息收入直接受损,并会受到低利率下的扭曲的资源配置状况的间接影响。

(一)中国利率制度改革的不完善性

　　中国的利率改革选择了渐进模式,在改革开放初期为了向国有企业输送廉价的金融资源,管制型的利率体制具有显著的计划特征。1982年国务院授予人民银行20%的浮动权限,但每笔贷款的具体利率要经地、市人民银行审核批准;开始采用再贴现政策和贴现业务,但定价仍然严格限制;建立了同业拆借市场,但规模极小;准备金制度并非作为货币政策工具,而是作为央行的资金来源。

利率市场化改革始于 1996 年。1996 年 6 月 1 日政府放开了银行间同业拆借市场利率,揭开了我国利率市场化改革的第一幕;1997 年放开了银行间债券市场债券回购和现券交易利率;1998 年 1 月 1 日取消了贷款规模管理,并放开贴现和再贴现利率;1998 年 10 月和 1999 年 9 月,央行两次扩大商业银行对中小企业贷款利率的浮动幅度;1999 年 7 月,放开外资银行人民币借款利率;同年 10 月进一步放开了保险公司 5 年以上、3 000 万元以上的存款利率;随后又对股票质押融资及其利率的确定在原则上放松了管制。2000 年 9 月 21 日,放开了外币大额存款利率和外币贷款利率,实现了外币存贷款利率的市场化;2001 年放开了全国社保基金协议存款利率;2002 年选择了福建等五省区的 8 个农村信用社和浙江温州进行利率市场化改革的试点;2003 年央行再一次提出利率市场化改革"路线图";宣布扩大金融机构贷款利率浮动区间、下调超额准备金利率;2004 年金融机构贷款利率浮动区间进一步扩大,并不再根据企业所有制性质、规模大小分别确定贷款利率、浮动区间;2004 年 10 月 29 日,同时放开贷款利率上限和存款利率下限,但仍然保持对城乡信用社的贷款利率上限的管制;2005 年 7 月 21 日,改革人民币形成机制;2006 年,人民币利率互换交易试点在银行间债券市场展开;2007 年 1 月 4 日,上海银行间同业拆借利率(Shibor)正式运行以来,在货币市场的基准利率地位初步确立;2007 年 9 月,在银行间市场推出远期利率协议业务;2008 年 1 月,全面推出利率互换业务。

但不论利率制度如何改革,低利率政策仍然体现着浓厚的管制特征。如表 6-5 所示,过去 20 年间银行一年期存款利率的水平一直低下,并且有逐步下降趋势。仍然由央行制定的诸多管制利率是国内各种市场利率形成的基础,在引导国内市场资金流向和实现货币政策目标时发挥着举足轻重的作用。可以说,货币当局对主要利率都继续严格管制,不仅直接制定 3 种基准利率(分别是金融机构在中央银行的准备金存款利率、金融机构的再贷款利率以及再贴现利率),而且还一直控制着金融机构的法定存款利率、贷款利率及票据贴现利率。再加上中央银行可以完全左右的银行间债券市场(最主要的货币市场利率),中国货币当局共支配着 8 种不同类别的利率。而美国等成熟市场经济国家的中央银行通常只控制贴现率、联邦基金利率(相当于中国银行间债券市场利率)两种主导利率,与之相比,中国中央银行的利率改革存在明显的不完善性。

表 6-5 1989—2008 年银行一年期存款名义利率与实际利率

单位:%

年份	1989	1990	1991	1992	1993	1994	1995	1996	1997	1998
一年期存款利率	11.3	8.64	7.56	7.56	11	11	11	7.47	5.67	3.78
CPI 增幅	18.0	3.1	3.4	6.4	14.7	24.1	17.1	8.3	2.8	−0.8
实际利率	−6.66	5.54	4.16	1.16	−3.72	−13.1	−6.12	−0.83	2.87	4.58
年份	1999	2000	2001	2002	2003	2004	2005	2006	2007	2008
一年期存款利率	2.25	2.25	2.25	1.98	1.98	2.25	2.25	2.52	4.14	2.25
CPI 增幅	−1.4	0.4	0.7	−0.8	1.2	3.9	1.8	1.5	4.8	5.9
实际利率	3.65	1.85	1.55	2.78	0.78	−1.65	0.45	1.02	−0.66	−3.65

(二)利率管制对居民财产性收入的直接侵害

利率管制下的低利率政策使存贷款利差缩小(见第四章第二节数据),低下的存款利率为银行体系提供成本低廉的资金来源,低下的贷款利率为企业(主要是国有企业)提供成本低廉的借入资金。而普通居民由于职业和收入的不确定性,由于医疗、卫生、健康、教育保障等基本生存问题的限制,具有强烈的风险防范意识,预防性储蓄的需求高企,导致储蓄利率弹性低下,低利率政策并不对他们的储蓄倾向产生实质性影响。张杰(1998)认为,由于较低的收入水平和投资机会的匮乏,极大地压抑了居民储蓄的利率弹性,与低利率相伴随的不仅不是储蓄增长的滞缓,反而是储蓄的高速增长,如表 6-6 所示,过去 20 年间不论利率发生怎样的调整,全国储蓄存款的增长幅度仍然保持十分可观的态势。在名义低利率、实际负利率、被征利息税的存款收益条件下,居民借由存款获取利息收入的愿望实际上是奢望,储蓄越多,财产性收入的实际损失越大,这一部分损失正以租金的形式主要分流入国有银行与国有企业。对于居民因租金而造成的损失的测算可见第五章。

表 6-6 1989—2008 年中国储蓄存款统计表

年份	人均:全国 (元)	人均:城镇 (元)	人均:农户 (元)	全国合计 (百万元)	增长率 (%)
1989	467.3	681.9	253.5	514 693	34.66
1990	622.9	922.8	322.5	703 418	36.67
1991	798.1	2 270.5	271.6	910 699	29.47
1992	1 003.2	2 744.5	338.1	1 154 537	26.77
1993	1 283.0	3 481.2	419.7	1 476 359	27.87
1994	1 794.7	4 869.6	562.6	2 151 879	45.76
1995	2 449.4	6 666.7	720.4	2 966 225	37.84
1996	3 147.1	6 518.5	887.8	3 852 084	29.86
1997	3 744.3	10 040	1 054.1	4 627 980	20.14
1998	4 279.4	11 337	1 201.5	5 340 747	15.40
1999	4 735.6	12 446	1 289.0	5 962 183	11.64
2000	5 082.2	11 338	1 530.3	6 433 238	7.90
2001	5 779.5	12 471	1 737.2	7 376 243	14.66
2002	6 763.5	14 244	1 967.5	8 691 057	17.82
2003	8 019.9	16 305	2 363.8	10 361 731	19.22
2004	9 196.6	18 193	2 743.2	11 955 539	15.38
2005	10 784	20 720	3 298.4	14 105 099	17.98
2006	12 297	23 009	3 908.4	16 158 730	14.56
2007	13 051	23 482	4 539.9	17 253 419	6.77
2008	16 407	28 996	5 808.4	21 788 535	26.29

(三)利率管制对居民财产性收入的间接侵害

利率管制除了对居民财产性收入产生直接的侵害,也会通过扭曲资源配置、制约资金使用效率而对居民产生间接侵害。

改革开放以前我国实行高度的计划经济体制,利率由国家统一制定并实行严格的管制,为了优先发展重工业、为重工业提供较低的资本成本,长期推行低利率政策,该政策造成了产业结构扭曲和激励机制不足两大问题。改革开放开始以后,银行业仍然由国有银行垄断,利率生成机制没有发生根本性的改变。这种严格的管制体制使得利率的变动不能真实地反映资金的供求关系,利率配置资源的功能基本萎缩和弱化,不仅扭曲了一般企业的行为,而且扭曲了银行的行为。国有企业计划内产出的低价,无法依靠计划外投入品的市场高价维持,因此金融资源作为投入品,通过国有部门垄断金融产权,在低利率政策下廉价输送给国有企业,使得大量高信用风险的亏损国有企业得到低息的优惠贷款。国有商业银行与国有企业之间长期存在的"信贷倒逼"机制,使得整个社会投资总量一直处于高速增长状态,总产出也由此一直呈高速增长势头,资金的低效率使用使居民的资本收入低下。同时,在低利率政策下,商业银行不仅激励不足,而且约束失灵,由此而导致的寻租行为和无效交易,使得资本的实际成本大大提高,阻碍了经济的有效运行和健康发展,并过度挤占居民的资本收入。

二、限制竞争的渠道

依靠存贷款利率的控制只能使银行部门在短期内获得租金,从长期来看,如果政府不对市场准入进行限制,风险意识减弱的银行部门会遇到激烈的市场竞争,可能消除政府为银行部门设立的租金,引起银行的经常性破产与倒闭,从而危及金融体系的稳定。因此,政府在进行存贷款利率限制的同时,规定严格控制银行业的市场准入,至少要保证新的进入者不能侵蚀先进入银行所必需的租金。

这种限制竞争的政策使得我国金融体系存在一个显著特征——银行处于绝对主导地位。虽然直接融资市场处于迅猛发展的时期,但是由于起步较晚,发展时间不长,对经济发展的作用和影响力非常有限,还处于辅助和补充的地位。据统计,2006 年全国各地非金融机构部门融资结构中,银行贷款占 86％（东部地区）～95％（东北地区）,而直接融资比例仅为 5％～15％（中国区域金融运行报告,2006）。金融部门的制度性特征决定了银行体制的两个显著特征：国有银行体制和集中化银行体制,它们的制度缺陷严重影响了存款者的财产性收入。

（一）国有银行体制的缺陷

在过去 20 多年,我国的银行体制与银行结构发生了显著的变化,银行业从计划经济时代的单一银行体制逐步演变为包括四大国有商业银行为主、10余家股份制商业银行与100余家城市商业银行为辅的多银行体制。但是从总体上看，我国银行制度的一个显著特征是国有金融产权仍然处于绝对主导地位（江曙霞等，2007）。四大国有商业银行无论在资产、存贷款还是在分支机构、员工数量方面都占据垄断地位。在存贷款方面，四大国有银行的市场份额占了近70%；在分支机构和员工数量方面所占比重更高（廖国民，刘巍，2005）。自2005年始，四家国有商业银行先后启动股份制改革，至今所有四家国有商业银行已完成改制上市。但是由于国有产权仍占绝对主导份额，以及历史惯性等因素制约，国有控股银行的产权特征和经营行为尚未有本质变化。

1. 内部治理结构缺陷

商业银行的法人治理结构是指在一定的产权制度安排下，为解决商业银行内部不同利益主体之间利益与风险、激励与约束问题，在所有者和经营者之间，对权利与利益关系进行约束的制度安排。一定的产权关系安排决定着商业银行的治理结构，从而决定商业银行的决策、管理、激励、约束等机制，最终影响商业银行功能的发挥和效率的高低。在国有产权占绝对主导地位的制度安排下，国有银行很难成为"产权清晰，责任明确，政企分开，管理科学"的具有法人治理结构的现代意义上的商业银行。激励和约束不足的治理结构必然导致国有银行无法对市场变化（以及货币政策变化）做出灵敏反应，从而影响银行对存款人提供的资金的运用效率。

2. 政府干预和银企关系

国有银行的国有产权特征使其与政府之间存在着一个隐性的长期合约关系。这种隐性合约可以解释为政府与国有银行之间的一系列承诺。如政府要求国有银行向国有企业提供各种资金供给，使破产企业及失业人数控制在社会所能容忍的范围内，而国有银行的失败和经营损失相应地由政府承担。这样一种隐性合约一方面导致国有银行渐渐地失去作为"理性经济人"应该具有的对金融市场条件变化迅速做出反应的能力，另一方面导致国有银行与国有企业之间存在刚性的而非基于市场交易的关系，使得存贷款利率的制定越加失去市场基础，存贷利差缩小，银行和企业在政府屏障下分派租金，银行稳定地通过低利率政策向居民攫取租金。

3. 政府隐性担保

一方面，由于其产权的国有性质，政府实质上起到了隐性担保作用。这种担保作用完全扭曲了银行的经营动机和激励结构，导致其采取各种机会主义行为和消极行为，如国有银行存在严重的"软性"（Softness），即国有银行知道政府将在事后干预并解救亏损银行。国有银行的这种预期使其对市场变化不能做出积极的、主动的反应。一个能支持这一观点的典型事实是国有银行不良资产率居高不下，在国有银行股份制改革之前，这一比例始终保持在 25% 左右（廖国民，刘巍，2005）。不良资产的最终买单者还是普通存款户。

另一方面，政府对国有银行系统的隐性担保也会导致储户产生道德风险行为。在政府的各种显性与隐性担保下，公众预期到，即使国有银行陷入严重困境，作为国有银行所有者的政府必然会出面干预以维持银行的流动性与支付能力，确保储户的存款安全。而且由于银行倒闭的外部性，使得国有银行"太大而不能倒闭"（too big to fail）的理念被政府和公众广泛接受，这必然会迫使政府对银行实施救助，力避银行危机的发生。在此预期下，公众便没有必要担心国有银行的绩效与自己的存款安全，银行哪怕资不抵债，储户也不会去银行挤兑存款，相反会继续将资金源源不断地提供给国有银行。

上文的分析发现，国有银行的产权特征及由此衍生出的其他一些体制特征（如内部治理结构的不完善、政府对银行经营的干预、刚性的银企关系以及政府隐性担保）决定了国有银行不会，也不可能对金融市场条件变化做出灵敏的、积极的反应，对租金的依赖性日益增长。2002 年、2004 年东部地区国有银行储蓄存款份额平均为 62.2%、61.8%，而西部地区此份额平均为 68.9%（详见表 6-7）。

表 6-7　各地区国有银行储蓄存款份额

单位：%

	2002 年国有银行储蓄存款份额	2004 年国有银行储蓄存款份额
东部	62.9	61.8
中部	64.4	63.1
西部	69.4	68.3

（二）集中性银行体制的缺陷

在一个银行数量众多、竞争激励的金融市场环境中，商业银行存贷款利率对政策性融资条件的反应比较迅速；相反在一个银行部门高度集中、缺乏有效竞争的环境中，价格很可能是垄断的，商业银行存贷款利率对货币政策变化的反应比较迟钝[1]（张洪武，2005）。

更重要的是，集中化的银行体制导致经济中产生严重软预算约束，因而亦削弱了经济主体对市场变化（当然包括货币政策的变化）反应的敏感程度。在集中化银行体制下，当银行对某一项目或企业做出初始投资后，如果项目在一期后没有产生任何收益，则初始投资就会变为沉淀成本，在第二期初银行往往有激励追加投资，这一则由于银行有充裕的资金，不存在流动性约束，有实力进行再投资；二则追加信贷还可能盘活旧贷，如不追加，则前期投入可能就收不回来了。如果企业预期到这一点，它们就不会进行详细的论证而提交大量的项目来向银行融资，当陷入亏损时银行往往会追加投资，这会造成企业普遍的软预算约束现象。

相反，分散化的银行体制则硬化了企业的预算约束，从而提高了企业对市场变化反应的敏感程度。Dewxtripont 和 Maskin（1995）、Huang 和 Xu（1998，1999）曾证明，银行体系的分散化是硬化企业预算约束的一个重要机制，其主要思想是：多重债权人的存在会增加事后解救企业的成本，因为进行再融资的重新谈判阶段不同债权人之间存在利益冲突的问题。解救企业事后成本的提高导致企业预算约束硬化、激励机制的改善和事前的效率。

简单归纳，在集中性银行体制下，企业面临的是一个软预算约束环境，这削弱了企业对市场条件和经营效率的反应，使占有特殊资源的国有企业往往失去创新与改进的需要。这一因素是国有企业普遍效率低下、收益低下的一个重要原因，也因此严重侵害了投资者的利益。

三、限制资产替代的渠道

限制资产替代的政策旨在限制居民将正式金融部门中的存款转化为其他资产如证券、国外存款、非银行部门存款和实物资产等。金融约束理论认为发展中国家证券市场尚不规范，难以发挥有效配置资金的作用，绩效良好

---

[1] 亦有观点（Kashyap and Stein，1997；Guiso etc.，1999）认为金融市场竞争程度对利率调整速度的影响是不确定的，因为一方面竞争程度的提高会促进金融机构对利率的反应更为敏感，另一方面金融机构出于维护长期关系的考虑，不会立刻将利率变动传导到客户那里。

的企业如果从银行部门融资转向证券市场融资,会使银行部门失去部分收益,从而丧失特许权价值。因而,在有效银行体系最终建立之前,不应强调证券市场的作用。而且,发展中国家非正式银行部门制度结构薄弱,效率低下,故而为提高效率和有利于正式银行部门的发展,应促使资金从非正式银行部门流向正式银行部门。同时,要努力控制资本流动,使资本外流对大多数储户不再有吸引力,确保正的实际利率以防止居民将银行存款转化为实物资产。

从我国现实条件来看,银行存款对于国有商业银行而言,也具有十分重要的意义。这表现在:改革开放以来通过国家垄断信用造成的国有企业亏损向国有商业银行转移造成了不良资产的大量累积,而这一巨大黑洞是以银行存款的高速增长而予以维系的。可以说,国有商业银行的良好运转对存款的依赖性是相当大的,一旦发生资本市场以及其他非银行金融机构的改革,会使存款由国有商业银行向其他机构大幅转移,使存款的增幅减少,这必将造成银行的流动性危机而导致金融风险的爆发。但是,如果继续坚持传统的间接融资方式,却又难以遏制不断扩大的国有银行风险,不断累积的银行不良资产问题一旦总爆发,后果不堪设想。因而渐进式稳定发展资本市场就成为金融改革的需要。故此,中国股票市场的兴起,其目的就是为国有银行分忧、为国有企业解困。通过发展股票市场,国家成功地实现存贷款市场租金向证券市场租金的转移,为经济转轨提供持续的金融支持,使国有企业从通过银行体系间接获取资金和租金转而通过股票市场直接圈钱、攫取租金,并且实现了从需要偿本向无须偿本的模式的转换。因此在中国,股票市场的发展与限制资产替代的金融约束政策并不相悖。

而企业债券的筹资形式由于需要还本且需支付较高的利息成本,并不是国有企业中意的方式。因此,严格限制资产替代导致公司债券市场发展迟滞,政府对每种债券的发行均要进行选择,并且施以严格的利率上限管制。公司债券在全部债券市场所占的份额只有将近 3%,最近甚至有下降趋势。政府债券和金融债券(包括由政策性银行发行的债券和央行的对冲票据)主导了债券市场。但由于银行体系内的巨大的流动性,政府债券和金融债券的收益率非常低。这些问题体现了我国投资者可选择的投资工具极其短缺,银行继续控制着金融系统,银行存款仍然是绝大多数居民家庭的最主要的投资形式。国内存款高企、可选择的投资渠道匮乏,再加上严厉的资本管制使得居民失去对外投资的可能收益。限制资产替代的政策把居民的所有投资资金限制在国内,而银行则继续享用着如此的高流动性带来的租金收入。

第三节 一个理论模型 ●●➡

　　对 Townsend 和 Ueda(2006)关于金融深化模型进行转换和扩展,本节建立起一个银行融资市场金融约束制度框架下三部门资金融通的居民财产性收入的理论模型。在这一分析框架下,社会资金融通由三部门组成:普通居民家庭、银行金融中介部门以及政府部门。此处居民家庭作为一种连续的消费者暨生产者(consumer-cum-entrepreneurs)类型存在,居民家庭既是消费者,也是民营生产者,既是存款者,同时也是借款者,以民营企业身份通过向银行部门借款进行投资。银行部门提供金融服务,同时从居民家庭吸收储蓄存款、向民营企业和国有企业贷款,也购买政府债券。政府部门经营国有企业,同时向银行发行政府债券。

一、居民家庭(民营企业)行为

　　居民家庭期初拥有财产 W_t,在消费 C_t 后,储蓄 S_t。民营企业可以从事两种生产活动:安全但低收入的投资以及高风险但高收入的投资。安全性投资的收益为 δ,风险性投资的收益为 $\eta_t = \theta_t + \varepsilon_t$,此处 $\theta_t \in \Theta$,衡量市场一致性的总冲击,$\varepsilon_t \in E$,衡量各投资项目的异质性冲击,它们的累积分布函数分别为 $F(\theta_t)$ 和 $H(\eta_t)$。家庭每期将用其储蓄投资 S_t 中的 $\phi_t \in [0,1]$ 投资于风险性项目,$1-\phi_t$ 部分投资安全项目。储蓄 S_t 为内生决定。此时,那些未使用金融服务而积累的财产等于:

$$W_{t+1} = [\phi_t(\theta_t + \varepsilon_t) + (1-\phi_t)\delta] \cdot S_t \qquad (6.2)$$

二、金融机构(银行)行为

　　在这一模型中,金融机构可以为顾客提供两种服务:(1)利用具有不同还款要求的贷款合同为风险投资的异质性冲击提供保险;(2)银行机构可以提高项目的生产力，比如可以防止道德风险（Diamond，1984），可以使外部性内部化（Ueda，2006）。但使用金融服务需要支付成本，包括期初一次性成本 $q>0$，以及每期按储蓄的百分比收取的成本 $\gamma\in[0,1]$，其中，γ 作为金融服务的成本，反映了金融体系中的制度性障碍的强度。居民家庭一旦向银行申请金融服务，由于银行具有在项目选择上的信息优势，可以辅助居民家庭对投资项目的潜在冲击进行筛选，使居民家庭的投资收益率变为 $R(\theta_t)+\varepsilon_t$，收益大小的决定因素包括冲击和异质冲击。此处 $R(\theta_t)\equiv\max\{\theta_t,\delta\}$，是安全投资与风险投资中收益最大者。

　　基于合理性与简化考虑，假设银行的储蓄存款全部来自居民家庭；基于风险和保险考虑，假设居民家庭把所有资金都存于银行，进行项目投资时再从银行借款。不同于投资收益的决定因素，储蓄的收益仅决定于总冲击 θ_t。

三、政府(国有企业)行为

　　政府经营国有企业，国有企业投资的异质性冲击也由银行以资金池形式冲销。由于政府机构存在官僚无效，官僚无效成本以 ξ 表示，则国有企业投资收益率为 $(1-\xi)R(\theta_t)$，低于民营企业。在金融约束政策下，政府制定存款利率、贷款利率以及政府债券收益率。由于政府并无意于获取利润，只为保证国有企业正常运转，因此设定的政府债券收益率与贷款利率将等于国有企业的投资收益率，这样可以使国有企业抢占到金融贷款，因为对银行而言，购买政府债券与对民营企业贷款在收益率上无差异。因此，银行贷款利率设置如下：

$$r^L(\theta_t,\varepsilon_t)=(1-\xi)R(\theta_t)+\varepsilon_t \tag{6.3}$$

　　该贷款利率低于民营企业投资收益率 $R(\theta_t)+\varepsilon_t$，其间差异 $\xi\cdot R(\theta_t)$ 可以衡量居民家庭的利润收入。同时，政府设定的存款利率低于贷款利率，以 $sp>0$ 表示存款利率低于贷款利率的利差，sp 越大，意味着存款利率水平越低。且存款利率不受投资异质性冲击影响，于是有存款利率如下：

$$r^D(\theta_t,\varepsilon_t)=(1-\xi)R(\theta_t)-sp \tag{6.4}$$

四、居民财产性收入

　　在金融约束政策框架下，存贷款利率均由政府设置，均低于市场均衡利率,其中的存贷款利差 sp 的设置是为了向银行提供正的租金。已经假设居民家庭所有的储蓄存于银行,但净存款必须扣除为享受金融服务所支付的成本 γ,因此,净存款为 $(1-\gamma) \cdot S_t$,银行利用它们的用途有三部分,其一,贷放给民营企业,以 L_t^H 表示;其二,贷放给国有企业;其三,购买政府债券。后两个用途在实质上是一样的,均属于政府行为,故统一记为 G_t。同时设银行在政府政策引导下用于贷放给国有企业及购买政府债券的资金 G_t 占净存款的比例为 $\alpha \in [0,1]$。因此有:

$$(1-\gamma) \cdot S_t = L_t^H + G_t \tag{6.5}$$

$$G_t = \alpha \cdot D_t \tag{6.6}$$

并记 $D_t = (1-\gamma) \cdot S_t \tag{6.7}$

居民家庭使用的金融服务由储蓄额决定,其财产性收入来自于存款利息和贷款投资收益并扣除贷款利息支出,于是在 $t+1$ 期,财产性收入为:

$$W_{t+1} = r^D(\theta_t) \cdot D_t + [R(\theta_t) + \varepsilon_t] - r^L(\theta_t, \varepsilon_t) \cdot L_t^H \tag{6.8}$$

把式(6.3)至式(6.5)代入式(6.8)得:

$$W_{t+1} = (1-\xi) \cdot R(\theta_t) \cdot D_t - sp \cdot D_t + \xi \cdot R(\theta_t)(D_t + G_t),进一步化简得$$

到:

$$W_{t+1} = R(\theta_t) \cdot D_t - \xi \cdot R(\theta_t) \cdot G_t - sp \cdot D_t \tag{6.9}$$

且因为 $G_t = \alpha \cdot D_t$、$D_t = (1-\gamma) \cdot S_t$,代入式(6.9)得:

$$W_{t+1} = [(1-\alpha \cdot \xi) \cdot R(\theta_t) - sp] \cdot (1-\gamma) \cdot S_t \tag{6.10}$$

式(6.10)刻画了在该金融约束政策框架下的三部门资金融通模型中居民家庭的财产性收入。

五、结论:居民财产性收入的影响因素

把式(6.10)中的 W_{t+1} 分别对 α, ξ, sp, γ 求导,得到:

$$\frac{\partial W_{t+1}}{\partial \alpha} = -\xi \cdot R(\theta_t)(1-\gamma) \cdot S_t < 0 \tag{6.11}$$

$$\frac{\partial W_{t+1}}{\partial \xi} = -\alpha \cdot R(\theta_t)(1-\gamma) \cdot S_t < 0 \tag{6.12}$$

$$\frac{\partial W_{t+1}}{\partial sp} = -(1-\gamma) \cdot S_t < 0 \tag{6.13}$$

$$\frac{\partial W_{t+1}}{\partial \gamma} = -(1-\alpha\xi) \cdot R(\theta_t) \cdot S_t < 0 \tag{6.14}$$

在这一理论模型中,α 表示银行在政府政策引导下用于贷放给国有企业及购买政府债券的资金占银行吸收存款的比例;ξ 表示在政府机构的官僚无效下国有企业投资收益率低于民营企业投资收益率的比例;sp 表示政府在金融约束制度下设定的存款利率低于贷款利率的水平,sp 越大,存款利率越低;γ 表示使用金融服务所支付的成本占储蓄总额的比例,也反映了金融体系下的制度性障碍的强度。对式(6.11)到式(6.14)求导的结果表明,居民家庭的财产性收入均为这四个因素的减函数,四个因素的程度加强,居民家庭的财产性收入均呈下降趋势。于是可得如下四个结论。

结论一,由于国有企业管理混乱、生产效率低下、经营目标模糊,银行在政府金融约束政策的引导下用于贷放给国有企业的资金比例越大,居民家庭财产性收入受侵的程度越突出。

结论二,金融约束政策是培育政府官僚无效的温床,它向国有企业源源不断输送租金,助长国企低下的投资收益能力,进而侵吞居民家庭的财产性收入。

结论三,金融约束政策下,政府不仅保持着存贷款利率均低于市场均衡利率的状况,同时,为了向银行提供租金,又使存款利率尽可能低于贷款利率。存款利率越低于贷款利率,居民家庭财产性收入受损越显著。

结论四,金融约束政策同时约束了金融体系的健康发展,使金融体系的制度性障碍长期存在,金融服务的成本高企。金融服务的成本越高,居民家庭财产性收入丧失越多。

以上这些因素的综合影响,都将导致居民财产性收入受损,使居民家庭对于未来收入不确定性的预期增强,消费需求因之下降。

第七章
理论扩展:股票市场中金融
约束政策对消费的影响及检验

　　股市的主要功能是重新配置社会资源,因为股票市场为整个经济和社会提供价值评估信号,即通过对收益的预期来导向资源配置。股票市场的另外一个重要功能是跨期财富配置功能,即让股票持有人分享企业经营成功、经济发展的成果。股票市场的其他功能包括:风险配置、融通资金、规范治理结构等。完善的股票市场(包括其他资本市场)应该为投资者跨期配置财富,使他们有机会有效地配置风险、安排未来的福利,并通过增加消费从而提升效用、享受股市成长带来的财富效应。

　　截至 2010 年 10 月,我国企业通过发行股票已筹资 4.7 万亿元,在两市的上市公司总数已达到 1997 家,总市值达 35.68 万亿,规模比 2009 年度的国内生产总值数量还强。截至同一时间,在沪深两市开户的投资者账户总数已超 1.93 亿户,每个股民影响的家庭成员数还将超过开户数,1.93 亿投资账户至少意味着近 2 亿人的财富水平与股票市场紧密相关。但正如前文的数据分析,当前中国股票市场还远未为中小投资者如期带来成比例的投资收益,股票市场为老百姓跨期分配财富的功能还未得到发挥。

　　本章第一部分首先基于生命周期消费模型,利用 Engle-Granger 协整、门限协整、惯性—门限协整及动态最小二乘法模型,考察中国股市财富效应的存在、方向及其非对称性特征。第二部分分析影响中国股市财富效应的金融约束政策根源,并对金融约束政策作用于中国股市的主要渠道进行较全面的讨论。第三部分从行为金融学的角度展开分析,认为金融约束政策的核心手段——低利率政策通过影响投资者行为、影响股市收益率进而影响股市的财富效应,并实证检验了这两个命题。

第一节　中国股市财富效应非对称性的 动态分析 ●●➡

一、问题提出与文献回顾

　　股市财富效应(the Wealth Effect)是指股市市值的增减或证券资产价格的涨跌,引发证券资产所有者财富和可支配收入的变化,进而导致消费增长或下降的一种现象(唐绍祥等,2008)。它是刻画居民对非预期资产价值变动做出反应的重要参数。作为宏观调控主要政策之一的货币政策,财富效应是其作用于消费的主要渠道之一。[①] 股票市场的财富效应为投资者的投资带来相应的收益,使投资者的消费需求得到显著提高,这一渠道在成熟的股票市场已得到证实。自从 Bosworth(1975)和 Mishkin(1976)的前期研究发现股市财富效应的存在性以来,人们开始关注这一有别于其他财富的效应,并引发了大量研究,归纳起来传统的研究结论主要有以下三种:(1)股市有显著财富效应(Dynan 和 Maki,2001;Attanasio 等,1998;Brav 等,1999;Mechra,2001);(2)股市财富效应有限(Poterba,2000;Ludvigson 和 Steindel,1999;Byrne 和 Davis,2003);(3)股市无财富效应(Otoo,1999;Jansen 和 Jahuis,2003)。

　　传统的研究忽视了消费者对股市市值变化的非对称性调整,即消费者对股市市值上涨或下跌可能做出截然不同的反应。1997 年格林斯潘在纽约经济俱乐部的演讲也指出实证研究股市财富效应非对称性的必要性。这一观点的提出促使人们重新审视股市的财富效应。Shivani 和 Wilbratee(2000)使用OECD 总消费的数据,研究发现在 1970 年第一季度至 1996 年第二季度期间,德国、日本和美国在短期都具有非对称性的财富效应。Stevans(2004)使用生命周期误差修正模型实证了美国 1952—1999 年的数据,发现在股市繁荣时

---

　　① 除财富效应外,货币政策作用于消费的渠道还包括利率渠道、资产负债表渠道、银行借贷渠道等。在消费信贷规模不大的情况下,后两种渠道的作用实际上非常有限。

期，当家庭持有的证券价格高于门限值时，消费者消费性支出的增长将很快缩减实际消费与目标消费之间的差距，但是在股市下跌阶段，消费者的消费路径是近乎随机的过程，即没有或近乎没有财富效应。Apergis 和 Miller (2005)通过门限调整模型，发现了美国股市财富效应非对称性的证据，即负面信息对消费的影响比正面信息对消费的影响要小。Till 和 Treeck(2008)提出了一个简单的非对称性误差修正模型找到了股市财富效应非对称性的证据，并通过消费者的长期损失厌恶偏好和短期流动性约束的角度得到了很好的解释。

针对中国股票市场，现有文献没有提供存在显著财富效应的经验证据。郭峰等(2005)利用 Engle-Granger 两步法分析了股票价格指数与消费支出的长期关系，并利用误差修正模型分析其短期效应，结果发现，无论是长期还是短期，股票价格与消费支出仅呈现微弱的正相关关系。杨新松等(2007)利用滚动样本的 ECM 方法也发现，我国股市财富效应较弱。李学峰、徐辉(2003)利用 1999 年第一季度至 2002 年第三季度间的股价指数变动与居民消费变动的数据进行分析，结果表明我国股票市场的财富效应极其微弱，可以忽略不计，他们认为希望以启动股市去刺激消费的想法是不可行的。刘仁和等(2008)则通过对居民消费支出的变动、居民可支配收入的变动以及股价指数的变动数据分阶段进行回归分析，发现无论在牛市时期还是熊市时期我国股票市场均不存在财富效应。唐绍祥等(2008)使用动态滞后和状态空间模型分析了我国股市 1993 年 1 月至 2006 年 12 月的财富效应。动态分布滞后模型结果表明，我国股市既不具有即期财富效应，也不具有长期财富效应；而状态空间模型的时变参数模型检验结果显示，我国股市较长时期内不具有财富效应，但随着经济增长和证券市场规模的不断扩大，股市的正财富效应逐渐显现。陈国进、陈创练(2009)则利用门限协整等模型，考察了我国股市财富效应的非对称性特征，其研究发现中国股市的财富效应具有非对称性特征，在股市"下跌"阶段，人们迅速调整降低消费，因而实际消费与目标消费间误差调整的收敛速度比较快；相反，在股市"上涨"阶段，中国股市在长期上更多地体现出"挤出效应"。

本节将运用生命周期理论模型，利用 Engle-Glanger 协整、门限协整、惯性—门限协整等方法考察中国股市财富效应的存在、方向及其非对称性特征，并利用动态最小二乘法模型对非对称性进行动态分析。

二、模型选择与数据处理

（一）基本理论模型

揭示了消费与财富之间关系的理论假说主要有莫迪利阿尼的生命周期假说(the Life-Cycle Hypothesis)。生命周期假说认为消费者的消费不仅取决于一生的收入，还取决于累积的财富，即有消费函数 $C^T = \alpha W + \beta Y$，其中 α 即为财富的边际消费倾向，可用于衡量财富效应的强弱。但在现实中，消费者很难根据生命周期理论来安排消费，如果把生命周期理论决定的消费 C^T 记为目标消费，则实际消费 C 对目标消费将存在偏离。Davis、Palumbo(2001)在该消费模型基础上提出了一个用于考察财富效应的标准实证估计框架如式(7.1)。

$$C_t = aY_t + bW_{t-1} + \varepsilon_t^1 \tag{7.1}$$

其中 C_t 为 t 期的消费，Y_t 为 t 期的劳动收入，W_{t-1} 为 $t-1$ 期的净财富。ε_t^1 则表示实际消费对目标消费的偏离，该误差项的平均水平随着时间的变化将呈现出非平稳性，使普通二乘法回归具有缺陷。克服这一缺陷的方法有二，首先可用消费者的可支配收入代替难以观察到的一生劳动收入，再对式(7.1)中的变量进行对数化处理，得到可适用的实证方程如式(7.2)。

$$\ln C_t = \alpha + \beta_1 \ln Y_t + \beta_2 \ln W_{t-1} + \varepsilon_t \tag{7.2}$$

本书运用式(7-2)作为基本理论模型。

（二）数据选择与处理

基于数据可得性考虑和中国股市的发展期限，本书选择回归期间从 1994 年第 1 季度到 2010 年第 4 季度，每个序列包括 68 个季度样本数据。借鉴现有文献的数据选择方法，居民消费以社会消费品零售总额作为代理变量；考虑到股票投资者主要集中于城镇居民，居民个人可支配收入以城镇居民的人均可支配收入作为代理变量；居民持有的股市财富规模以沪深两市的 A 股流通总市值作为代理变量。

为消除物价因素的影响，对社会消费品零售总额和城镇居民人均可支配收入均以消费者物价指数进行调整，此处用以调整的消费者物价指数均首先换算为以 1994 年第 4 季度作为 100% 的季度定基指数。同时，为克服季度因素的影响，对三个序列均运用 Census X12 方法进行季节调整，调整后对各序列取自然对数。

(三)数据平稳性检验与 Johansen 协整检验

为保证序列的平稳性,在回归之前首先对各变量的对数序列进行 ADF 的单位根检验,ADF 中的最优滞后阶数由 AIC 信息准则选定。检验结果见表 7-1。结果显示,各变量的对数序列均为非平稳序列,但其一阶差分均为平稳序列,因此各变量序列均为一阶单整 $I(1)$ 过程,可以进一步进行协整检验、门限协整和惯性—门限协整检验。

表 7-1 单位根检验结果

ADF 检验	$\ln C$	$\ln Y$	$\ln W$	1%显著水平临界值	平稳性
水平检验值	3.005366	−1.73937	−1.08776	−3.53159	非平稳
一阶差分	−6.751493***	−8.23905***	−6.83272***	−3.5332	平稳

注:***表示在1%水平上拒绝有单位根的假设。

进一步做 Johansen 协整检验。Johansen 协整检验的滞后阶数通过向量自回归(VAR)过程判断。三个序列进行向量自回归的最优滞后阶数由 AIC 准则和 SC 准则综合确定,经确定最优滞后阶数为 1 阶。Johansen 协整检验结果见表 7-2。结果显示在 5%的显著性水平下,变量之间只具有一个长期的协整关系。

表 7-2 Johansen 协整检验结果

零假设:协整向量个数	特征值	迹统计量	0.05 临界值	概率
0 *	0.239774	30.73576	29.79707	0.0389
最多1个	0.130883	12.64257	15.49471	0.1286
最多2个	0.049984	3.384249	3.841466	0.0658

注:迹统计结果显示在5%水平上只有一个协整方程。*表示在5%显著性水平下拒绝零假设。

三、基于 E-G 协整与门限协整的股市财富效应非对称性的动态分析

(一)Engle-Granger 协整检验及结果

1.检验原理

Engle-Granger 协整检验首先要求所有变量序列均为一阶单整过程,再对

其进行线性回归，回归方程为：$X_{1t} = \beta_1 + \beta_2 X_{2t} + \cdots + \beta_k X_{kt} + \varepsilon_t$，得到残差序列 $\{\hat{\varepsilon}_t\}$，同时要求该残差序列经单位根检验必须为平稳序列。残差序列单位根检验的方程为：$\Delta\hat{\varepsilon}_t = \hat{\rho}\hat{\varepsilon}_{t-1} + \sum_{i=1}^{p} \gamma_i \Delta\hat{\varepsilon}_{t-1} + e_t$，其中 $\Delta\hat{\varepsilon}_{t-1}$ 的滞后阶数 p 由 AIC 准则确定。检验结果如果显示 $\{\hat{\varepsilon}_t\}$ 是平稳序列，则表明 X_{1t} 与 X_{2t}，$X_{3t}, \cdots, X_{kt}$ 之间存在协整关系。

2.检验结果

由 Johansen 协整检验可知，社会消费品零售总额、城镇居民人均可支配收入和 A 股流通总市值的自然对数之间只存在一个协整方程。依据式(7.2)对它们进行辅助回归的结果如式(7.3)。

$$\ln C_t = 4.83 + 0.20 \times \ln Y_t + 0.30 \times \ln W_{t-1} + \varepsilon_t \qquad (7.3)$$

对该回归结果保存下残差序列 $\{\hat{\varepsilon}_t\}$，并对残差序列进行类型为无截距无趋势项的 ADF 单位根检验，检验结果显示在 5% 显著性水平上该残差序列为平稳序列，可进一步进行 Engle-Granger 协整检验。检验结果如表 7-3 所示。

表 7-3　E-G 协整检验与门限协整检验结果

方法	τ	ρ_1	ρ_2	AIC	ϕ	φ
Engle—Granger	—	−0.2108*** (−2.8153)	—	−1.9619	—	—
TAR	9.5507	−0.5276*** (−4.1280)	−0.096 (−1.1879)	−2.0679	8.8864 (0.0004)	8.8296 (0.0043)
M−TAR	0	−0.1300* (−1.6043)	−0.4666*** (−3.4468)	−2.0108	6.7274 (0.0023)	5.0082 (0.0290)
M−TAR	−0.0248	−0.1300* (−1.6749)	−0.5534*** (−3.7519)	−2.0417	7.8795 (0.0009)	7.0473 (0.0101)

注：系数对应括号内为 t 统计量；表示时 wald 联合检验的 F 值，为时的 F 值，对应括号内为 P 值；***、* 分别表示在 1%、10% 的显著水平下拒绝原假设。

(二)门限协整检验与惯性—门限协整检验及结果

1.检验原理

Engle-Granger 协整检验的前提是残差序列的调整是对称的。如果残差序列的调整非对称，则 E-G 检验的结果就可能不正确。Enders、Siklos(2001)提出可用门限自回归模型(Threshold Autoregressive，TAR)和惯性—门限自回归模型(Momentum-Threshold Autoregressive，M-TAR)处理该问题。

(1)门限协整检验(Threshold Cointegration)

门限协整检验的前提条件与 E-G 检验一致，要求被检验序列均须为一阶单整过程，再对其进行线性回归，所得残差序列在保证为平稳序列的基础上，对之进行门限协整检验和惯性—门限协整检验。门限协整检验的 TAR 模型如式(7.4)。

$$\Delta\hat{\epsilon}_t = \rho_1 I_t \hat{\epsilon}_{t-1} + \rho_2 (1 - I_t)\hat{\epsilon}_{t-1} + \sum_{i=1}^{p-1} \delta_i \Delta\hat{\epsilon}_{t-1} + e_t \tag{7.4}$$

式中，I_t 为单位阶跃函数(Heaviside Function)，其取值 $I_t = \begin{cases} 1, h_{t-1} \geqslant \tau \\ 0, h_{t-1} < \tau \end{cases}$；$\tau$ 为门限值；e_t 为零均值、同方差的 i.i.d 随机变量。在门限自回归模型中，设定 $h_{t-1} = \ln W_{t-1}$，将 $\{h_t\}$ 序列从小到大排列，分别去掉最大最小的 15%样本，把余下的 70%样本逐个作为 τ 值计算 I_t，代入式(7.4)进行回归，其中最优滞后阶数以 AIC 值最小的准则判断。依此尝试，得出残差平方和最小的那个 h 值即为门限值 τ 的超一致估计值。

(2)惯性—门限协整检验(Momentum-Threshold Cointegration)

如把门限协整检验中的 h 换为 Δh，以 Δh 来确定门限值 τ，则为惯性—门限协整检验，M-TAR 检验模型如式(7.5)。

$$\Delta\hat{\epsilon}_t = \rho_1 M_t \hat{\epsilon}_{t-1} + \rho_2 (1 - M_t)\hat{\epsilon}_{t-1} + \sum_{i=1}^{p-1} \delta_i \Delta\hat{\epsilon}_{t-1} + e_t \tag{7.5}$$

其中 M_t 为单位阶跃函数(Heaviside Function)，其取值 $M_t = \begin{cases} 1, \Delta h_{t-1} \geqslant \tau \\ 0, \Delta h_{t-1} < \tau \end{cases}$。在惯性—门限自回归模型中，设定 $\Delta h_{t-1} = \Delta\ln W_{t-1}$，门限值 τ 的估计方法与式(7.4)一致。

(3)进一步判断

除了门限值未知的情况外，Enders、Siklos(2001)还考虑了 τ 已知为零的情况。在 M-TAR 中，首先令 $\tau = 0$，根据式(7.5)可估计出 ρ_1 和 ρ_2 以及各自的 t 统计量，记两个 t 统计量中较大者为 t-Max，记 wald 联合检验 $\rho_1 = \rho_2 = 0$ 的 F 统计量为 ϕ，将 t-Max 和 ϕ 值与 Enders、Siklos(2001)提供的临界值进行对比，如果拒绝零假设，则说明存在协整关系。然后，对该协整关系进行非对称性检验，可用 $\rho_1 = \rho_2$ 的 wald 统计量中的 F(记为 φ)进行推断。由此可知，Engle-Granger 协整检验实际上就是 $\rho_1 = \rho_2$ 的特殊情况。

2.检验结果

根据式(7.4)和式(7.5)分别对 $\ln C_t$，$\ln Y_t$ 和 $\ln W_t$ 进行 τ 未知的 TAR 检

验、$\tau=0$ 以及 τ 未知的 M-TAR 检验,其中,根据 AIC 准则确定滞后阶数均为 $p=3$。结果如表 7-3 所示。

把表 7-3 的检验结果与表 7-4 中 Enders-Slkos(2001)提供的统计量临界值进行比较,可以发现,在三个模型中,ρ_1 和 ρ_2 的 t-Max 均在 1% 的显著水平上拒绝了零假设,同时,ϕ 统计量也均在 1% 水平上拒绝了 $\rho_1=\rho_2=0$ 的假设,说明变量之间存在一个门限协整关系。三个模型中,φ 统计量也都在 1% 水平上拒绝了的 $\rho_1=\rho_2$ 假设,说明二者的误差调整是非对称性的。在 TAR 检验中,ρ_2 系数统计上不显著,而 M-TAR 两种类型检验中 ρ_1、ρ_2 均显著,且 $|\hat{\rho_1}|<|\hat{\rho_2}|$,说明当实际消费偏离目标消费时,误差的调整是非对称的,在股市财富增长率[①]低于门限值 -0.0248 时,股市处于"下跌"阶段,实际消费对与目标消费之间的差距的调整速度较快,当股市财富增长率高于门限值时,股市处于"上涨"阶段,此时实际消费与目标消费之间的差距具有一定的持续性,消费误差的调整速度较缓慢。检验结果显示,中国股市在"上涨"阶段和"下跌"阶段时居民调整其消费的速度是不一样的。

表 7-4 Enders-Slkos(2001)临界值

临界值	TAR($\tau\neq0$)		TAR($\tau=0$)		TAR($\tau\neq0$)	
	Φ	t－Max	Φ	t－Max	Φ	t－Max
10%	6.05	−1.62	5.59	−1.79	5.97	−1.65
	−5.95	(−1.61)	−5.45	(−1.77)	−5.73	(−1.65)
5%	7.24	−1.89	6.73	−2.04	7.12	−1.92
	−6.95	(−1.85)	−6.51	(−2.02)	−6.78	(−1.90)
1%	9.90	−2.43	9.50	−2.53	9.96	−2.44
	−9.27	(−2.35)	−8.78	(−2.47)	−9.14	(−2.37)

(三)股市财富效应非对称性的动态分析

1. 检验原理

生命周期理论仅列出决定消费的收入因素与财富因素,实际上很多其他因素也将影响居民的消费行为。Stevans(2004)认为居民消费与财富间的非对称性关系会影响这三个变量间的协整关系。而动态最小二乘法(DOLS)可

---

① 表示财富增长率的理由:$\Delta \ln W_t = \ln W_t - \ln W_{t-1} = \ln(W_t/W_{t-1}) = \ln(1+\Delta W_t/W_{t-1}) \approx \Delta W_t/W_{t-1}$。

以控制方程中由于变量间的协整关系而导致的内生性问题。DOLS 的估计方程如下（Stock、Watson，1993）。

$$\ln C_t = \alpha + \beta \ln Y_t + \delta_1 S_t \ln W_{t-1} + \delta_2 (1 - S_t) \ln W_{t-1} + \sum_{j=-1}^{+1} (\theta_{1j} \Delta \ln W^+_{t-1+j} + \theta_{2j} \Delta \ln W^-_{t-1+j}) + v_t$$

其中，δ_1、δ_2 分别衡量股市"上涨"阶段和"下跌"阶段的长期财富效应，S_t 直接引用 TAR 或 M-TAR 模型中的 I_t 或 M_t。$\Delta \ln W^+$ 和 $\Delta \ln W^-$ 分别表示股市财富增长率大于 0 和小于 0，θ_{1j}、θ_{2j} 分别衡量这两种情况下的短期财富效应。Stock、Watson（1993）的研究表明，在扰动项存在自相关或与解释变量相关时，动态最小二乘法对长期协整系数的估计仍为超一致估计。

2. 检验结果

利用表 7-3 中 TAR、M-TAR 的门限值（9.5507、0、-0.0248）计算得到的 I_t 和 M_t 分别替代 DOLS 模型中的 S_t 进行估计，估计结果如表 7-5 所示。三个模型的估计结果比较接近，表明估计过程是稳健的。分别衡量股市"上涨"阶段和"下跌"阶段的长期财富效应的系数 δ_1、δ_2 均为负号，表明中国股市在长期上并不存在正的财富效应，相反，在长期上，股市对居民消费存在着负影响，可以定义为"挤出效应"。利用 M-TAR 门限值进行两个系数的 Wald 联合检验，结果显示，在长期上中国股市并不存在不对称的财富效应。此外，衡量股市短期财富效应的模型各滞后项系数 θ_{1j}、θ_{2j} 符号均为负，估计结果均极不显著，表明中国股市的短期财富效应极不明显。

表 7-5　DOLS 估计结果

τ	截距	δ_1	δ_2	β	ϕ	调整 R^2
9.5507	5.0692*** (20.8026)	-0.0853** (-2.8431)	-0.0709** (-2.6868)	0.1958*** (608795)	4.1979** (0.0456)	0.9312
0	4.8074 (22.0973)	-0.0800* (-2.2892)	-0.0898* (-2.4663)	0.1841*** (6.2125)	0.0005 (0.9827)	0.9256
-0.0248	4.8259 (22.2844)	-0.0725** (-2.6292)	-0.0759** (-2.6713)	0.1801*** (6.0962)	0.4590 (0.5011)	0.9262

注：系数对应括号内为 t 值；ϕ 表示 $\rho_1 = \rho_2$ 时 wald 联合检验的 F 值，对应括号内为 P 值；**、* 分别表示在 5%、10% 的显著水平下拒绝原假设。

四、结论与分析观点

正确分析股市的财富效应可以为人们客观认识一国股市的发展状况、股市政策的合理性和执行效果提供基础的判断标准。利用 Engle-Granger 协整检验、门限协整检验以及动态最小二乘法等方法,对 1994 年第 1 季度到 2010 年第 4 季度中国股市财富效应的非对称性进行动态分析,分析结果与美国股市相应实证结果进行比较见表 7-6。

表 7-6   中美股市财富效应实证数据比较

	中国	美国
股市长期财富效应弹性	−0.0750	0.2400
股市"上涨"阶段的误差调整系数	−0.1300	−0.1519
股市"下跌"阶段的误差调整系数	−0.5534	−0.0313
误差调整速度比较	$\|\hat{\rho}_1\| < \|\hat{\rho}_2\|$	$\|\hat{\rho}_1\| > \|\hat{\rho}_2\|$

注:美国数据来自 Stevans(2004)。

Engle-Granger 协整检验证实消费、收入与股市财富之间存在一个协整关系。TAR 和 M−TAR 门限协整检验结果发现各变量之间存在一个门限协整关系,误差对消费的调整是具有非对称性,在股市增长率低于门限值时,调整速度较快,反之则较慢;而美国股市的误差调整速度正相反,股市"上涨"阶段调整速度快于"下跌"阶段。进一步的动态最小二乘法估计结果发现,中国股市不具有短期财富效应,在长期上,不具有正的财富效应,相反,长期中股市财富对消费具有"挤出效应";相比之下,美国股市具有正的显著的财富效应,效应弹性为 0.24。

为什么中国股市不能为投资者带来正的财富效应,不能充分行使股市的功能,下一节将从金融约束角度展开讨论。

第二节　股票市场中金融约束政策的 主要渠道 ●●➡

一、低利率政策弱化股市财富效应

关于我国股市财富效应微弱的原因，现有文献普遍认为在于股市投资回报低、股市投机成分高、上市公司质量低[①]（李学峰，徐辉，2003；周琴，丁化，2008；段军山，2005；俞静，徐斌，2009；陈红，田农，2007；毛定祥，2004）。

而进一步分析造成这些问题的背后原因是什么，现有文献普遍认为有以下几方面原因：第一，股权结构不合理，主要表现为国有股"一股独大"，大股东利用控股权损害中小股东的利益，尽管股权分置改革已取得阶段性成果，但股权过度集中问题的解决尚待时日；第二，法律和监管体系不完善，主要表现为内幕交易、市场操纵和虚假信息屡禁不止，投资者权益得不到有效保护；第三，股票市场不成熟，主要表现为市场功能错位、退市机制缺失、政府干预严重、散户比例高。本书赞同上述因素是导致中国股市收益率低、投机性强、上市公司质量低的原因，但同时发现，在上述这些因素逐步得到缓解（比如目前正在推进的股权分置改革）的前提下，股市投资回报、投机性和上市公司质量并不一定会得到同步的改善，原因在于利率管制是在上述这些因素以外更深层次的原因。

一个客观事实是我国资本市场是在金融约束背景下逐步建立和发展起来的。自 20 世纪 90 年代初以来，我国资本市场，尤其是股票市场得到了极大的发展，然而另一方面我国的金融约束始终没有得到根本性的松弛，突出表现在利率仍受到高度管制。我们知道利率是金融市场最重要的决策变量，利率扭

---

①　需要说明的是，除了本书以下提及的原因外，造成中国股市财富效应微弱的原因还包括股市规模小、投资者结构及收益分配结构不合理以及投资者利益保护不力等（卢嘉瑞，朱亚杰，2006；李学峰，徐辉，2003）。

曲将导致资源配置无法实现帕累托最优;而资本市场正是市场经济条件下最重要的资源配置工具之一,因此利率管制和股市发展必然存在着某种内在联系。下文主要从利率管制的视角来考察和审视中国股市的一些特殊现象,尤其是股市收益率低、投机性强、上市公司质量低等问题,以期通过这一视角分析导致我国股市财富效应微弱的成因。

(一)低利率无法对企业进行筛选,降低了市场准入门槛

我国《公司法》《证券法》等法律法规均对股票发行和上市、配股等行为规定了比较严格的条件和资格。譬如,按现行规定,要求配股的上市公司其净资产收益率大于10%。

净资产收益率是一定时期内企业的收益与其相应净资产之比,用 ROE 表示,则有 $ROE=Y/E$,其中 Y 表示收益,E 表示净资产。总资产收益率是另一个衡量企业收益能力的指标,用 ROA 表示,有 $ROA=Y/A$,其中 A 为企业的总资产。如果用 D 表示企业的负债,那么 $A=D+E$。于是我们可以建立起总资产收益率与净资产收益率之间的关系:

$$ROE=\frac{Y}{E}=\frac{Y}{A}\times\frac{A}{E}=ROA\times L \tag{7.6}$$

这里 $L=A/E$ 表示财务杠杆。当企业没有负债,也即企业的资产全部由权益组成时,L 取其最小值1;而当企业运用了非权益的外部资金,即有一定的负债时,L 大于1。财务杠杆作为用来增加股东收益的一种设计,它通过恰当地采用固定成本的债务代替股东权益,希望以此来提高股东的收益。在这里之所以提到"希望",是因为杠杆并不总是能达到预期的目标。如果营业利润低于一个一定的数值,那么杠杆将减少而不是增加股东的收益。根据 ROA 的定义,它是支付利息和税金后所得收益与总资产之比:

$$ROA=\frac{(1-T)(EBIT-I)}{A} \tag{7.7}$$

式中,T 为企业的平均税率,I 为支付的全部利息,设 i 为企业资产的平均利率,则 $I=iD$,$EBIT$ 为企业的息前税前收益。式(7.7)可以写成:

$$ROA=(1-T)(\frac{EBIT}{A}-i+i\frac{E}{A})$$

$\frac{EBIT}{A}$ 为企业息税前利润与总资产之比,它表示全部资产创造收益的能力,用 EP 表示,于是有:

$$ROA=(1-T)(EP-i+\frac{i}{L})$$

代入式(7.6)，有：

$$ROE=(1-T)[i+L(EP-i)] \tag{7.8}$$

从式(7.8)可以看出，当 $L>1$ 时，利率 i 越低，ROE 越容易满足于配股权所要求的10%净资产收益率。这意味着利率越低，能进行配股的上市公司平均质量越低。

进一步地，我们假定 $EP<i$，这时必然有 $ROE<i$。在这种情况下若要求 ROE 大于或等于10%，则企业负债的平均利率应该在10%以上，但这与我国近年来借贷市场上利率远低于10%的实际情况相去甚远。导致这一情形的原因就在于假设前提不成立，也就是说，满足配股要求的上市公司应该有 $EP>i$，而不是相反。由前面的分析我们可以看到，当 $EP>i$ 的情况下，加大杠杆 L 可以提高企业的净资产收益率。从这一分析过程我们可以得到两个重要的结论：(1)能够满足配股要求的上市公司，其收益能力一定大于其负债的平均利率，由此我们可以推断，利率管制降低了市场准入门槛；(2)收益能力越强的上市公司，加大其资本结构中的负债比重越有利于净资产收益率的增长(当其他条件不变时)，这意味着收益能力越强的上市公司，越是通过债务方式融资，而在股市融资的上市公司是那些业绩相对较差的企业。也就是说，企业在融资方式上存在逆向选择(晏艳阳等，2001)。

总之，低利率无法对企业进行筛选，使市场准入门槛降低，大批质量不合格的企业也得以上市，上市公司质量难以保证，股价增长缺乏业绩的支撑。

(二)利率管制扭曲资源配置、降低资本产出比率

作为金融资源最为重要的价格信号，利率管制扭曲了资源配置，使资金得不到有效配置。市场经济体制下利率是由资金供求双方决定从而形成均衡利率，它是供给方追求投资回报利率最大化与需求方追求融资成本最小化的博弈结果。由于要素市场与产品市场的内在联系，没有要素市场均衡就没有产品市场均衡，因此利率市场化不仅是资本有效配置的内在要求，而且是资源宏观有效配置，进而使生产和消费相互协调的客观要求。但在利率管制条件下特别是长期的低利率政策下，资金配置将发生扭曲并产生需求严重大于供给的资金缺口。尽管存在资金缺口，但低利率政策导致资金使用成本降低，从而使企业产生过度的投资需求。早在100多年前，李嘉图就注意到这个问题，他

认为,银行利息率低于市场利率,并不能鼓励商业发展,因为"价格是由处在最不利条件的生产者的生产成本决定的"。

如图 7-1 所示,假设一个经济体系中有四家企业,每家企业的资本边际效率不同,其中有两家企业的资本边际效率高于均衡利率水平,它们的资金需求为 $OA+OB$。如果将均衡利率水平下的可贷资金供应量 OG 全部分配到这两家投资报酬率较高的企业,那么全部经济中的资金供给量和需求量恰好相等,而资源也能用于最佳生产用途。假使在人为压低的利率水平上,使这四家企业的边际资本效率全都大于压低的利率水平,它们的资金需求 $OH=OC+OD+OE+OF$,比原来的需求大得多,而信用供应量却可能因利率的下降而减少到 OI,于是出现资金缺口 IH。在此情形下,只能通过信贷配给将如此有限的资本分配到这四家企业,其中有两家企业投资效率较低,资源总体利用效率降低;更甚者,信贷分配往往不取决于投资项目的预期回报率,相反裙带关系、政治压力、寻租行为等都可以成为很重要的影响因素,也就是说资源配置不再以效率为原则,由此造成整个经济效率的降低。

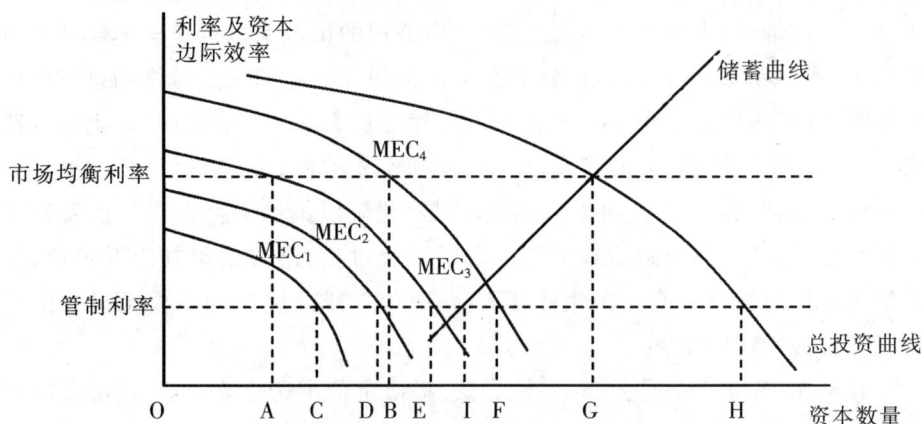

图 7-1　资本边际效率、利率与资金分配

资料来源:根据金雪军、李红坤(2005)绘制。

(三)利率管制导致高溢价发行和配股

根据资产定价原理,股票价格是未来期望股息的贴现值,也就是,

$$P = \sum_{t=1}^{\infty} \frac{E_t(D)}{(1+r)^t}$$

式中，P 表示股票价格，t 表示时间，D 表示股息，r 表示贴现率，E 表示预期。从股票定价公式我们可以看出，在利率管制背景下，由于利率上限受到限制，股票价格要远远大于利率自由化条件下的股票价格。这表明利率管制政策使得我国国有上市公司高溢价发行，低成本融资成为可能。低利率是我国股票高溢价发行与流通的重要金融基础。

事实上，证券市场建立初期，即 20 世纪 90 年代初期，公司在股票发行的数量、发行价格和市盈率方面完全没有决定权，基本上由证监会确定，采用相对固定的市盈率。在发行前由主承销商和发行人在国家规定的范围内，根据市盈率法来确定新股发行定价，即：新股发行价格＝每股税后利润×发行市盈率。就平均市盈率而言，90 年代初期，发行市盈率一般较低，大致维持在 9～13 倍左右。1995 年，发行市盈率一般在 13～15 倍，并以 15 倍发行市盈率为上限，平均市盈率有所增大，但还不算高，如 1998 年度发行 A 股 110 家，发行平均市盈率 14.27 倍。这一段时间证监会的市盈率倍率法行政化定价实际上压制了发行价格，市盈率并不高，使得上市公司的市盈率接近于国际合理市盈率水平，不存在发行价溢价过高问题，上市公司并没有利用金融抑制进行低成本融资，没有从投资者身上获取金融利益输送问题。市盈率法行政化定价造成一、二级市场投资者之间存在巨大的套利价差空间，形成一、二级市场之间的溢价[1]（郭洪涛，2005）。但需要指出的是，此阶段虽然不存在高溢价发行和配股问题，但是利率管制导致了二级市场股价过高，严重偏离其内在价值，使股票失去长期投资价值。在此背景下，获取价差成为股民的主要动机并由此造成其投资策略异化。

只是在 1999 年 7 月公布的《证券法》提出定价市场化改革后，高溢价发行和配股才开始陆续发生，从那时起参考二级市场市盈率决定发行市盈率，使发行平均市盈率有很大的提高。上海 2000 年和 2001 年的发行平均市盈率分别为 29.9 倍和 31 倍，深圳 2000 年为 31.72 倍，这说明发行市盈率在经过长期人为确定到步入市场化后，增长很快，发行价格向金融抑制市场的高均衡价格靠拢。闽东电力、用友软件市场化发行中，甚至出现 80 多倍的市盈率，此时上

---

[1] 一二级市场之间巨大的溢价主要由机构投资者和券商获取。

市公司才开始利用金融抑制低成本股权融资。新股发行定价方法由市盈率法变为市场化定价后,也证明了我国的股票高溢价是金融抑制下的市场化定价,是股权收益相对于金融抑制的低利率的高溢价。这是整个宏观金融系统抑制的结果,而不仅仅是微观领域的股权分置所能造成的(郭洪涛,2005)。下文将进一步讨论高溢价发行引发的问题。

(四)低利率不利于上市公司业绩的改善

1.利率越低,企业利息负担越低,企业经理进行超额在职消费支付能力增加,也就是说对企业经理的约束降低,从而使得股东利益向经理转移的数量增加。

2.利率管制使得债权人不能运用利率机制来有效控制资金借入者的借入数量,这样很容易导致其过度负债,这恐怕是许多上市公司一步步滑入 ST,再由 ST 进入 PT 的一个重要原因(晏艳阳,陈共荣,2001)。

我们将上述分析以框图形式总结如下(图 7-2)。该图清晰地表明利率管制是导致我国股市投资回报低、投机性强、上市公司质量低的重要原因。

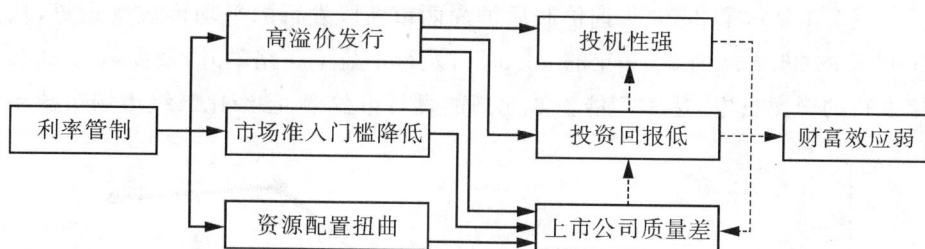

图 7-2　利率管制、股市绩效和财富效应逻辑框图

二、IPO 价格异化与股权分置的扭曲性制度安排 削减股市投资收益

(一)新股发行高溢价与高抑价同存的"中国 IPO 之谜"

根据资产定价原理,股票价格是未来期望股息的贴现值,新股发行价格的确定依据是上市公司的净资产与盈利状况。新股发行高溢价(overvalue)是指新股的发行价格远高于股票的实际价值,通常可以反映在发行市盈率上。

中国股票市场上新股发行显著的高市盈率体现了过高的发行溢价,使低成本发行成为可能,亦使上市公司通过高价发行过度圈钱成为事实。据统计,2009年度IPO重启后共有60只新股先后公布发行价,其中主板5只,中小企业板27只,创业板28只。随着新股发行数量的增多,发行市盈率和发行价也迭创新高,60只新股平均发行市盈率超过40倍。在主板5家公司中,光大证券以58.56倍的市盈率排名第一,中国建筑和中国国旅市盈率也在50倍左右;中小板27家公司中,奥飞动漫发行市盈率达58.26倍,创出了中小板新股发行市盈率新高,其余26只中小板个股的市盈率均超过30倍;创业板28家公司中,鼎汉技术以82.22倍的市盈率列第一,宝德股份市盈率也高达81.67倍,其余26家创业板公司市盈率均超过40倍。与成熟市场相比,中国A股市场的新股溢价发行现象突出。统计数据显示,2009年以来在香港上市的新股平均市盈率仅为10倍,仅为中国A股的1/4左右。即使在行情最为火爆的2007年,登陆香港股市的新股平均市盈率也仅为20倍,且多只新股首日挂牌即跌破发行价。

图7-3显示了2006年询价制后沪深两市新股发行的平均市盈率走势,从2006年的26.7倍到2010年的53.3倍,发行市盈率一路攀升,最高值为2009年发行的金龙机电,达127倍。如此高的发行市盈率,已经比二级市场市盈率

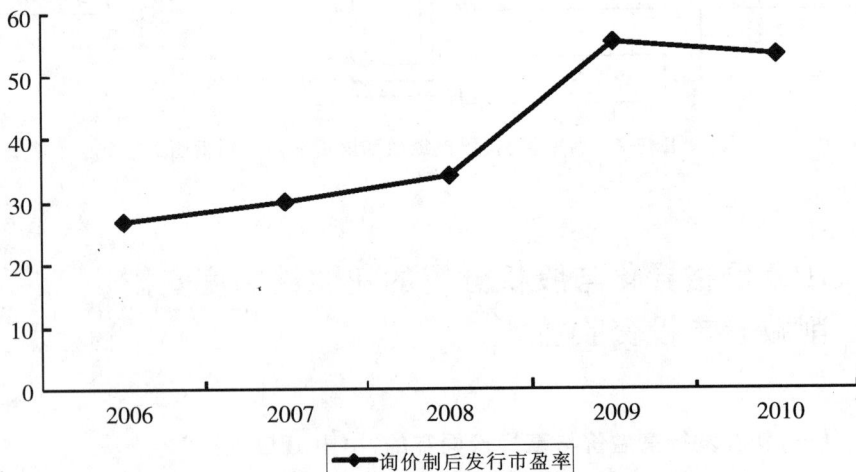

图 7-3　询价制后中国沪深两市新股发行平均市盈率

更高(图 7-4)。询价制前采用市盈率法进行新股定价时,平均发行市盈率仅为 33 倍,最高值为 2001 年发行的用友软件,也才达 64 倍。目前这种过高的市盈率现象在成熟的股市是难以想象的,它意味着中国股市的发行价格长期脱离基本面,"高溢价发行、超高价上市"的特征下滋生了发行人的"圈钱"行为和机构寻租行为利益交换的倾向,使得新股询价定价越来越成为一场圈钱者和寻租者明目张胆地进行利益输送和利益交换的内幕交易。新股的超高价发行现象也在制造着股市的巨大泡沫。由于股票的投资价值微弱,投资者只能是抱着投机炒作的心态入市,使得股市投机之风盛行,投资理念扭曲,反过来又助长了上市公司不太愿意分红或者分红极少的现象。2005 年 1 月 14 日吴敬琏先生在中央电视台《经济半小时》的访谈中指出"中国的股市是个大赌场",确实描述了中国股市的特征。而投机炒作的结果是以少数人获利、大多数人亏损累累而告终。此外,股票长期脱离基本面,泡沫巨大,终归要破裂,价值回归之路是必然的。近年来股市的持续大熊市、股民的财富大缩水,就是新股的超高价上市和投机炒作造成股票泡沫的恶果。

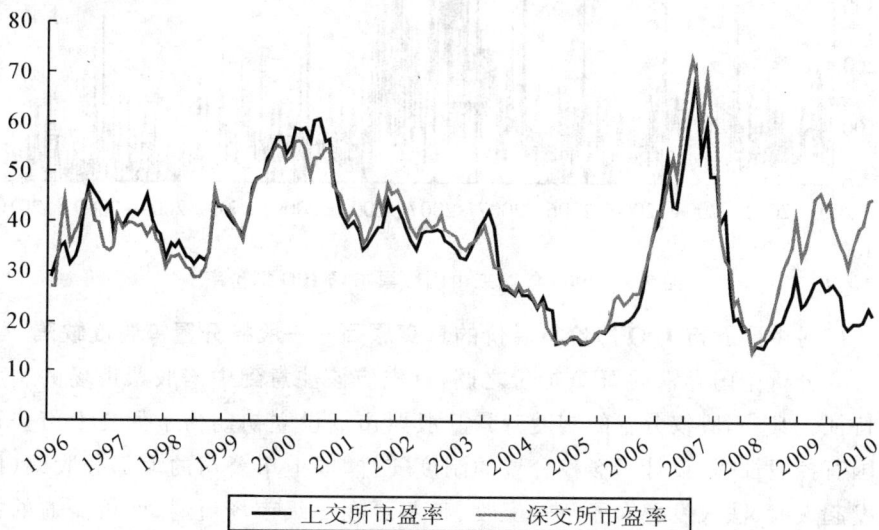

图 7-4 1996—2010 年中国沪深两市市盈率

但同时,中国股市还存在着另一矛盾现象,即新股发行的抑价(underpricing)现象。新股发行抑价是指股票一级市场的发行价低于二级市场上市价的现象。这一现象在世界所有的股票市场几乎都存在,但在抑价的程度上,各国之间的差异性较大。大量相关研究发现发达国家市场的抑价幅度普遍小于新兴市场国家,加拿大、法国市场的 IPO 抑价不到 10%,而在马来西亚市场却高达 80%。但这些与中国市场相比,就显得不那么突出了,在 1995—2003 年期间,中国发行上市的 908 只 A 股股票,其平均抑价率高达 129%(刘煜辉、熊鹏,2005)。Ritter 和 Jay R.(2002)对世界主要国家和地区的新股超额收益水平进行了分析,他们发现,中国股票市场新股超额收益水平高居全球之冠,高达 256.9%。图 7-5 即为 2003 年以来中国股票市场按时间排序的新发行股票 IPO 抑价率,其最高点在 2007 年达到 500%以上,而在 2003 年以前,由于更不规范的市场监管,抑价率超过 1000%的并不少见。

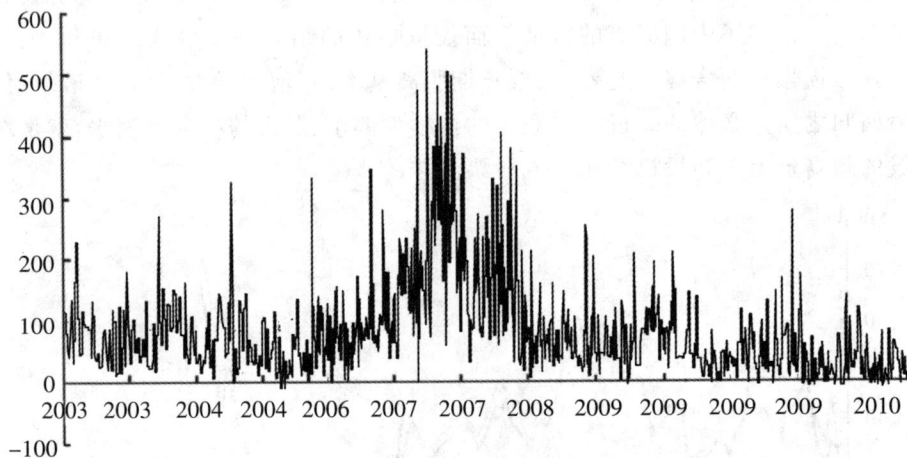

图 7-5　2003 年以来中国股票市场 IPO 抑价率[①]

(二)中国股市 IPO 抑价与溢价的真实原因——股权分置等制度缺陷

要分析中国异常的 IPO 抑价之谜,首先应该注意到中国股票市场的制度性特征。其一,股权分置的制度背景。股票市场设立初期为了保证上市公司的国有控股性质,设计了股权分置的制度安排,即上市公司的大部分股票(国家发起人股、法人发起人股及转配股等)不可在二级市场流通,而可流通的社会公众股仅占全部股本的 1/3 左右。尽管政策制定的初衷已经有了很大的调整,但股权分置的特殊制度却被一直延续下来,迟迟得不到解决。股权分置的

---

① IPO 抑价率=(上市首日收盘价-每股发行价)/每股发行价,也即平均超额收益率。

体制下,由于流通股比例的限制,导致 IPO 的发行数量大多数情况下总是供不应求,引致异常高的 IPO 抑价。

其二,政府严格管制下的 IPO 市场准入和定价机制。中国新股发行制度经历了"额度制""核准制"与"通道制",但 IPO 的定价机制一直受到政府管制,一、二级市场价差巨大。2000 年新股发行市盈率前 10 名股票的平均价差高达 134%,巨大的价差使大量资金聚集在一级市场。而由于高价发行新股,上市公司过度融资的现象日益严重,严重降低了资本市场的资源配置效率。2005 年 1 月 1 日开始实施询价制后,IPO 的抑价问题不降反升。

中国股市上市公司股权分置及政府严格管制的 IPO 过程为解释中国的 IPO 抑价提供了一个独特的视角,其经济学分析如下。

首先,股权分置扭曲了股票市场的正常利益机制(即控股股东通过提高公司经营绩效和资本市场股价升值来实现自身财富的增长)。流通股权的交易价格与控股股东(非流通股)的利益没有直接关系,同时不流通的控制权也不会因敌意收购而转移。前者弱化了控制性股份的正常的资本属性,后者则强化了控制性股份的控制权属性,这两方面都会激励控股股东通过各种方式去侵占流通股股东的利益。此外,股权分置下流通股股东的投资行为也是扭曲。由于流通股股东的分红权和投票权没有可能通过投票控制公司管理层来加以保障,其唯一好处就是可以自由买卖股票,股权投资可靠的盈利模式只能通过股票买卖产生差价。因此,股价只受所谓"概念"的支撑,而与公司的内在价值基本脱节,因为预期的收益没有投票权作为保障。如此一来,二级市场的估值泡沫就为 IPO 高价发行创造了条件。投资者即便意识到 IPO 发行价过高了,但他们预期总可以在二级市场以更高的价格把股票转让给下一个投资者,因此一级市场的高价发行有可能得以持续。

其次,股权分置严重割裂了一、二级市场正常的套利机制。正常制度安排下,股票发行的一级市场与交易的二级市场应该是相通的,具有共同的价值判断,IPO 确定发行价不单是向社会公众融资的股票价格,也同时为二级市场确定了发行企业原始股票的价值。一级市场本身也就成为平抑二级市场股价泡沫、维持市场效率最重要的套利机制之一。异常高的 IPO 回报会吸引二级市场的大量资金进入,同类未上市公司的创始股东也会受到高溢价诱惑而积极寻求上市,已上市公司会伺机以低成本进行再融资,因故二级市场自然不可能支撑高估的价格。这一过程被称为"新股供给的市场化"。但股权分置和政府严格管制的 IPO 准入制度导致中国的一、二级市场事实上是隔断的。

总之,有别于其他国家 IPO 抑价的根本性因素,在中国股票市场,IPO 抑价的根本性因素是股权分置、政府高度管制的政策背景。

(三)IPO 价格异化对中小投资者的掠夺

1. IPO 高溢价发行引发的问题

高溢价的发行直接侵害了社会公众投资者利益的同时,据万国华(1994)分析,高溢价发行也是导致中国股市其他诸多问题的主要原因,譬如投机泡沫、内幕交易、包装上市等。

(1)高溢价的发行使股票市场投机风盛行。目前中国股票市场投机风盛行,除体制、法规不健全,宏观政策调控失当等深层次的间接原因外,最主要的直接原因就是股票的高溢价发行与配售。股市投资与投机的分界线主要有两点:其一,前者的目的在于获取股息与红利,着眼于公司的业绩;后者目的在于获取差价,着眼于价格波动;其二,前者时限较长,且具连续性,后者时限较短,且具有跳跃性或间断性。正常的股市应是投资者占主流,投机者是点缀。新股的"高溢价发行、超高价上市现象"给股市制造了一只只泡沫的新股。由于股票缺乏投资价值,投资者只能是抱着投机捞一把的心态入市,造成股市投机炒作之风盛行,投资理念荡然无存。由于股票长期脱离基本面,泡沫巨大,终归要走价值回归之路。五年来股市的持续大跌,就是新股的超高价上市和投机炒作造成股票泡沫的恶果,是在为过去的疯狂还债(景毅,2008)。

另外,高溢价配股也采用同样助长投机的行为。例如某上市公司股票市价为 2.45 元,而配股价却高达 2.40 元人民币,按理说应无人去购买此配售股,然除权配售期限刚到,配股便销售完毕。随后便出现机构哄抬迹象,"上涨"行情明显。于是每当某"超跌"股票价格突然上涨且幅度较大时,则大多伴随而来的是高比例或高溢价配股。

(2)高溢价不利于企业经营机制的转换。我国推行股份制有两个主要的近期目标,即筹措资金和转换企业经营机制,并以后者为主,两者兼顾。由于高溢价发行使公司毫不费力地获取巨额创业资本利润,并在此基础上使公司净资产大幅度上升,同时也带来每股盈利水平的大幅度上升。例如某公司拟定注册资本 14 万元,但该公司决定溢价 5 元发行,实收资本为 5 000 万元人民币,则公司收到资本后把它全部存入银行,假设银行存款利率为 6%,则任何事不干就可获 0.30 元/股的盈利(5×6%)。果真是这样,则掩盖了某些公司经营不善与劣迹,甚至掩盖了它们一些胆大妄为的不法行为。

与此同时,某些上市公司通过高溢价配股第二次圈钱做高风险投资,甚至搞非法拆借,有的则在建设非经营性设施、购置办公设备方面盲目攀比,浪费严重,有的则在经营性建设项目方面滥铺摊子,盲目投资,而缺乏科学的公司经营战略及必要的可行性分析研究。凡此种种,股份公司需要大量的钱,向银行借有困难,向股东平价要有风险,年终分红时没法交代,唯一的一条渠道就是走高溢发行与配售之路。

实际上,自1992年以来一段时期,各类股份公司或准公司到处游说,争发行额度,争上市,各地政府也为其大开绿灯,结果使许多股份公司穿新鞋走老路,甚至走邪路;为了获取股东尤其中小投资者的钱,发行股份及年度分红时,不及时规范地披露重大信息,或故意遗漏重大信息。

(3)高溢价的圈钱行为降低了上市公司的平均质量。新股的高溢价发行,造就了每一家能够发行上市的公司一夜之间成了暴富的代名词。形成了千军万马竞相想过上市这座独木桥,争抢着上市这块肥肉的景观。由于诱饵是如此之大,迫使一些公司铤而走险、孤注一掷,联手中介机构虚假包装上市。由于新股发行受到严格控制,不管是好公司还是坏公司,都必须对各级审批官员进行"公关",大肆行贿、腐败寻租行为普遍盛行。新股发行环节腐败之程度令人触目惊心。在这种情况下,一些根本就没有资格上市的公司混上了上市这班车,而一些符合上市条件的优质公司并不一定能够发行新股。可想而知,那些依靠虚假包装上市的公司一旦上市,给投资者带来的将不是良好的回报,而是垃圾。

2.IPO高抑价发行的弊端

新股发行过高的抑价现象也折射出我国股票市场运行中存在的矛盾与问题。第一,一级市场投机气氛严重,大量资金涌入进行"打新套利"。第二,现行的新股发行制度仍不完善,新股定价的价格发现功能尚未完全发挥。在现有的累计投标询价发行制度下,机构投资者担负着价格发现的职能,但在机构询价过程中存在许多不规范的行为,从而在一定程度上抑制了询价机制的价格发现功能。第三,IPO的信息甄别机制尚未充分发挥,新股发行定价效率有待进一步提高。根据信号传递博弈,新股中签率可以作为新股内在质量的信号,并将有关IPO股票质地的相关信息传递到市场上。但在我国目前全流通的市场背景下的新股发行中,IPO的信息甄别机制存在明显的缺失,新股的中签率在很大程度上并不是新股内在质量的信号,而是市场供求关系的一种反映。

从现实来看,高发行价和高首日超额收益同时出现的双高现象在放开市盈率管制期间更是频繁发生。甚至,询价制这种市场化的发行方式也没有显著降低我国 IPO 市场的首日超额收益。IPO 高溢价发行催生了股市的价格泡沫,高抑价现象的存在又进一步把价格泡沫推向更严重的程度,刺激中小投资者非理性的投机欲望并大量鲸吸他们的资金。一旦价格泡沫无以为继,二级市场上股价走低,则造成中小投资者的资金在股市迅速蒸发。

三、股权分置改革使非流通股股东的租金彻底变现

中国股市股权分置的特殊政策安排引起的直接结果是上市公司"同股不同权""同股不同价",并由此形成上市公司"一股独大"的高度集中的股权结构,在 2005 年股改之前,上市公司非流通股股份平均约占总股份的 66%,其中第一大股东的平均持股比例达到 43%,前三大股东平均持股比例为 55%。这一典型的非流通大股东控制的局面造成对流通股股东利益的直接侵吞,并在客观上造成流通股相对稀缺、破坏股市供需关系,引起 IPO 高溢价、高抑价发行等一系列问题。同时,非流通股股东关心公司的净资产,而流通股股东更关心股价的波动,两者缺乏共同的利益基础,导致控股股东非理性的利益侵占行为。股权分置改革前我国上市公司大股东的利益关注点在于资产净值的增减而非二级市场上的股价波动,其主要通过高溢价融资"圈钱"、非公允关联交易、非法占用公司资金等方式侵害中小股东利益。股权分置条件下二级市场融资的成本和风险实际上都由流通股股东承担。《关于上市公司股权分置改革的指导意见》第 2 条明确指出"股权分置扭曲资本市场定价机制,制约资源配置功能的有效发挥;公司股价难以对大股东、管理层形成市场化的激励和约束,公司治理缺乏共同的利益基础;资本流动存在非流通股协议转让和流通股竞价交易两种价格,资本运营缺乏市场化操作基础",便是对股权分置弊端的高度总结。

2005 年 4 月 29 日中国证监会发布《关于上市公司股权分置改革试点有关问题的通知》,标志着股权分置改革试点正式启动,截至目前沪、深两市大部分上市公司均已完成股改程序,中国的证券市场终于迎来了"全流通"时代。但股权分置改革是否能够改善原流通股股东的状况、保护其权益,是颇受业界

学者关注的问题。许年行(2009)认为,(1)在股权分置改革中政府的干预和政策限制可能在一定程度上损害了流通股股东的利益;(2)此次股改中,股改公司所确定对价支付比例并非是一种完全理性的经济决策行为,而是存在明显的"锚定和调整"行为偏差;(3)资产误定价会影响股改中对价支付方式的选择和附加承诺的使用。

股改实质上是非流通股东向流通股股东支付对价以换取流通权。非流通股可流通,可以降低非流通股股东转让股票的交易成本,但将使流通股股东面临更多的竞争者,使其交易成本提高。同时,提高流通股比例也将导致流通股价值的降低,所以只有适当确定股改对价的水平,才能对原流通股股东的权益进行保护。

但是,唐国正等人(2005)的研究结论认为,证监会颁布的《关于上市公司股权分置改革试点有关问题的通知》并没有支持公众投资者的历史诉求,几乎没有保护他们免受改革带来的流通股供给冲击的权益、免受改革在公司层面产生的潜在不利影响以及通过谈判与非流通股股东分享改革产生的利益。

不妨从股权分置改革的对价设计入手进行考察。设 α_i^L 和 α_i^N 分别表示公司股权分置改革之前的流通股比例和非流通股比例, $\alpha_i^L + \alpha_i^N = 1$。用 P_i^L 与 P_i^R 分别表示市场股权分置改革之后流通股价值与受限股票[①]价值,用 $\theta_i \in (0,1)$ 表示二者之比,即 $\theta_i = P_i^R / P_i^L$,故得 $P_i^R = \theta_i P_i^L$。用 P_i^N 表示市场股权分置改革以后的非流通股价值,则因为受限股票价值高于非流通股价值,有 $\theta_i P_i^L > P_i^N$。

综上可得,实施股权分置改革的上市公司增加的股权价值总量为:
$$\Delta E_i = [\alpha_i^L(1+\gamma_i)P_i^L - \alpha_i^L P_i^L] + [(\alpha_i^N - \alpha_i^L\gamma_i)\theta_i P_i^L - \alpha_i^N P_i^N]$$

ΔE_i 是两类股东从改革中获得的利益之和,其中 $[\alpha_i^L(1+\gamma_i)P_i^L - \alpha_i^L P_i^L]$ 为对价给流通股股东带来的利益, $[(\alpha_i^N - \alpha_i^L\gamma_i)\theta_i P_i^L - \alpha_i^N P_i^N]$ 为改革给非流通股股东带来的利益, γ_i 为股改中非流通股股东向流通股股东支付的对价因子,在单个公司的层面上,改革的实质就是两类股东通过协商制定出合适的对价因子 γ_i。

对非流通股股东来说,改革的底线是不能降低其股东价值,即:
$$(\alpha_i^N - \alpha_i^L\gamma_i)\theta_i P_i^L - \alpha_i^N P_i^N \geqslant 0$$

所以,单个公司的最大对价因子为

---

①　受限股票是指由上市公司发行但在规定时间内(通常为 2～3 年)只能通过协议进行转让,不能在公开市场出售的股票。

$$\gamma^{\max} = \frac{\alpha_i^N (\theta_i P_i^L - P_i^N)}{\alpha_i^L \theta_i P_i^L} = \frac{\alpha_i^N}{\alpha_i^L} \left(1 - \frac{1}{\theta_i} \cdot \frac{P_i^N}{P_i^L}\right) = \frac{\alpha_i^N}{\alpha_i^L} \left(1 - \frac{P_i^N}{P_i^R}\right)$$

也即,单个上市公司最大对价因子由非流通股价值与受限股票价值的比例 P_i^N / P_i^R 与非流通股比例 α_i^L 两个因素决定。由于前一个因素主要受市场条件决定,所以,最大对价因子主要由非流通股比例 α_i^L 决定。在公司内部,改革就是在区间 $(0, \gamma_i^{\max})$ 中选择两类股东都能接受的对价因子 γ_i。

依据利益均分原则,股改所选择的对价因子必须保证流通股股东和非流通股股东从对价中可以获取均等的利益。如果用 γ^{fair} 表示可以让双方从股权分置改革中获取均等利益的对价水平,称其为均分对价因子,则 γ^{fair} 意味着在此对价水平上每一股股票从股改中获得的利益与股份类型无关,因此有:

$$\frac{\alpha_i^L (1 + \gamma_i^{fair}) P_i^L - \alpha_i^L P_i^L}{(\alpha_i^N - \alpha_i^L \gamma_i^{fair}) \theta_i P_i^L - \alpha_i^N P_i^N} = \frac{\alpha_i^L}{\alpha_i^N}$$

$$\gamma_i^{fair} = \frac{\alpha_i^N \theta_i}{\alpha_i^N + \alpha_i^L \theta_i} \left(1 - \frac{1}{\theta_i} \cdot \frac{P_i^N}{P_i^L}\right) = \frac{\alpha_i^N \theta_i}{\alpha_i^N + \alpha_i^L \theta_i} \left(1 - \frac{P_i^N}{P_i^R}\right)$$

也即,单个上市公司的均分对价因子由非流通股价值与流通股价值的比例 P_i^N / P_i^L、受限股价值与流通股价值的比例 $\theta_i = P_i^R / P_i^L$ 以及流通股比例 α_i^L 三个因素决定。由于前两个因素主要由一般市场条件决定,所以,与最大对价因子一样,均分对价因子主要由非流通股比例 α_i^L 决定。

在当前股票市场处于低谷的情况下,非流通股的价值与受限股票的价值比较接近,因此最大对价因子和均分对价因子都比较小。这无疑缩小了流通股股东谈判的空间,对流通股股东不利,而对非流通股股东有利。

由于学术界和实务界常常把每股净资产价值作为非流通股价值的估计,因此可以用下面的公式来估计最大对价因子与均分对价因子。

$$\gamma_i^{\max} = \frac{\alpha_i^N}{\alpha_i^L} \left(1 - \frac{1}{\theta_i} \cdot \frac{1}{P_i^L \sqrt{NA_i}}\right) = \frac{\alpha_i^N}{\alpha_i^L}$$

$$\gamma_i^{fair} = \frac{\alpha_i^N \theta_i}{\alpha_i^N + \alpha_i^L \theta_i} \left(1 - \frac{1}{\theta_i} \cdot \frac{1}{P_i^L \sqrt{NA_i}}\right)$$

其中,NA_i 是每股净资产账面价值,$P_i^L \sqrt{NA_i}$ 为市净率。

但研究发现(唐国正等,2005),股改公司非流通股支付的实际对价因子均偏离于均分对价因子。因此有理由认为,股权分置改革时支付的过低对价,是非流通股股东对流通股股东最后的利益掠夺,使得由于最初的股权分置政策的设计而被抽取出来但潜存着的来自于流通股股东的租金至此被完全变现而释放出来。

四、再融资监管的缺陷催生股市过度圈钱

股权再融资主要包括增发和配股。Myers 和 Majluf(1984)通过对西方国家公司融资特征和资本结构特点的研究，提出了融资顺序理论，他们发现，由于经理层的逆向选择行为，公司融资存在一种优先顺序，即公司在拥有内部自有资金的情况下，往往首先利用内部自有资金为其投资项目融资，然后考虑信息成本较低的债务融资，最后才会选择股权融资。Shyam、Myers(1999)以美国 157 家公司为研究样本检验公司的融资顺序，其实证结果与 Myers 等提出的顺序融资理论相吻合。西方成熟市场的上市公司融资的顺序特征与其股权结构有关，根本原因在于股权融资的成本较高，因此股权融资在各种融资方式中处于最后被考虑的地位。在美国证券监管机构有关再融资的规定中提到：美国上市公司挂牌交易后，要等 18 年后才有资格进行再融资一次，并且，只有投资者持有该公司股票的投资回报大于其投入的资金，才有资格进行再融资。

表 7-7　2001—2009 年上海深圳两市 A 股筹资情况

	单位	2001	2002	2003	2004	2005	2006	2007	2008	2009
上交所筹资数	百万元人民币	94086	61431	53493	48332	29977	171443	660861	222145	325797
上交所首发数		51766	51696	44344	23724	2855	118022	437993	73354	125126
上交所增发数		13774	6635	7367	17707	26980	52987	218481	134592	192888
上交所配股数		28546	3100	3029	6901	142	432	4386	14199	5933
深交所筹资数		20908	14060	7116	13242	2909	47051	117152	123010	173418
深交所首发数		3884	1718	0	9108	2909	16056	42994	30084	62773
深交所增发数		2506	9988	3668	2403	0	30996	55776	91969	105982
深交所配股数		14518	2355	3448	1732	120	0	18383	957	4664
两市首发合计	亿元人民币	556	534	443	328	58	1341	4810	1034	1879
两市再融资合计		593	221	175	287	272	844	2970	2417	3095
两市筹资合计		1150	755	619	616	330	2185	7780	3452	4974
两市市价总值	百亿元人民币	422	375	415	363	318	881	3246	1206	2421
GDP		1090	1205	1366	1608	1871	2222	2658	3149	3450

　　而中国股市的上市公司却有显著的股权融资偏好。表 7-7 展现了沪深两市 2001—2009 年九年间首发与再融资的规模,其中再融资的规模多次超过首发的规模,逐年提高的趋势明显,近三年来再融资规模尤为庞大,2009 年一年间再融资已达 3 095 亿元。以中国平安为例,它刚刚在 2007 年 3 月份才完成 A 股首次公开募股,在上市不到一年,在它尚未给投资者带来实质性回报的情况下,就匆忙推出高达 1 600 亿元的再融资计划,相当于其 IPO 融资规模(400 亿元)的四倍。再看浦发银行上市与屡次增发的规模(表 7-8),10 年内共四次融资,规模一次超过一次,胃口一次大过一次,可以如此频繁而大规模的圈钱,中国股市再融资监管的缺陷可见一斑。图 7-6 直观体现了不论股市总值随着行情如何起伏,中国股市的增发配股的趋势都在强硬上升。传统的融资顺序理论对于中国上市公司不能成立,传统的股权融资偏好理论也不能解释中国上市公司股权融资偏好的现象。

表 7-8　浦发银行融资情况表

	1999 年 11 月 10 日	2002 年 12 月 28 日	2006 年 11 月 16 日	2009 年 9 月 28 日
事件	首发	增发	增发	增发
融资额	40 亿元	25.35 亿元	60 亿元	150 亿元

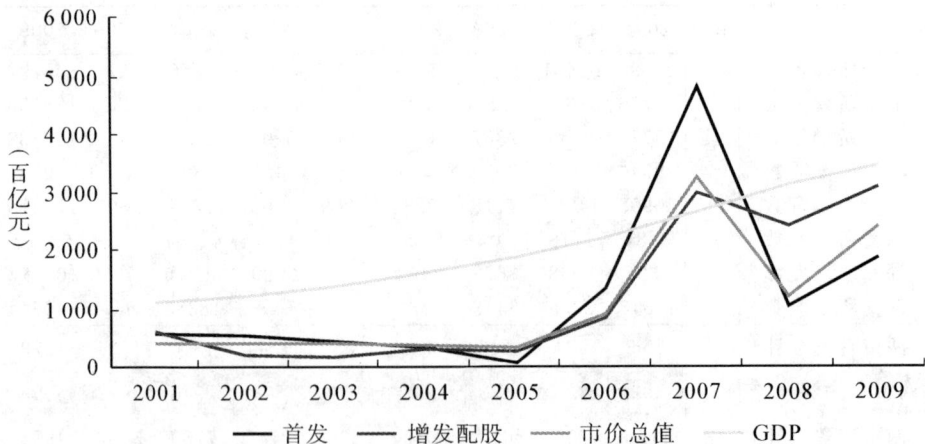

图 7-6　2001—2009 年上海深圳两市 A 股筹资情况

　　中国上市公司的股权再融资偏好,主要的原因在于再融资门槛过低。目前中国股市配股的业绩要求为:三年内净资产收益率平均不低于 6%,扣除非经常性损益后的净利润与扣除前的净利润相比,以低者作为加权平均净资产收益率的计算依据;设立不满三个会计年度的,按设立后的会计年度计算。增发的业绩要求为:最近三个会计年度加权平均净资产收益率平均不低于10%,且最近一个会计年度加权平均净资产收益率不低于10%。扣除非经常性损益后的净利润与扣除前的净利润相比,以低者作为加权平均净资产收益率的计算依据;发行前最近一年及一期财务报表中的资产负债率不低于同行业上市公司的平均水平。增发的数量限制为:增发新股募集资金量不超过公司上年度末经审计的净资产值。这些规定引致相当数量的上市公司进行恶性融资,提供虚假财务报表获取再融资资格,其中银广夏就是一个典型。除了再融资门槛过低之外,利益驱使、监督制约不力、市场约束机制弱化、市场信息不对称、法制不健全等也是造成恶性再融资的重要原因。

过度再融资无疑将导致中小股东财产性收入的大幅度缩水。根据朱云(2007)的研究结果,过度再融资的直接后果就是圈钱效应以及由之而产生的市场业绩和会计经营业绩等的下降。过度再融资的圈钱行为使股市资金大幅流失,造成股市的恐慌性震荡下行,股指大跌,市价总值大规模蒸发,并由此导致中小股东财产性收入的大幅缩水。

过度再融资还会掩盖大股东对上市公司的掏空行为(Tunneling,亦译为隧道效应)。在新兴市场中,存在着一类特殊的代理人问题,即大股东通过各种安排攫取本属于小股东的财富,这种行为被 Jonhson、La Porta、Lopez de Silanes 和 Shleifer(2000)形象地称为隧道行为。再融资成功后擅自改变资金用途,上市公司将大笔募集资金进行委托理财以获取短期利益的现象愈演愈烈,大量由再融资获得的资金通过直接或间接的方式回流到一级和二级市场去追逐利润,有的上市公司与券商或者其他机构联手,利用资金和信息优势进行投资、操纵股价,甚至自我炒作。此外,大股东无偿占用募集的资金、利用关联交易转移资产、抽逃资金、通过配股或增发稀释股权掠夺中小股东、利用资产重组掏空上市公司。由于大股东有动机也有能力侵占中小股东的利益,上市公司大股东就会不遗余力进行再融资,以填补由于掏空行为产生的资金缺口,并由中小股东为之买单。

过度再融资如果任之发展而不采取严厉的监管措施,最终将会压垮证券市场。由于我国证券市场建立之初的目标定位就是为国有企业的改革服务,在这种政策导向激励下,一些经营困难的国有企业借助证券市场的融资机制滥发股票，但不考虑给投资者以回报。根据 Wind 2008 年 5 月的统计，2007 年有 890 家公司实施分红方案，占 57.49％，而 2006 年这一比例为 52.14％。在 607 家未分红的公司中，连续 5 年以上未分红的公司就有 312 家，占未分红公司总数的一半。于是，参与其中的公众投资者不可能进行长期投资，只能通过二级市场的买卖获取差价收入，造成投机盛行，股市被冠以"赌场"的恶名。这种一味圈钱而不给回报的做法，使大量中小投资者的财产因此而遭受重大损失，导致证券市场萎靡不振，最终将导致证券市场的崩溃。

第三节 利率管制、投资者行为与股市财富效应 ●●➡

前一节从上市公司的角度讨论了利率管制与股市收益率低、投机性强、上市公司质量低等问题之间的关系，分析表明前者是后者的一个重要原因。但还有一个问题必须引起重视，即在金融约束、利率管制背景下，既然股市不存在正的财富效应，股市回报率低，那么投资者为什么还会投资股票，甚至趋之若鹜？本节从行为金融学期望理论的角度展开分析，认为金融约束政策的核心手段——低利率政策通过影响投资者行为、影响股市收益率进而影响股市的财富效应，并实证检验了这两个命题。

一、期望理论和投资者风险态度

Tversky 和 Daniel Kahneman(1979)通过大量心理观察和实验对比研究，提出了行为金融学中得到广泛应用的期望理论(Prospect Theory)。该理论直接挑战了经典金融理论个体行为偏好理性的假说，指出人们在面对不确定性进行决策时，由于受个人心理因素及社会因素的影响，其投资行为并非完美理性，风险态度和行为模式经常会偏离经典金融理论的最优模式，而呈现出多样性和可变性。主要观点如下：(1)损失和收益取决于决策参考点(Reference Point)。期望理论认为，人们在评价一个事物或做出一个选择时，总会有意无意地将其与一定的参照物做比较，当对比的参照物不同时，即使相同的事物也会得出不同的主观评价结果。在投资的风险决策中,投资者以决策参考点来判断投资收益与损失。(2)人们对损失的厌恶程度大于对收益的愉悦程度。即损失对人们的心理影响要大于收益,损失一笔钱所引起的烦恼要大于获得同样数目的一笔收入带来的欢乐。(3)人们在关注收益和损失时,对收益是风险厌恶的,即在确定性收益与非确定性收益中偏好前者这被称为"确定性效应"。但对损失却是风险寻求,即在确定性损失和非确定性损失中偏向后者。(4)人们是模糊厌恶的,即人们倾向于对极低概率赋予 0 的权重,把极为不可能的事情看成是不可能;对极高概率赋予 1 的权重,把极为可能的事情看成是绝对的。

在此基础上,Tversky 和 Kahneman(1979)提出了不确定情形下"效用"评价函数——价值函数。假设有一个未定权益$(x,p;y,q)$,即"出现结果 x 的概率为 p,出现结果 y 的概率为 q;其中 x 和 y 表示亏损(Losses)和收益(Gains)数量,$p+q=1$"。则人们用下面的函数对该未定权益进行"效用"评价:

$$\pi(p)u(x)+\pi(1-p)v(y)$$

其中,π 为决策权重函数(Decision Weight Function),$\pi'(p)>0$。$u(r)$,$v(r)$为投资者的价值函数 $h(r)$:

$$h(r)=\begin{cases} u(r)<0,u'(r)>0,且\ u''(r)>0 & 如果\quad r<0 \\ v(r)<0,v'(r)>0,且\ v''(r)<0 & 如果\quad r>0 \end{cases} \tag{7.9}$$

二、投资者行为均衡

长期以来,我国推行金融约束政策,对利率实行高度管制,利率(r)被控制在均衡水平 r^* 之下。如果把均衡利率 r^* 视为投资者的决策参考点,那么根据期望理论,投资债券(或储蓄存款)显然是亏损的,而且这种亏损是确定性的,因此投资债券给投资者带来的效用为负。另外,尽管从整体上看,股票投资也是亏损的,但股价的波动使得股票投资损失具有不确定性。根据期望理论,人们对损失是风险偏好的,在确定性损失和非确定性损失中偏向后者。具体而言,既然投资债券是确定性亏损,而投资股票是非确定性损失,那么当二者的期望效用相等时,人们会偏向于选择投资股票。

假设股票投资收益在$\{r_e-\mu,r_e+\tau\}$之间波动,即收益上限为 $r_e+\tau$,收益

下限为 $r_e-\mu$，且 $r_e-\mu<r_b$，$r_e+\tau>r_b$，波动幅度为 $\tau+\mu$，其中 r_e 是股市平均收益率，r_b 是债券投资收益率（也就是利率）。为方便起见，假设投资者对股市收益率估计采用二分法，即预期收益率为 $r_e+\tau$ 的概率为 p；收益率 $r_e-\mu$ 的概率为 $1-p$。投资者（拥有的初始资本相同）人数为 1，且在股票收益率估计上符合均匀分布。根据期望理论的第一个观点，设债券收益（亏损）$\delta=r_b-R<0$，其中 R 为参考决策点。如果 R 取市场均衡利率，那么利率扭曲[①]程度为 $R-r_b=-\delta$，也就是 δ 越小表示利率扭曲越大。根据价值函数式（7.9），投资者投资债券的效用为：

$$H^b=u(\delta)<0 \qquad u'(\delta)>0$$

投资股票的效用为

$$H^e=\pi(p)v(r_e+\tau-R)+\pi(1-p)u(r_e-\mu-R)$$

当满足式（7.10）时，投资者投资债券和股票的效用无差异：$u(\delta)=\pi(p)v(r_e+\tau-R)+\pi(1-p)u(r_e-\mu-R)$ （7.10）

令，$L(p)=\pi(p)v(r_e+\tau-R)+\pi(1-p)u(r_e-\mu-R)-u(\delta)$

$$\lim_{p\to 0}L(p)=u(r_e-\mu-R)-u(\delta)<0$$

$$\lim_{p\to 1}L(p)=v(r_e-\tau-R)-u(\delta)>0$$

且，$L'(p)=\pi'(p)v(r_e+\tau-R)-\pi'(1-p)u(r_e-\mu-R)>0$

式（7.10）意味着 $L(p)$ 在区间 $[0,1]$ 是 p 的单调递增函数。根据罗尔（Roll）定理，方程（7.10）在 $[0,1]$ 有唯一内点解 $p^*=p(r_e,\delta,\tau,\mu)$，此 p^* 为临界概率，意味着当投资者预计股票收益 $r_e+\tau$ 的概率为 p^*，以 $1-p^*$ 概率预计收益（亏损）$r_e-\mu$ 时，投资股票和债券的期望效用无差异。很显然，预计股票收益 $r_e+\tau$ 的概率 $p>p^*$ 的那部分投资者投资股票给其带来的期望效用大于投资债券的效应，他们将选择投资股票。由于假设投资者在股票收益率估计上符合均匀分布，且每个投资者拥有的初始资本相同，因此从整体上看，投入股市的资本比例为 $1-p^*$，而投入债市的比例为 p^*。

将 $p^*=p(r_e,\delta,\tau,\mu)$ 代入式（7.10）可知，

$$u(\delta)=\pi[p^*(r_e,\delta,\tau,\mu)]v(r_e+\tau-R)+\pi[1-p^*(r_e,\delta,\tau,\mu)]u(r_e-\mu-R)$$

（7.11）

[①]　利率扭曲包括过高和过低两种情况，本书实际上专指后一种情况。

保持 r_e, τ, μ 不变,式(7.11)对 δ 求导可得

$$u'(\delta) = \pi'(p^*) \frac{\partial p^*}{\partial \delta} v(r_e + \tau - R) - \pi'(1 - p^*) \cdot \frac{\partial p^*}{\partial \delta} \cdot u(r_e - \mu - R)$$

也即,$\dfrac{\partial p^*}{\partial \delta} = \dfrac{u'(\delta)}{\pi'(p^*)v(r_e + \tau - R) - \pi'(1-p)u(r_e - \mu - R)} > 0$

式(7.11)表明,p^* 是 δ 的递增函数,这意味着随着债务利率扭曲程度 $-\delta$ 的增加,投入债市的资本的数量 p^* 减少,而投入股市的资本数量 $1-p^*$ 增加。由此可见,利率管制所导致的低利率,同样是投资者投资股市的重要原因,即便股市回报率很低而且上述分析亦表明,投资者投资股市的目的就是获取差价,因而投机性强是利率管制背景下股市的应有特征。

三、实证分析

本部分应用 2003—2007 年沪市和深市数据对前文理论分析所得到的结论进行实证检验。主要检验两个命题[①]:

(1)利率管制是否是导致中国股市收益率低下的原因之一?

(2)利率管制与股市投机之间是否存在因果关系?

(一)样本、变量、数据说明

1. 样本选择

本书选择 2003M01—2007M12 沪深两市作为分析对象。之所以选择这个样本区间主要基于以下几方面考虑:第一,包含了一个相对完整的股指涨跌过程。上证指数从 2003M01 起基本上一路走低,直至 2006 年下半年,蛰伏近两年半的股市开始回暖,并在 2007 年上半年出现了不可思议的飙升,且呈现加速上升趋势,此后自 2007 年 10 月始,股指急转直下。第二,数据收集的限制。本书用以描述利率管制程度的关键变量之一民间借贷利率,在 2003 年之前无完整的月度序列数据,故只能选择从 2003M01 起始的样本。第三,关于 2003 年以前沪深股市投机泡沫的研究已有大量的文献,而 2003 年以后的研究相对较少。

---

① 由于上市公司的质量在股市上最终仍然表现为股市收益率和股市的投机性,所以本书仅实证检验利率管制与股市收益率、股市投机性之间的关系。

2.变量选择

(1)股市收益率(R)。本书分别选择沪市以流通市值加权平均的月回报率(shR1)和以总市值加权平均的月回报率(shR2)作为沪市收益率的代理变量。类似地深市收益率包括以流通市值加权平均的月回报率(szR1)和以总市值加权平均的月回报率(szR2)两个代理变量。[①]

(2)投机测度指标。证券市场的噪声交易是保持证券市场流动性的必要条件之一,反过来市场流动性必然是部分由于噪声交易造成的(Fischer Black,1986),所以证券市场的流动性指标——换手率(TOR)就可以作为衡量市场噪声交易程度的首要指标(杨胜刚,2002)。从现有文献来看,亦大部分选择换手率作为投机的度量指标(如邱崇明,张兰,2009)。

(3)利率管制程度的度量指标。从理论上看,反映利率管制程度的完美指标是市场均衡利率与实际利率之比或之差。但显而易见,市场均衡利率数据无法获取,故本书以民间借贷利率代替市场均衡利率,并定义如下利率管制程度(INT):

$$INT = \frac{民间借贷利率}{一年期银行储蓄存款利率}$$

这样处理的理由在于:第一,由于不受货币当局管制,与正规金融相比,民间利率的市场化程度很高;第二,民间利率和正规金融利率的利差不断缩小,张亦春等(2009)认为,主要原因是利率改革,通过利率市场化改革,正规金融得以通过利率上涨,对中小企业贷款收取风险溢价,这使得中小企业可获得贷款增加,从而降低了其在非正规金融市场的贷款需求,供求关系的变化进一步引致利率的收敛;第三,据阿耶加里等(2007)调查数据,中部和西北部地区50%以上的企业融资通过非正规金融;即使东部经济发达地区,亦有37%的企业融资通过非正规金融,可见非正规金融的范围之广、数量之大,因此其利率亦有一定代表性;第四,本书实证分析度量的是利率管制程度的变化趋势而不是绝对值。

再者,本书选择温州民间借贷利率来代表民间借贷利率。第一,温州民间借贷利率是由官方(人行温州中心支行)进行监测调查的结果,且从2003年1月起有完整的月度序列;第二,温州商人经商范围遍及全国,在各地从事借贷

---

① 本书通过在变量前加前缀区分沪市和深市。前缀 sh 表示沪市;sz 表示深市。

活动,因而较能代表全国民间利率水平。

(4)股市基本面的度量。股价的变化一方面反映投机,另一方面亦体现了基本面的变化。根据崔畅等(2006)协整分析结果,国民生产总值(GDP)与股指之间存在长期协整关系,因此本书以 GDP 作为股市基础价值的解释变量。在具体选择指标方面,由于没有 GDP 月度序列,本书选择以工业增加值增加速度(GDPG)作为股市基本面的解释变量。

3.数据来源及其处理

沪市、深市的市场回报率月度序列来自于 CSMAR;温州民间借贷利率月度序列来自于姚耀军(2007);工业增加值月度序列自于凤凰财经网站 http://app. finance. ifeng. com/data(其中 2006 年、2007 年 1 月数据缺失,采用插值法补齐);其余数据均来自于 CEIC 数据库。

月度序列采用 X11 进行季节调整,并且通过 ADF 和 PP 平稳性检验。

(二)利率管制对股市收益率影响的实证检验

前文分析表明,利率管制是导致我国股市收益率低的原因之一。本部分应用 2003—2007 年时序数据对此命题进行实证检验。设定如下实证方程:

$$R=\beta_1+\beta_2 INT+\beta_3 GDPG+\beta_4 R(-1)$$

其中 R 表示股市收益率,分别以 shR1、shR2、szR1 和 szR2 作为代理变量;INT 代表利率管制程度,本书以温州民间借贷利率除以一年期储蓄存款利率作为代理变量;$GDPG$ 表示工业增加值的增加速度,用以反映股市基本面的影响。根据上文分析和现有文献,我们可以预期 INT 系数小于 0,$GDPG$ 的系数大于 0。应用 2003M01 至 2007M12 的中国时序数据实证结果列于表 7-9。

表 7-9　沪深两市收益率方程参数估计(2003—2007 年)

	shR1	shR2	szR1	szR2
C	0.157636*** (2.6001)	0.153805*** (2.6970)	0.170785*** (2.6225)	0.171426*** (2.6472)
INTD(−1)	−0.025352*** (−2.3823)	−0.024545*** (−2.4527)	−0.027377*** (−2.3875)	−0.027341*** (−2.3973)
GDPG(−1)	0.068477 (0.6104)	0.060482 (0.5790)	0.015437 (0.1274)	0.003440 (0.0285)

续表

	shR1	shR2	szR1	szR2
滞后(-1)因变量	0.206780* (1.4856)	0.158371 (1.1554)	0.189627* (1.3556)	0.183820 (1.3132)
Adjusted-R²	0.197135	0.180051	0.183594	0.179808
Obs×R²	1.2222	1.8933	1.2907	2.0311

注：由于解释变量含有因变量的滞后项，D-W检验自相关失效，所以采用LM Test。检验结果表明不存在自相关。下文同此，除非有特别说明。

表7-9结果显示，无论是沪市，还是深市月度收益率回归方程中，表示利率扭曲程度的变量 INT 系数为负，且在1％水平上高度显著。利率扭曲程度每增加一个百分点，沪市月度收益率大约降低0.025个百分点，深市降低约0.027个百分点。这一结果支持本书理论预期，即利率管制是导致我国股市收益率降低的一个显著原因；而且无论收益率采用总市值加权，还是流通市值加权计算，INT 系数符号和显著度均没有明显改变，其大小变化也不大，这说明此结论具有稳健性。值得说明的是，$GDPG$ 具有理论预期的符号，但是不显著，这说明股市收益率没有体现出基本面的变化，一定程度上为证明中国股市具有政策市和投机性强的特征提供了佐证。

(三)利率管制对股市投机影响的实证检验

上文分析亦表明，利率管制是导致股市投机性过强的原因之一，因为在利率管制背景下，投资者投资股市的主要目的是获取价差收益，其操作策略以短线投机为主。本部分对此命题进行实证检验。设立如下投机回归方程

$$TOR = \beta_1 + \beta_2 INT + \beta_3 GDPG + \beta_4 TPR(-1)$$

其中 TOR 表示换手率，用以反映股市投机成分的高低。根据上文理论预期 INT 的系数为正。

沪深两市换手率的实证结果见表7-10，结果显示，无论深市还是沪市我们重点关注的解释变量 INT 系数符号为正，且在15％水平上显著，因此实证结果支持理论命题，即利率管制是导致股市投机性的一个显著因素。另一个解释变量 $GDPG$ 的符号为正，但不显著，这或许是因为基本面的改善导致股市流动性增强，因此一定程度上说明两市具有优化资源配置的作用。还需值得指出的是，滞后一期的 TOR 具有很大的系数且高度显著，这说明股市的投机具有自我强化和历史继承等特性。

表 7-10 沪深两市换手率方程参数估计(2003—2007 年)

	Sh-TOR	Sz-TOR
INTD(−1)	0.009800* (1.8390)	0.010557* (1.8978)
GDPG(−1)	0.031348 (0.1621)	0.023247 (0.1136)
TOR(−1)	0.846113*** (12.3099)	0.844815*** (12.3038)
Adjusted-R^2	0.605701	0.610366
Obs×R^2	1.4227	1.8421

四、评述性结论

本节主要分析了扩张性货币政策刺激消费的主要渠道——股市财富效应及其与利率管制之间的关系。首先简要分析了导致我国股市财富效应微弱主要原因在于:(1)股市收益率低;(2)股市波动大,投机性强;(3)上市公司质量低。

进一步的理论分析表明,造成中国股市这些现象的制度因素之一在于利率管制。(1)低利率无法对企业进行筛选,降低了市场准入门槛;(2)利率管制扭曲了资源配置,降低了资本产出比率;(3)利率管制导致高溢价发行和配股,并由此决定投资者的交易策略以投机为主、上市公司的质量降低等。应用行为金融理论框架对投资者行为的分析表明,在利率管制背景下,部分投资者投资股市的效用大于债券投资,因而即便股市收益率低,仍有资本投入股市。因此,对上市公司和投资者行为两方面的分析均表明,利率管制是导致中国股市收益率低、波动大、投机性强、上市公司质量低的重要因素,因而也是中国股市财富效应微弱的重要原因之一。

应用 2003—2007 年沪市和深市数据实证分析的结果支持利率管制是导致中国股市收益率低、波动大、投机性强的重要因素。

当前,在全球金融危机导致外部需求萎缩,继而导致我国经济增长下滑的背景下,扩内需,尤其是扩大居民消费,已成为我国当前宏观政策实现"保增长"任务的主要举措。导致消费不足深层次的根源是宏观收入分配的失衡(中国社会科学院工业经济研究所,2007;吴敬琏,2005;陈宗胜,2005),即政府和企业收入占 GDP 的比重过高且不断上升,居民收入增长率长期低于 GDP 增长率且居民收入占 GDP 的比重不断下降。造成上述现象的原因除了工资增长速度慢于 GDP 增长速度(这反映了缺乏核心竞争力,所以只能靠压低工资的办法来维持出口竞争力)、政府对居民的转移性支付(如社会保障、教育支出等)较低外;跟居民投资收益及财产性收入较少有密切关系。从金融政策角度看,利率管制造成的低利率不仅导致构成居民财产收入来源之一的利息收入少,更重要的是利率管制使资本市场的准入门槛降低,造成上市公司的质量差,缺乏长期投资价值,股市投机性强,投资者从资本市场上得到的回报低;此外,股市优化资源配置的功能不能充分发挥,托宾 q 效应、财富效应等股市促进经济增长的效应不显著,居民财产性收入少。

因此,为更好地发挥股市的财富效应,提高货币政策刺激消费的有效性,从而扭转"两高一低"的经济格局,实现经济的可持续增长,我们应考虑逐步解除利率管制。只有通过逐步放松利率管制,才能从制度上完善资本市场,充分发挥其扩大内需、促进经济增长作用。其实,对于一个资本稀缺的发展中国家来讲,在经济发展的初期通过低利率政策来扶持本国企业,这在许多国家都曾出现过,可能是一个难以逾越的发展阶段,但随着资本积累,这一政策的边际效用不断递减,负面效应日益突出,现在负面效应已超过积极作用,已到了非改不可的地步了。

第八章
金融约束政策的历史作用评价
与退出路径选择

前文已详细分析了中国银行融资市场与股票市场中金融约束的政策体现、金融约束指数、金融约束所创造租金的规模及其对居民财产性收入的攫取并因而抑制了居民消费需求进而影响经济增长的机理。但作为在经济发展的特殊时期曾做出过极大贡献的经济政策，金融约束政策在中国经济发展史中的重要作用不容忽视。客观评价金融约束政策的历史作用，是对其全面研究不可或缺的环节。

但随着经济的发展、金融的开放，中国金融快速融入世界金融一体化的熔炉，金融深化、金融自由化是金融发展必然之路，金融约束政策存在的边际成本日益增加，其对于中国居民消费水平、经济增长的抑制作用也将日益加剧，适时淡化金融约束政策的手段，使其逐步退出金融发展的舞台，是中国健全金融环境的当务之急。

本章首先对中国金融约束政策的历史作用进行客观评价，其次分析在当前经济环境中金融约束政策的收益与成本，最后提出金融约束政策的退出路径选择。

第一节　金融约束政策的历史作用评价

根据金融约束论的观点，金融约束政策的核心作用是为金融部门和企业部门创造租金。为金融部门创造租金有以下几个主要作用：一，可以降低银行筹措资金的成本。许多发展中国家银行部门的资本充足率远低于《巴塞尔协议》所规定的 8％水平,致使金融体系不能有效地发挥其在推动经济增长中的作用。而且较低的资本金削弱了银行部门的特许权价值,并有可能诱发银行经理人员道德风险行为的普遍发生。而金融约束政策的运用则能降低银行筹措资金的成本,使银行有更多的获利机会,银行未来现金流量的持续增加使资本金的积累得到提升。二,金融约束同时增加银行的特许权价值,使其有动力成为长期的经营者,积极有效地监督企业,管理其贷款组合的风险(赫尔曼,斯蒂格利茨,1997)。三,金融约束促使银行增加投资,吸收更多的存款,促进金融深化。银行整个资产组合的平均租金创造了特许权价值,而新增贷款的边际租金诱使银行寻求更多的存款,银行将大量开设新的分支机构、吸收更多的储户。此外,因政府通过建立产业壁垒,使早进入者享有暂时的垄断权力,用获得的租金去抵补前期开发市场的成本,并使那些原先游离在金融部门之外的资金逐步纳入正式的金融部门,进而提高资金运用效率和银行的资产利润率,使资金在居民和银行之间出现良性循环。

此外,金融约束政策还可以通过贷款利率控制这一手段在生产部门创造租金,从而提高资金配置效率。生产部门获得租金可以增加资本积累而使股本增加,以便降低代理成本。在市场信息不对称条件下,银行拥有较少的关于企业融资项目的信息,只能辨认出项目的类别和平均风险,企业却了解项目潜在收益和风险的专有信息。如果银行贷款利率提高,就会产生逆向选择行为,使借款企业的平均质量下降,还会促使企业将资金用于高风险的经营活动,并且增加企业拖欠贷款的可能,从而产生道德风险。因此,由于代理成本的存在,银行的实际收益不会因利率的提高而增加。而企业的股本份额提高,增强了其偿还债务的能力,降低了其融资项目的风险,无疑会降低企业的破产率,进而降低了代理成本。

在中国有特色的经济体制改革初期,金融约束政策实施的过程是经济发展的一个帕累托改进过程,具有其特殊的历史价值。

一、金融约束:计划经济体制下金融制度稳定转轨的必要缓冲手段

金融发展的最终目标是放松管制,使一国金融融入世界金融一体化的队伍

中。但从中国经济体制改革的客观现实看,我国的金融体系承继于计划经济体制,长期以来的金融压制已在经济生活的各个方面形成根深蒂固的影响,过快的金融自由化不是解除金融压制的有效方法。1992 年的俄罗斯为"休克疗法"付出了昂贵的代价,却未收到"休克疗法"预期的奇迹。20 世纪 90 年代泰国金融自由化与经济自由化的浪潮却引发了东南亚金融危机。前车之鉴告诉我们,激进的金融改革可能带来惨痛的后果。客观上,金融自由化需要坚固的宏微观经济条件,而改革之初,我国并不具备金融自由化所需要的良好的经济环境。此外,中国的金融制度变迁是在高度中央集权的经济体制下从无所不包的单一银行体制开始改革的。由于极度的政府干预已使得市场完全扭曲,"过去的干预已使得市场解决不可能实现"(麦金农,1997)。这时激进的金融自由化改革是不可行的,政府出于对稳定的追求,必须倾向于渐进式的金融改革方式。

　　而战后日本的经验为渐进式的金融改革提供了范例。战后日本经济的高速增长与其以主办银行制度为主的金融体系密切相关,日本的低利率政策保护了企业的竞争力、抑制了通货膨胀,为其出口投资主导型发展战略的成功实施奠定了坚实的基础。赫尔曼、斯蒂格利茨等学者从不完全信息市场的角度出发,根据战后日本经验的研究成果,提出了"金融约束论"。金融约束论重新审视了金融体制中的放松管制与加强政府干预的问题,认为政府对金融部门选择性的干预有助于而不是阻碍了金融深化。该理论认为"金融深化"理论以瓦尔拉斯均衡为前提是错误的,因为即使在瓦尔拉斯均衡条件下,由于经济中广泛存在的信息不对称,委托—代理中的多目标行为和逆向选择行为等,资金配置也难以达到帕累托最优。于是进而提出经济落后国家以及金融深化程度低的发展中国家应实行"金融约束"政策。

　　不难发现,金融自由化在我国不可能一蹴而就地现实,客观上要求我国在金融转轨的初期必须依靠政府力量加以实施,此时,金融约束政策是实现帕累托改进的最优选择,是从计划经济体制到市场经济体制转型中的金融制度转轨的必要缓冲手段。在这种政府对金融的"外生推动型"改革中,政府效用函数可以表示为:$U = \alpha U^1[Z(j), j] + \beta U^2[Z(j), j]$,其中 U^1、U^2 分别表示支持改革和反对改革的利益集团,α、β 分别代表两个集团的政府偏好系数(或称政治影响力)。j 表示制度变量,$Z(j)$ 表示制度改革产生的经济绩效函数。

　　"外生推动型"改革启动的条件之一:制度变迁的政府边际效用必须大于0,即:

$$\frac{\partial U}{\partial j} = \alpha \frac{\partial U^1}{\partial Z} \cdot \frac{\partial Z}{\partial j} + \alpha \frac{\partial U^1}{\partial j} + \beta \frac{\partial U^2}{\partial Z} \cdot \frac{\partial Z}{\partial j} + \beta \frac{\partial U^2}{\partial j} > 0$$

"外生推动型"改革的条件之二：若干足以阻碍改革推进的关键性部门的制度变迁的边际效用为正。设该部门的效用函数为 $U^* = U^*[Z(j), j]$，则有：

$$\frac{\partial U^*}{\partial Z} \cdot \frac{\partial Z}{\partial j} + \frac{\partial U^*}{\partial j} > 0$$

金融约束通过为国有银行、国有企业创造租金，实现了对国有经济利益的照顾，消除其作为关键性部门对改革产生阻挠的可能性。尽管金融约束下的低利率政策会导致经济结构背离资源禀赋条件，但是当时这些在管制利率基础上的过渡性的制度安排是符合制度变迁的逻辑的。计划经济时期，国有经济部门不论在经济地位上还是在意识形态上都占据了主导，因此改革初期的利率管制使得国有企业增加了廉价资金来源、国有银行获得产权扩张机遇、国家财政转移了对国有企业供给资金的负担，从而消除了他们阻挠金融体制改革的可能性。总的看来，中国的金融制度改革远远落后于其他经济领域的改革，但这恰恰满足了当时经济发展和制度变迁的阶段性需求。

二、租金效应为国有银行体系的发展壮大铺设道路

金融约束政策通过利率管制，为银行提供稳定的存贷利差收入，以维护银行经营的稳定。其所创造的租金将产生租金效应，扩大了银行的"特许经营权价值"，为银行惩戒风险性贷款（道德风险行为）提供一种长期的激励，使银行更有动力增加信息生产、监督借款企业、降低贷款风险。同时，租金效应也促使银行更有动力吸收存款、扩大金融中介范围（邱崇明，2005），同时使银行自身得到长足的发展。租金效应的这些作用对于长期处于计划经济下的极端集权管制、发展状况恶劣的中国银行体系，显得尤为突出。各大国有商业银行逐渐形成明确的职权分工，大力加强并改进风险管理和内部控制，推出各种创新的金融产品与服务，经营效益逐步提高，分支机构、银行网点的建设也加速发展。

制度的改革、经济的发展，要求金融功能的恢复和国有银行产权的扩张，才能确保国家对日益分散化的经济剩余的控制和政府效用函数最大化。而在经济改革初期，国民收入分配结构发生了显著的变化，财政控制的经济剩余的份额迅速下降，国民储蓄趋于分散化。1979 年居民储蓄占比为 23.55%，1981 年居民储蓄占比为 32.03%，到 1996 年该占比达到 83%。国民储蓄结构的显

著变化改变了国家的偏好,原有的以国家财政为主的自上而下的经济剩余控制与资源配置方式已无法符合政府效用函数最大化的要求,由于在聚集分散的个人储蓄方面,银行制度安排具有比较优势,国家不得不通过扩张国有银行产权来聚集分散于居民部门的金融资源,并于1985年实行"拨改贷",使国有企业在资金需求方面从依赖财政转为依赖银行。而在当时的单一银行制度和单一存款业务下,投资渠道缺乏对私人储蓄形成的"强迫储蓄",反而有利于国家集中尽可能多的金融剩余。

同时,由于巨额银行不良资产的累积,任何有可能引发金融风险的改革措施都无法满足政府边际效用最大化的启动条件。出于控制银行风险的需要,国家不得不继续保持银行产权的国家垄断,也因此使得金融控制从主动走向了被动。于是,在经济快速发展和国家信用的支撑下,金融资源持续不断地进入国有银行体系,维持了国有银行体系的正常经营。结果长期被忽视的"金融功能"和萎缩的银行产权在金融约束各项政策的实施后获得了扩张的机会,成为国家追求效用最大化的途径。

三、低利率政策、定向信贷为产业结构目标的实现提供保证

从新中国成立初期到市场化改革初期,政府确立的发展战略是优先发展重工业,反映了当时的政府效用函数偏好。但是,重工业是资本密集型产业,不符合中国当时的资源禀赋条件,依靠市场配置资源不利于实现重工业优先发展的战略,必须由政府集中配置资源。向国有企业输送廉价金融资源,是实施"双轨制"改革的需要和政府边际效用为正的选择。在市场化改革的初期,体制内国有经济的产出占了绝对的份额,如果稳定了国有经济,就稳定了改革发展的宏观环境,也为非国有部门的发展提供了可能。而"双轨制"改革正是在发展"市场"的同时,使国有经济部门继续在"计划"中正常运行,其大部分生产能力仍为经济提供巨大的产出,其剩余生产能力还可以参与市场竞争,实现较高的市场价格,使得国有和非国有部门都支持改革,是一种"帕累托改进式"的改革。

但是双轨制下国有企业计划内产出的低价,无法依靠计划外投入品的市

场高价维持。因此，金融资源作为投入品，通过国有部门垄断金融产权，在低利率条件下廉价输送给国有企业，成了当时符合政府效用函数的重要配套制度安排。持续向国有企业输送廉价金融资源，是避免国有资产大面积亏损、实现政府效用函数最大化的被动选择。随着渐进式市场化改革的推进，体制外的经济力量不断壮大，国有企业本身的低效率在日趋激烈的市场化竞争中日益显现，国企的亏损数量和亏损额在不断增加，这更体现了低利率政策存在的必要性。在国家继续控制金融的情况下，为防止更多的企业亏损，国家不能将贷款利率提得太高。此外，为了挽救和保住国有资产，不得不对经营状况较差的企业继续发放金融贷款，甚至是低息贷款，抑或使其上市圈钱，形成了补贴国有经济的"倒逼机制"。

在这样的金融体制下，高信用风险的亏损国有企业能得到更为低息的优惠贷款，这种市场经济中不可思议的现象，在当时却是必然和有效的，而且在一定程度上还控制了失业率，保障了改革环境的稳定。这种低利率政策对国有经济利益的维护，消除了其作为关键性部门可能引发"制度锁定"（System lock-in）[①] 的概率。因此，这一阶段的金融约束政策是一种"帕累托改进"过程，既推动经济体制改革，又控制住关键性的存贷款利率，为国有经济部门的改革争取到时间。于是，国有企业廉价金融资源的输血渠道得以保留，国有金融机构业务内容随着各种金融产品增加得以扩张，在国有部门依然在意识形态领域占据主导地位的条件下，消除了其引发"制度锁定"的可能性。

四、股市约束政策为国有企业的改制保驾护航

中国股票市场成立的初衷，可以说主要为了替国有企业脱困减负，保证其改革成效。中国股市发展的根源，应该追溯到20世纪80年代初。当时，中央财政收入大幅下降，为投资于国有企业的资本开支寻找新的资金来源成为当务之急。改革开放初期，中央财政收入占GDP的比重持续下降，从1978年的31.2%下降到1989年的15.8%。如表8-1所示，整个80年代，政府财政几乎都陷在赤字之中。

---

① 制度锁定，简单地说，就是在制度的发展过程对初始道路和规则的选择有依赖性，一旦选择了某种道路就很难改弦易辙，以致在演进过程中进入一种类似于"锁定"的状态。

表 8-1　中国财政收入与支出(1979—1989 年)

单位：千万元

	1979	1980	1981	1982	1983	1984	1985	1986	1987	1988	1989
财政收入	11 464	11 599	11 758	12 123	13 669	16 429	20 048	21 220	21 994	23 572	26 649
财政支出	12 818	12 288	11 384	12 299	14 095	17 010	20 043	22 049	22 622	24 912	28 238
财政收支差额	−1 354	−689	374	−177	−426	−582	6	−829	−628	−1 339	−1 589

这一期间,居民储蓄大幅增加,从 1983 年 7 月开始政府不再用预算分配投资于国有企业的资本开支,取而代之以大规模的银行贷款,银行贷款占国企投资额的比重从 1979 年的极小跃升到 1985 年的 80%。政府利用金融约束(甚至是金融抑制)政策人为设置了远低于国外借款成本的存款利率,使租金从存款者大量流向国有银行与国有企业。据 Gordon、Li(2003)测算,在 1978—1984 年间,中国国内利率比国外借款成本至少低了 6%。

但国有企业长期存在的低下的经营管理问题导致频频出现经营困境,迫使国有银行被动地继续向其投放货币,资产在软约束下的国有企业内部低效运行。银行信贷的债权性质决定了伴随着国有银行将居民储蓄向国有企业流转所必然出现的问题就是国有企业资本金的下降与资产负债率的上升。国有企业资产负债率 1979 年为 295%,1985 年实行"拨改贷"后上升至 40%,1990 年达到 60%,1994 年为 75%,1996 年高达 80%。当时据国际评级公司标准普尔的估计,国有银行的呆账率高达 25%(这一数据到 90 年代中期达 40%),而银行资本充足率账面上只有 8%。随着国有银行不良债权的巨额增加以及金融风险的迅速积累,对国有企业实行"金融补贴"不可能长期保持下去。此时,为了保证国有企业改革的持续进行,必须为其寻找新的融资来源。于是,由银行融资主导发展为股票融资主导的金融制度,成为一种必然的选择。

于是,扶持国有企业上市,并制定各种有利的配套政策,可以保证国有企业通过股市获得成本更低的资金。有效的股票市场可以便利地引导居民储蓄流向国有企业,还可以极好地分散投资风险,避免风险过分集中于国有银行体系。同时,政府还希望通过国有企业的上市使其受到股市纪律的约束,以便改善其不佳的经营表现。政府通过对股市私人投资者的"搭便车",实现了对国有上市公司的控制(Wong,2006),也满足了国有企业从股市"长期输血"的需要。

政府在股市设置的各种金融约束政策保证了国有企业的改革沿着既定的方向发展。为了保证对国有企业所有权的终极控制,政府提出了"股权分置"

的创世之举,把上市公司发行的股票分为三种类型:不可流通的国有股和法人股、可流通的 A 股、B 股,把股票交易的参与者人为割裂为三个不同的市场。同时,股权分置还成功实现了股市中股票发行的供给控制,使 IPO 发行的供给量小于需求量,IPO 高价发行成为必然。股价高涨,使上市公司从股市攫取更丰富的资金,同时亦使相应的股票发行回报率大大下降,国有上市公司从这种廉价的资金来源中获益良多,也诱使上市公司更加致力于再发行、配股等形式的股权再融资。

第二节　金融约束政策的当前成本分析

在特殊历史时期,国家为实现各种经济转轨的任务、为实现政府效用函数最大化,实施金融约束政策是一种必然的选择。一旦完成了其历史任务,功成身退也是一种必然的选择。随着经济的发展,国有经济工业产出的比重不断降低,非国有经济的工业产出逐渐占据了绝对的份额。据世界银行(1996)统计,截至 1994 年,我国国有企业以占工业投资总额 73.5％的投入只生产 34％的产出。政府效用函数的结构性比重逐渐发生变化,从金融约束政策获利的部门的效用比重逐渐下降,而体制外经济部门的发展在政府效用函数中越来越举足轻重。体制外经济部门的政府偏好系数增大的结果必然要求改革进程的加快,继续实行以前的金融约束政策,实际上是把绝大多数的金融资源投向对经济贡献越来越小的部门,增加了金融机构的风险。

金融约束政策在某种程度上可以促进一国的金融深化(仅仅是量的金融深化,而非深层次的质的金融深化)。但中国金融约束政策的金融深化效应和经济增长效应是以制约着中小商业银行、非国有经济以及金融市场的快速发展来维持低效的国有经济部门垄断为代价的。由于政府长时期地实施金融约束政策,不仅严重地制约了金融市场及新兴商业银行的发展,使得信用关系扭曲、金融市场发展滞后,大量中小企业与居民被排斥在金融市场尤其是信贷市场之外,同时也降低了长期处于垄断地位的国有金融机构以及新兴商业银行的竞争力。时至当前,金融约束政策的边际成本已大大超过其边际效益,简单的金融组织规模扩张所获得的租金利润已小于其扩张成本,此时如果不适时选择政策退出,政府效用将持续递减,社会资源分配的扭曲将持续加剧,中小投资者财产性收入受损的情况也将持续加剧，经济与金融中所潜伏的种种危机必将连锁爆发。下文就当前金融约束政策的主要成本做一分析。

一、投资者利益受损、居民消费需求萎缩、经济发展源泉阻塞

前文各部分所展开的逻辑性的理论与实证分析，正揭示了金融约束政策最主要的成本问题——削减居民的财产性收入、抑制居民的消费需求，从而阻塞了经济发展最主要的源泉。

金融约束本质的特征在于通过政府管制，利用低利率政策并辅之以限制竞争、限制资产替代等手段，在银行融资市场上为银行和企业创造租金机会，同时在资本市场上通过低利率政策、股权分置、大小非进入流通的过低对价、大小限进入全流通的期限锁定，以及降低再融资的门槛、监管宽容等措施，来降低股票融资成本，并人为地造成股票供给量的稀缺，使 IPO 得以高溢价发行，刺激股权融资偏好，使再融资圈钱行为泛滥，上市公司得以从股市大量攫取以低成本资金为载体的股市租金。

但租金完全来自于投资者的财产性收入，国有银行、国有企业获取的租金规模越大，居民财产性收入的丧失就越重，居民的消费需求遭受相应的抑制，国民经济发展的最重要根源也就被制度性地堵塞。政府决策引致居民利益向企业和银行等金融机构转移，造成居民财富缩水，中产阶层向下流动，它对扩大内需的危害之烈是显而易见的。第四章通过构建了中国金融约束指数，得到了从 1994—2009 年间综合性的中国金融约束指数序列，序列显示了期间内中国金融约束程度呈现为逐年提高的总体趋势。把金融约束指数序列与居民消费水平进行实证检验，检验结果证实，金融约束指数序列对居民消费水平产生了显著性的负影响。第五章对银行融资市场与股票市场上的租金规模进行测算，也证实了金融约束下巨大的租金规模的存在。

在银行融资市场上，政策通过利率管制，为银行提供稳定的存贷利差收入以维护银行经营的稳定，存款者因此大量丧失利息收入。在股票市场上，投资者保护法律的薄弱也为上市公司的股权融资提供了特殊的溢价，助长其从投资者身上获取租金。正如 Shleifer 和 Wolfenzon(2002)的论点，不健全的投资

者保护法律将产生巨大的股权融资需求,因为控股股东总是力图剥夺中小股东和外源投资者的利益。在中国,许多控股股东惯于视上市公司为"摇钱树"(Cash Cow),他们可以方便地从中小股东的支出中获利。控股股东滥用职权的形式包括:从上市公司获取软性贷款;利用上市公司作为向银行借款的担保人;用不公平价格买卖商品、服务与资产(Tenev and Zhang,2002)。Green(2004)进一步指出,在 20 世纪 90 年代中国股市的投资者保护法律的发展极其缓慢,因为股市监管者受地方政府的政策干预,他们企图维持低下的投资者保护水平,以便于国有上市企业从薄弱的法律框架所创造的租金土壤中获取利益。在这一过程中,中小投资者便是政策市下的牺牲者,大量损失的财产性收入使其对投资收益乃至未来收入产生极大的不确定性,导致消费需求不振,并直接影响到国内经济的持续稳定发展。

二、低利率政策扭曲资源配置、降低资本产出比率

利率管制产生的成本由直接成本和间接成本构成,前者是会计成本,后者是机会成本(金雪军,李红坤,2005)。直接成本由管制当局支出和由受管制银行支出的两部分。前者包括管制当局的利率管理工作人员的人工成本,后者指银行内部为执行当局的利率管制政策而配备的必要的工作人员的人工开支等。相对于利率管制的间接成本而言,利率管制的直接成本是微不足道的。利率管制下的低利率政策最主要的间接成本在于扭曲利息负担与收益、扭曲资源配置、使信贷分配不符合市场效率原则,降低了资本产出比率。

在低利率政策下,银行体系以低于市场利率的成本吸收廉价存款,并以较低的利率贷给借款者,其中存款人一般为居民,而借款者一般为大企业,存款者所获得的利息收入与借款者所支付的利息成本相对偏低,造成利息负担与收益的不均,其中,利益的受掠夺者是存款者。低利率政策也导致信贷分配不符合市场效率原则。理论上,资金的供给与需求决定了均衡利率的高低。在均衡利率水平上,储蓄与意愿借入的投资量相等,没有多余的供给与需求。如果资金的供需出现了不平衡,银行可通过调节利率的方式调节资金的供给与需求,使资金的供求再次达到均衡。但在低利率环境下,经济体系内部始终存在超额资金需求,对超额资金需求只能采取信用配给制进行调节,而信用配给制是根据政府管理部门或者银行部门的主观意愿,甚至是凭借裙带关系来分

配资金的,这样的资金分配方式并不符合市场的效率原则,使银行融资市场难以具备合理和有效的特征。

同时,为了实施工业化发展战略,政府在资金投放上实行倾斜政策,把大量的资金投入工业部门,尤其是重化工业部门,忽视农业、轻工业、教育、卫生等其他社会经济部门的发展,导致投资过度和投资不足并存的发展局面,国民经济畸形发展、经济结构严重失衡,除造成资源大量浪费以外,还严重扭曲了资源配置、降低了资本产出比率。低利率政策使资金得不到有效配置。市场经济体制下利率是由资金供求双方决定的,它可以保证供给方投资回报利率最大化的目标和需求方融资成本最小化的目标同时得以实现。因此,灵活调节的利率不仅是资本有效配置的内在要求,而且是资源宏观有效配置进而生产和消费相互协调的客观要求。但在利率管制条件下,低利率政策使国有工商企业产生一种错觉,错认为资金并不是一种稀缺资源,从而产生过度的投资需求。正如李嘉图的理论①:银行利息率低于市场利率,并不能鼓励商业发展,因为"价格是由处在最不利条件的生产者的生产成本决定的"。低利率政策使边际资本收益率低下的国有企业也可以获得充足的资金供给,从而造成资源的浪费与无效利用。虽然较高的利率可能使企业的生产成本增加,但低于均衡的利率所导致的低效或无效率给社会造成的损失远远大于企业因利率较高而增加的成本。

三、限制竞争、股权分置等不公平政策阻碍金融市场的健康发展

金融约束论认为,假设金融部门的租金能够长期维持,银行部门的竞争却会消除这些租金。这些竞争有几类来源,第一类是向银行部门的过度进入,第二类是现有的银行过度竞争。这些非价格的竞争例如银行设点的区位和服务的质量。如果竞争导致银行的搜寻成本得不到补偿,银行就不愿意在没有业务的地区开设新的分支机构。如果由于竞争导致重复开设网点,会造成社会资源的浪费,是社会无效竞争的结果。因此政府必须限制金融市场的竞争。

---

① 〔英〕彼罗·斯拉法主编:《李嘉图著作和通信集》(第 1 卷),郭大力、王亚南译,商务印书馆 1962 年版,第 311 页。

允许银行部门获得利润,银行倒闭的可能性就会减少。限制银行业的竞争则可提高金融体系的安全性,这对整个经济具有重要的外部效应。限制银行业的竞争行为,政府需要控制向该行业的进入,防止太多的进入破坏竞争市场的合理规模(赫尔曼,斯蒂格利茨,1997)。

但限制银行业的准入、限制银行间的竞争,却要付出极大的代价。这一政策的成本是形成了少数几家国有银行的垄断局面,一些效率低下的银行也得到了保护,而新兴银行却难以进入。典型的例子如一些银行在不良贷款率居高不下的状况下仍能高枕无忧,民营银行却在中国金融体系中少有席位。这种限制性措施催生了中国银行体制的两个显著特征:国有银行体制和集中化银行体制,使存款者不能甄别优质服务、不能按照差异利率选择投资对象,使国外银行难以入驻,影响了中国金融市场的国际化,阻碍了金融市场的国际化发展路程,也使金融市场不能实现优化配置资源的功能。

同样,针对资本市场的金融约束政策,吴晓求(2004)认为,股权分置"是阻碍中国资本市场发展最严重的制度障碍";韩志国认为,如果解决了股权分置,"熊市就可以在深刻的制度创新中结束,牛市也将在中国股市的第二次革命中到来,这将是中国股市最大最长、影响最为深刻也最为持久的重大转折"。吴晓求认为中国资本市场长期以来都处于一种不正常的状态,最根本的制度性原因是股权的流动性分裂。他对股权流动性分裂给中国资本市场带来的危害总结有八:(1)股权流动性分裂从根本上损害了上市公司的利益机制,使上市公司非流通股股东与流通股股东之间的利益关系处在完全不协调甚至对立的状态;(2)股权流动性分裂是市场内幕交易盛行的微观基础;(3)股权流动性分裂必然引发市场信息失真;(4)股权流动性分裂必然导致上市公司控股股东或实际控制人扭曲的战略行为;(5)股权流动性分裂是中国上市公司疯狂追求高溢价股权融资的制度基础;(6)股权流动性分裂造成了股利分配政策的不公平,使利益分配机制处在失衡状态;(7)股权流动性分裂使中国上市公司的并购重组带有浓厚的投机性;(8)股权流动性分裂客观上会形成上市公司业绩下降、股票价格不断下跌与非流通股股东资产增值的奇怪逻辑。

但唯独(国内知名论坛凯迪社区资深评论者,2005)[1]认为,中国资本市场的混乱和效率低下,归根到底最主要的原因是新股的"高溢价发行、超高价上

---

① http://club. kdnet. net/dispbbs. asp? boardid＝3&id＝843157&page＝1♯843157。

市"问题,而该问题是股市制度设计存在缺陷以及一系列错误的政策造成的结果。这一系列包括限制竞争、股权分置等在内的金融约束政策若不适时退出金融制度体系,中国金融市场的健康发展将永远得不到落实。

四、股市约束政策催生股市泡沫、影响金融稳定

唯独(2005)认为,新股的超高价上市现象制造了一只只泡沫巨大的新股。由于股票根本就没有投资价值,投资者只能是抱着投机炒作的心态入市,使得股市投机之风盛行,投资理念荡然无存。反过来又助长了上市公司不愿意分红或者分红极少的现象。而投机炒作的结果是以少数人获利、大多数人亏损累累而告终。此外,股票长期脱离基本面,泡沫巨大,终归要破裂,价值回归之路是必然的。几年来股市的持续大熊市,就是新股的超高价上市和投机炒作造成股票泡沫的恶果,是在为过去的错误政策还债。

唯独所言虽言之偏激,但不无道理。邱崇明(2010)[1]认为,股票市场的金融约束政策会催生股市泡沫、影响金融稳定,主要机理包括:①低利率政策扭曲了股市的估值体系,人为地拉高股市价值中枢,为新股高价发行和二级市场股价的虚高提供了基础性条件。②低利率政策使利率失去对企业的筛选作用,许多正常情况下没有资格上市的企业也得以混入股市,作为股市基石的上市公司的质量难以保证,股价缺乏业绩的支持,变得泡沫丛生。③股权分置制度客观上造成流通股相对稀缺,这种以国有股和法人股不能流通为前提形成的供需平衡价格,无疑大大高于基于全部股票流通形成的均衡价格,股改后"大小非"的大规模减持使最初股权分置为非流通股股东所创造的租金得以兑现。④中国股市再融资门槛奇低,上市公司再融资没有与其对股东的回报挂钩(相形之下,国外再融资门槛要高得多,美国上市公司平均18.5年才配股一次,且要求投资者的投资回报大于投资成本),使很多再融资沦为圈钱行为,表现在很多上市公司没有良好的投资项目支撑也要进行再发行,从而导致再发行后滥用募集资金,业绩恶化的现象,为泡沫产生埋下了隐患。⑤金融约束政策和社会信用的缺失,使投资者的权益得不到保护,造成中小投资者的逆向选择,投机成为市场主流策略,在这种情况下,股票换手率奇高。股价大起大落,泡沫不断产生又破灭。

---

① 本部分引用自邱崇明(2010)成果(报送稿)。

第三节　金融约束政策的退出路径选择 ●●➡

　　中国金融约束政策在转轨时期维系金融体系稳定、促进经济发展和金融深化等方面曾取得令人瞩目的成就，但也付出了相应的代价。伴随着中国加入世贸组织以及国内金融市场的快速开放，金融约束政策已失去了其存在的宏微观环境（王国松，2001）。那种企图靠限制竞争和限制资产替代的政策来保护国有银行的"特许权价值"和通过控制存贷款利率政策为国有银行、国有企业创造"租金机会"的政策必将失去其市场基础和制度基础。金融约束政策只能是发展中国家金融深化进程中的一种过渡性政策，而非长久之策。当金融约束所产生的边际成本高于边际收益之时，便是其逐步退出金融市场的时候。下文对金融约束政策的退出路径选择做一讨论[①]。

一、逐步放弃利率管制

　　在发展中国家，资本一般是稀缺的，利率管制的结果是使实际利率低于均衡水平，所以在这些国家，利率管制也就成为低利率政策的代名词。实行低利率政策的初衷，是想借此来降低企业出口与投资的金融成本，以扩大投资和提高对外竞争力。首先，在中国，过去计划经济中的价格和利率较多考虑收入分配问题而忽视供求，特别是为了国有企业的利润而压低利率。其次，一定程度上提高政府国债发行收入，减轻国债的利息负担。最后，使银行获得低成本的资金，维护银行体系的稳定性。在中国，低利率政策作为股市金融约束政策的核心和租金的源泉之一，还被赋予拉高股票估值基准，为上市公司创造丰厚的租金，帮助国企脱困的任务。此外，现阶段低利率政策还基于防止热钱大量涌入的考虑。利率管制这一非市场行为，在相对封闭的体制下虽然能够实施，但以今天的眼光看，却使社会付出了代价。

　　首先，它有损于金融交易的公正性。人为管制形成的低利率，成为一种社会财富再分配的工具，起到将国企改革成本转嫁给公众的极不好的作用，扭曲

---

　　① 下文引用自邱崇明（2010）成果（报送稿）。

了资本市场的功能。大家知道,资本市场的功能不仅是融资,更是一种实现资源最佳配置的平台。然而,对资本市场转嫁改革成本的初期定位的延续,实际上已经使中国资本市场成了圈钱的工具,而广大股民一直不能获得稳定的回报,股市成了单向的平台,即股民向企业和强势既得利益集团输血的平台。这一切都是以低利率等金融约束政策为依托的。真正良好的资本市场,是基于共赢基础建立起来的,只有让企业和投资者共同从中获益,才能确保整个资本市场的可持续健康发展,否则,一味地杀鸡取卵,结果这个市场不是像现在这样,投机成为主流策略,股价不断大起大落,泡沫频频兴起又破灭;就是引发投资者因对风险的厌恶而用脚投票,果如此,将呈现双输的局面,带来巨大伤害。退一步讲,即使通过低利率政策给上市公司"输血",能使上市公司"做大做强",但与此同时,能够参与分配的人却越来越少,投资者无法分享上市公司所创造的成果,收入分配不合理的格局得到进一步强化。据统计,中石油给内地A股股东的分红,让股东100年都收不回成本,而对H股股东的分红,则每年都超过本金。仅中石油、中石化、中移动、中国联通4家公司在海外分红就超1 000亿美元,而中国全部1 000多家上市公司,在股市开始后的18年里给全体股民的分红总额刚刚超过2 000亿元人民币,还不够内地股民交的税。事实证明,不论计划经济还是市场经济,政府掌握过多的资源都不是社会之福。计划经济时代,它导致特权分配;市场经济时代,它容易导致权贵资本主义,也就是权力私有化。[①] 总之,要发挥股市资源优化配置的职能,首先低利率政策要逐步淡出。

其次,利率非市场化严重阻碍了经济增长方式的转变。长期以来,中国由于利率市场化改革的滞后,以及金融行政壁垒的森严,不但制约了金融发展方式的转变,而且强化了传统经济发展方式,加剧了经济结构失衡。利率市场化改革滞后,尤其是存款利率受到严格管制,人为形成了较大的存贷利差,实质是价格垄断。而金融行政垄断将民营资本挡在金融服务市场之外,形成了市场垄断。在价格垄断和市场垄断的双重保护下,银行只要扩大贷款投放,就可以轻松获利,促使银行与企业、地方政府形成了基于粗放发展方式的共同利益格局。在这种格局下,银行始终有强烈的信贷扩张冲动,贷款大多投向大企业和地方政府基建项目。从2002—2009年,我国人民币各项贷款余额从13万

---

① 童大焕:《李荣融的功过不是他个人的功过》,载《经济参考报》2009年9月3日。

亿元增加到 40 万亿元，中长期贷款余额从不足 5 万亿元增加到 22 万亿元，翻了两番多。相比之下，同期名义 GDP 只增长了不到 2 倍。由于得到银行的大力支持，大企业和地方政府投资能力不断增强，以投资拉动为主的经济增长模式不断得到巩固；而吸收了 3/4 以上劳动力就业的中小企业，融资难问题却长期得不到解决，消费拉动的经济发展模式始终难以形成。

最后，虽然从近期来看，低利率有利于维持中美两国的利差，阻止热钱涌入。但从长远来看，这一政策对内外均衡的实现也是不利的。因为要减少热钱对我国经济的冲击，以及为了建立一个金融大国，人民币必须实现国际化。而要做到这点，利率必须与国际接轨，否则开放资本账户会出现灾难性的后果。目前国内有关方面正积极推动证券市场国际板的开放，如果继续保持低利率，那么国际板市场的开放，等于让到国际板市场上市的外国企业以很低的成本圈钱，把国内的财富拱手让人。

此外，低利率政策作为一把"双刃剑"，还会产生很多后患。低利率政策容易导致错误的投资。传统的投资决策是只要投资项目的内在回报率高于资金成本，即该项目的净现值大于零，那么该投资项目就会有利可图。而政府采取降低利率政策可使资金成本降低，使原本不应该进行投资的项目在利率降低后变得有利可图。在这意义上，国内人为的低利率政策是目前许多错误投资及资源浪费的一个重要原因。还有，压低利率，加上高利差政策，使利息收入从资金提供者手中移转至资金需求者，这样一大块盈利就流入国有企业与国有银行，这不但使大量的资源浪费，而且让这些国有企业不思进取，总希望从政府的政策上获利。而且，尽管低利率政策短期内可以刺激经济繁荣，但其长远负面效应不可小视。因为，产能本来早已过剩，并不是现有资源条件下总需求可以支撑的。如果刻意用低利率政策去刺激总需求，短期内过度供给会因为需求的扩大而消失，经济也出现暂时繁荣。但这样的需求是短期政策刺激的结果，它是难以为继的。这样做，实际上是创造一个更大的泡沫来替代一个正在破灭的泡沫。而更大泡沫的破灭，下一次的产能过剩将会比前一次更为严重，整体经济将严重地偏离经济持续发展轨道。这种发展模式虽然在短期内保持了经济增长，但从长期看，这种发展模式将会积累潜在的金融风险。

总之，随着改革开放的深入，低利率政策的边际收益不断递减，边际成本则不断递增，现在已到了边际成本超过边际收益，非改革不可的地步。

利率市场化的关键是存款利率市场化，这项改革的具体策略，可以采取分阶段逐步扩大存款利率上浮幅度的方法,以确保改革平稳有序。可以预见,如果存贷款利率都由市场决定,二者将更加接近。这将压缩银行的利润空间,深刻影响银行的信贷经营行为和信贷结构,形成"促转变"的市场倒逼力量,为形成新的可持续的发展模式创造有利条件。

二、改革新股发行制度

前面说过,无论是"大小非"还是"大小限",都是数量型的金融约束政策,其作用在于通过营造一个短暂的非全流通的格局,使得新股得以以较高的价格发行,而随后就有大量过去内部低价发行的股票(大小限解禁)集中上市,将租金兑现。"大小非"已经给市场造成巨大的冲击,2008 年股市的惨跌,主要原因就是出于"大小非"变现。但相对来说,"大小非"还不是最可怕的,更可怕的是股改后的"大小限",根据行为金融学的架构独立理论,不固定的坏预期总是坏于固定的坏预期。这首先是因为"大小限"的规模远远超过"大小非",据宏源证券披露,截至 2008 年 11 月底,A 股市场累计限售股达 15 398.5 亿股,其中,累计产生的股改限售股("大小非")4 663.13 亿股;累计产生的首发和增发限售股("大小限")10 735.4 亿股,是股改限售股("大小非")的 2.3 倍。股改前流通股/非流通股大约为 1∶2 的比例,2008 年经过一轮"大小非"减持浪潮后,这一比例一度调整到大约 1∶1 较正常的水平。但由于新增了 800 亿股的首发限售股,到 2008 年 9 月底,流通股非流通股的比例又重新恢复到接近 1∶2。流通股与非流通比例的下降,说明我国资本市场的估值体系到目前为止都太高。可见,层出不穷的"大小限"是困扰中国股市正常运行的重大的不稳定因素,如果不能够从根本上解决这个问题,新股发行也就不可能真正实现市场化。

2008 年以来,管理层出台了多项针对"大小限"的措施,显示出维护股市稳定的良苦用心,但市场影响并不大。无论是大宗交易、"二次发售",还是"可交换公司债"都难以解决"大小限"减持对市场的冲击。"大小限"减持的主动权在这些大小限手里,只有股价跌到"大小限"不愿意、不忍心再减持的地步,市场才能见到大底。否则任何利好政策的出台都只会为"大小限"减持提供便利条件。现在的问题是,如何从市场层面顺利完成股改,实现全流通。现在监管层面临着两难选择:如果对"大小限"减持不加限制,中国股市的估值体系将受到严重冲击；如果对"大小限"减持加以某种程度的限制，则可能要负背信的责任，但是从长期来看，则对市场参与各方是多赢之举。两害相权取其轻，现有的大小限减持规定必须改革。从中短期来看，解决"大小限"问题可以考虑采取以下办法：

一是缩短限售股的限售期限，与国际惯例的 3~6 个月靠拢（同时再配合下面所说的出高价者得的新股询价制度），如果市场预期短时间内限售股就会上市，则承销商在新股发行报价时必然有所顾忌而不敢随意高报，因为这意味着在这短短的几个月内，如果他不能把"烫手的山芋"托收的话，他就要被高位套牢，这就可以大大减少 IPO 高价的现象。

二是增加首发流通股比例，促使股票价格更加合理。目前，我国《证券法》规定大型企业首发流通股比例不应低于 10%，而国际惯例是 20%~30%。以中石油上市为例，其总股本为 1 830 亿股，若按 20% 的比例计算则有 366 亿股上市流通。如果以其高达 48.6 元的上市首日股价计算，则需要 1.7 万亿元资金，这是市场无法承接的。因此，提高首发流通股比例，股价自然会回落至合理的价位，从而避免新股上市时堆积泡沫。

三是完善承销机制，改善目前的询价制度，明确大机构的责任，保障中小投资者的权益。我国目前实行的询价制度没有强制要求询价人的认购义务，这造成了定价越高的承销商获得的相关收入也越高，券商希望新股发行价"能高则高"的不合理现象。从 2009 年 6 月 29 日新股发行体制改革到 2009 年底，首发市盈率算术平均值就从 30 倍涨到 65.58 倍，这意味着假设每股只有 1 元的收益，股民却要花 68.62 元的价格去购买它。而按照成熟市场经验，如果股票价格过高，询价机构需要承担包销的责任；如果价格偏低或价值合适时股票就会很抢手，那么将会限制询价机构的购买比例，以保护中小投资者申购需求。按照这一经验，询价制度改革的基本原则就是出高价者得，让非理性报价的机构得到场外发行的全部股票。如果几家机构同时出了高价，那就或者让他们分摊，或者摇号确定中标者。只有让胡乱出价者付出沉重代价，才能制止目前承销商往高报价的现象，维护市场正常的定价秩序。

四是借鉴国外一些业已证明是有效的做法，如英国股市也有非流通股问题，但其股市并没有被非流通股上市搞得焦头烂额，其做法是非流通股解禁是有条件的，即上市公司要有一个十分好的业绩才允许股东解禁，允许全流通。而我国股市的现状是，企业拼命地去上市、去融资，然后上市公司股东热切地期望所持股份的解禁期到来,使自己手头的股票可以套现。从迄今为止的经验来看,在企业上市前购买的原始股到解禁期之后,绝对没有赔钱的。在这种情况下,正常经营企业反而没有购买上市公司的原始股等到了解禁期之后再把股票卖出去收益高,试问这样还有谁会对中国企业排起长龙上市的景观有任何疑惑? 如果我们从法律上规定允许股东减持的条件,比如三年内平均的收益要达到多少,分红的比例与次数要达到多少,减持期内如果达不到要求,将收回未减持股票的减持权利,就像股票申请上市所要求的条件一样苛刻。那么,将心思花在股票上市上的企业定会大大减少。因为即使上市之后,如果公司收益不好的话,手中的股票也无法转变成现金。这样,就会有更多的企业开始努力地经营自己公司的业务,把公司做大做强,为自己手中的股份转化为实际的收益创造条件。对国家来讲,既能解决股市的"大小非"和"大小限"问题,又能提高本国企业经营者的生产积极性。可谓一举两得。

五是限定大小限每年减持量,延长实现全流通的过渡期,缓解大小限减持对市场的冲击,以时间换空间,用 10～20 年的时间烫平和消化股改对市场的冲击。这方面可以考虑利用税收杠杆,调整向解禁股征收的资本利得税,实行累退税制,譬如,解禁期满马上减持的征 20% 的税;解禁期满继续持股 3 年以上的征 15% 的税;解禁期满继续持股满 5 年以上的征 10% 的税,以鼓励投资者进行长期投资并且缓解市场的供求压力。

三、严格限制上市公司的再融资行为

股市不是提款机,股民也不是贡献者,周而复始的再融资已经成了中国股市的一个重大隐患,这种再融资的本质含义就是把经营风险向股市与投资者转嫁。上市公司如果确实需要发展资金,可以通过发行公司债的方式来解决,这也是国际通行的方法和惯例。中国股市的再融资问题不解决,或者不制定一个行之有效的、全面提高的再融资标准,那就相当于让股市不断地给上市公司输血,市场的长期投资理念和长期预期机制就永远也无法真正建立起来。在这方面,可以考虑将上市公司再融资计划和红利政策挂钩,即证监会对上市公司进行再融资审批时,可以将这一项作为一个专门的内容进行登记。此外,建议给中小股东更多的提案和代理权限,使中小股东可以通过法律形式向上市公司提出分配红利的请求。

第九章
结论与进一步研究的方向

第一节 本书主要结论

经济高速发展,居民消费水平的增长却停滞不前,这是当前中国经济面临的困境之最。消费不振,经济的可持续发展成为无源之水。对于中国居民消费不足原因的探析,国内外学者主要从居民收入水平低下导致购买力不足、经济增长方式不适导致总需求结构失衡以及国民收入分配结构不合理等原因进行解释。本书则从金融制度的角度入手,着力研究中国金融市场中金融约束政策的存在及其对居民消费需求增长的影响。经过深入的理论探讨与实证检验,本书得出的主要结论总结如下。

(1)中国银行融资市场具有典型的金融约束特征。

金融约束理论的核心观点在于政府通过控制实际利率、通过市场准入限制、限制竞争等一系列管制性政策为银行和民间部门创造租金机会,以利于银行的稳健经营和企业融资能力的提高。根据这一判断标准,中国目前的银行融资市场具有典型的金融约束特征,具体体现为通过限制市场准入、限制竞争等手段保护国有银行的集中优势;通过利率管制下的低利率政策,为银行提供稳定的存贷利差收入以维护银行经营的稳定,为国有企业提供成本低廉的资金以帮助国有企业脱困解难,这一过程中,低利率政策使居民储蓄的利息收入大量损失,并以租金的形式流向国有银行和国有企业。

(2)中国股票市场同样具有显著的金融约束特征。

中国股票市场特殊的制度安排——股权分置,把股票交易的参与者人为割裂为可流通的与不可流通的市场,成功实现了股市中股票发行的供给控制,使 IPO 发行的供给量小于需求量,导致 IPO 高价发行之风盛行,也刺激了上市公司过度的再融资圈钱偏好。股票发行价高涨,上市公司从股市攫取丰富的资金,股票发行回报率大大下降,"同股不同价、同股不同权"的制度安排使流通股股东权益大量损失。而股权分置改革中非流通股股东对流通股股东支付的过低对价,是非流通股股东对流通股股东最后的利益侵害,使得由于最初的股权分置政策的设计而被抽取出来但潜存着的来自于流通股股东的租金被完全变现而释放出来。租金的存在显示了中国股票市场典型的金融约束特征。

(3)金融约束政策通过侵吞居民的财产性收入从而影响居民消费需求的增长,并阻碍经济的可持续发展。

金融约束政策在银行融资市场上通过低利率政策使居民损失储蓄存款本应带来的信息收入,在股票市场上通过特殊的股市制度安排使中小投资者损失股票投资收入。居民财产性收入的损失直接影响到居民的消费需求增长。

对中国居民财产性收入的现状进行国际比较,证实中国居民财产性收入在总量规模上远小于欧美等发达国家,这是造成我国居民消费不振的一个重要原因。对全国除港、澳、台以外的 31 个省、自治区、直辖市在 1999—2008 年间的城镇居民消费支出、财产性收入及其他收入的面板数据进行分析,实证结果支持居民财产性收入对消费支出有显著正效应的观点,当考虑财产性收入之外的收入时,居民人均财产性收入的增长水平每增加 1 单位,人均消费支出的增长水平将增加 0.91 个单位;如果不考虑财产性收入之外的收入,居民人均财产性收入的增长水平每增加 1 单位,则人均消费支出的增长水平将增加 1.74 个单位。本书分析认为,中国居民财产性收入对消费需求的影响机制在于中产阶层获取更多财产性收入并通过较高的边际消费倾向对传统的收入—消费传导机制产生扩大效应。因此,培育、扩大中产阶层的规模,让低收入者尽多尽快流向中产阶层,将对一国消费需求的增长产生加速效应。

消费的不振将直接影响一国的经济发展。书中运用中国数据,采用较全面的计量分析手段,从直接拉动作用、间接拉动作用和平滑经济波动等角度对消费需求影响经济增长的机理进行动态研究,结果表明,相较于政府消费,在最终消费中对经济起关键作用的是居民消费。居民消费每增长 1%,GDP 将增长 1.1859%;居民消费的变化会以 0.5491 的比例影响 GDP 的变化。

（4）通过构建中国金融约束指数，发现中国金融约束程度呈现逐年提高的总体趋势。

根据银行融资市场和股票市场的金融约束政策变量（包括利率控制变量、存款准备金率、市场进入限制、定向信贷政策、新股发行与股权分置政策以及再发行圈钱问题等），构建相应的隶属函数，运用主成分分析法对变量序列进行处理，得到1994—2009年度综合性的中国金融约束指数序列。该指数序列表明期间内中国金融约束程度的总体趋势呈现为逐年提高。进一步运用时间序列的误差修正模型检验金融约束指数序列与居民消费水平之间的相关关系，实证检验结果证实，金融约束指数序列在5%显著性水平上对居民消费水平产生负影响，金融约束指数每增长1%，将引致居民消费下降0.109%；当居民消费短期波动偏离长期均衡时，误差修正项将以每年0.1346的调整力度将其拉回均衡状态。

（5）对银行融资市场和股票市场的租金进行测算，结果显示多年来中国金融约束政策已为国有银行和国有企业创造了规模巨大的租金。这些租金来自于对居民家庭财产性收入的掠夺，包括对其利息收入和股票投资收益的掠夺。

银行融资市场租金规模的测算通过两个角度、利用两种方法分别进行。基于中国债券市场中企业债券发行时的票面利率，根据发行额比重作为权重计算得到加权平均票面利率，以此作为市场利率的渐进变量测算银行融资市场的租金规模。测算结果显示，1996—2010年间，居民储蓄由于低利率政策导致的利息损失每年均在1 000亿元以上，占同期GDP比重的1.43%～3.86%（2007年例外）。15年来银行融资市场金融约束政策所创租金共达5.144万亿元，是1996年底居民储蓄存款余额的1.34倍。此外，借鉴L. Ball提出的开放经济下扩展的泰勒规则模型，进行模型估计得到残差序列作为利率缺口，以衡量利率实际值对均衡利率的偏离，据此进一步测算银行融资市场中利率管制所创造的租金规模。测算结果显示，自1999年以来，由于利率管制所创造的租金已达2.2万亿元，租金占GDP的比重也逐年攀升，意味着由于低利率政策导致居民储蓄的财产性收入的损失正逐年加重。

对于股票市场租金规模的测算，本书通过建立一个较精确的合理对价率模型，对中国参与股权分置改革的1 334家上市公司中的1 319家进行完整的合理对价率估算与租金测算，估算结果发现当前股改中实际对价对合理对价的总体偏离度达 2 倍以上,非流通股股东对流通股股东租金的侵占规模是惊人的。进一步的测算表明,1 319 家公司的租金总规模达 5 345.73 亿元,将近 2005 年 A 股流通市值的 60%。

(6)银行融资市场中金融约束下的低利率政策创造了租金,损害了居民财产性收入,使居民对未来收入不确定性的预期增强,导致预防性储蓄居高不下,储蓄的利率效应极其微弱。

运用典型的储蓄函数,分别从总量数据角度、人均数据角度和增速数据角度对储蓄的利率效应进行检验,结果显示,中国银行融资市场中利率变化对居民储蓄的影响极其微弱。原因在于金融约束下的低利率政策损害了居民财产性收入、使居民对未来收入不确定性的预期增强,并产生储蓄—利率的门槛效应,当利率低于某一水平,居民便不愿放弃储蓄、不愿增加消费。

通过建立一个银行融资市场金融约束制度框架下由普通居民家庭、金融中介部门以及政府部门三部门构成的资金融通模式下的居民财产性收入的理论模型,证实:银行用于贷放给国有企业及购买政府债券的资金占银行吸收存款的比例、政府机构的官僚无效下国有企业投资收益率低于民营企业投资收益率的比例、金融约束制度下存款利率低于贷款利率的水平,以及金融体系下的制度性障碍的强度四个因素均为居民家庭财产性收入的减函数,这四因素的程度加强,居民家庭的财产性收入均呈下降趋势。

(7)股票市场中的低利率政策、股权分置制度安排以及股权分置改革的过低对价、高价的 IPO 以及过度的再融资圈钱等行为,在股票市场创造了租金,使中小投资者的投资收益受侵,并通过影响投资者行为、影响股市收益率,进而影响股市的财富效应。

利用 Engle-Granger 协整检验、门限协整检验以及动态最小二乘法等方法,对 1994 年第 1 季度到 2010 年第 4 季度中国股市财富效应的非对称性进行动态分析,分析结果显示,中国居民消费行为的调整具有非对称性,在股市增长率低于门限值时,调整速度较快,反之则较慢。进一步的动态最小二乘法估计结果发现,中国股市不具有短期财富效应,在长期上,不具有正的财富效应,相反,长期中股市财富对消费具有"挤出效应"。

更深入的理论分析结论显示,正是金融约束下的低利率政策弱化了股市的财富效应。基于行为金融学视角的实证检验也证实,低利率政策通过影响投资者行为、影响股市收益率进而影响股市的财富效应。此外,股票市场中金融约束政策对居民消费需求的影响还体现在 IPO 价格异化与股权分置的扭曲性制度安排削减了股市投资收益、股权分置改革使非流通股股东的租金彻底变现、再融资监管的缺陷催生股市过度圈钱等渠道上。

(8)金融约束政策在中国特定的经济发展时期曾起到重要的历史作用,但在当前,其政策成本已超过政策收益,只有逐渐淡出金融市场,才能保证金融和经济的稳定和发展。

金融约束政策的历史作用主要体现在:金融约束政策曾是计划经济体制下金融制度稳定转轨的必要缓冲手段;租金效应曾为国有银行体系的发展壮大铺设了道路;低利率政策、定向信贷政策曾为产业结构目标的实现提供保证;股市约束政策曾为国有企业的改制保驾护航。但在当前,金融约束政策的成本是显而易见的:金融约束政策使投资者利益受损、居民消费需求萎缩、经济发展源泉阻塞;低利率政策扭曲资源配置、降低资本产出比率;限制竞争、股权分置等不公平政策阻碍金融市场的健康发展;股市约束政策催生股市泡沫、影响金融稳定。

因此金融约束政策已到了必须退出金融市场的时刻。其退出路径应该包括:逐步放弃利率管制;严格限制上市公司的再融资行为;改革新股发行制度,(1)缩短限售股的限售期限,与国际惯例的 3~6 个月靠拢,(2)增加首发流通股比例,促使股票价格更加合理,(3)完善承销机制,改善目前的询价制度,明确大机构的责任,保障中小投资者的权益,(4)借鉴国外一些业已证明是有效的做法,如英国股市的经验,(5)限定大小限每年减持量,延长实现全流通的过渡期,缓解大小限减持对市场的冲击。

第二节　进一步研究的方向 ●●●➡

对金融约束政策影响居民消费需求增长的理论与实证的研究是一个庞大的系统工程,其价值深远,所涉及领域并不只银行融资市场与股票市场,其研究的外延远超本书范围所限,研究的内涵也不止于本书现有的浅陋。在本书撰写的过程中,新的问题和思路不断出现,由于时间、精力、理论铺垫和科研技术的限制,这些发现不能立即得以解决,于是留作未来研究的任务。现将本书进一步的主要研究方向梳理如下:

（1）对金融约束指数的指标选择、隶属函数的构建以及指数的构造方法做进一步的合理化。本书在构造金融约束指数时所依据的银行融资市场和股票市场的金融约束政策表现的变量仅包括利率控制变量、存款准备金率、市场进入限制、定向信贷政策、新股发行与股权分置政策以及再发行圈钱问题等变量，所构建的隶属函数也不尽恰当，必须深入分析更全面的变量以及决定各变量的相应隶属函数更合适的表现形式。本书在构造金融约束指数时运用主成分分析法对变量序列进行处理，实现数据的降维，将所有变量的信息转化为少数有代表意义的综合指标。这一方法忽略了各变量对金融约束指数的复杂和多维的影响，把指数决定因素过于简单化；把所得到的主成分序列作为金融约束指数，存在一定的局限性，也不易于做进一步的实证检验，应考虑是否有更好的方法以替代之。

（2）对金融约束政策所创造的租金的测算方法进行改进。银行融资市场中金融约束政策租金的测算，最关键因素在于市场均衡利率的确定。目前没有任何一种金融工具的利率或者投资收益率可以直接作为市场利率的代理变量，每一种金融工具在利率确定上要么包含差异性的风险溢价，要么由于资金供需的限制导致利率高于市场均衡利率。如何确定一种更为合理的市场利率的代理变量，是下一步研究的重要任务。

股票市场中由于低利率政策带来的股票溢价发行所创造的租金测算中，必须把租金和正常的创业利润区分开来。熊海斌（2005）基于鲁道夫·希法亭的《金融资本》中的理论，对企业的创业利润有较详细的解释，他认为

$$企业价值或企业的资本实质 = \frac{企业的年盈利额}{货币资本基本收益(R_0)}$$

$$= \frac{企业净资产 \times 净资产收益率(R_1)}{货币资本基本收益率(R_0)}$$

$$= 企业净资产 \times \frac{净资产收益率(R_1)}{货币资本基本收益率(R_0)}$$

因此，企业创业利润＝企业价值－企业净资产。如何在股票市场的租金测算中把企业创业利润从低利率政策创造的 IPO 溢价部分中剔出，以便更合理地反映租金的规模，是下一步研究的任务之一。

（3）对房地产市场中的金融约束政策的特征、测度及其对居民消费需求的影响进行研究。房地产行业是国民经济的支柱行业之一，也是关系着民生大计的行业，其发展状况与制度安排同样影响着居民的财富和消费需求。我国

房地产开发资金来源比较单一，主要依靠银行信贷。金融约束下的低利率政策是否也在房地产行业创造制度租金？租金的流向如何？规模如何测算？这些问题将是未来研究的重要任务。

（4）对金融约束政策的退出路径进行更多的思考。本书通过理论和实证研究得出结论，金融约束政策必须在中国金融市场中逐渐退出。但如何制定短期的退出机制以及中长期的退出计划，使金融约束的退出切实可行，不至于引起金融恐慌和经济部门的不稳定，是下一步研究的任务。

（5）进一步思考关于切实提升居民消费需求的政策建议。本书的工作主要在于研究、检验金融约束政策对居民消费需求的影响。为实现学术研究任务的系统性和社会意义，还可以更深入地研究如何通过金融制度的合理安排切实提升居民的消费需求，使学术研究的价值在现实中得到延伸。

参考文献

[1]艾洪德,武志.金融支持政策框架下的证券市场研究[M].北京:中国财政经济出版社,2009.

[2]安青松.论股权分置改革的公平正义基础[J].证券市场导报,2009,(3):75－77.

[3]陈国进,陈创练.我国股市财富效应的非对称性研究[J].统计与决策,2009,(13):123－125.

[4]陈逸.中国利率市场化改革中市场基准利率选择的比较研究[D].复旦大学硕士学位论文,2008.

[5]陈震,张鸣.我国上市公司股改对价的公平性研究[J].中南财经政法大学学报,2008,(2):55－61.

[6]程建伟.金融约束:反思与启示[J].北京工业大学学报,2002,2(2):33－37.

[7]方洁.金融约束还是金融深化[J].湖北经济学院学报,2004,2(2):29－33.

[8]高铁梅.计量经济分析方法与建模[M].北京:清华大学出版社,2009.

[9]龚敏,李文溥.论扩大内需政策与转变经济增长方式[J].东南学术,2009,(1):43－51.

[10]郭峰,冉茂盛等.中国股市财富效应的协整分析与误差修正模型[J].金融与经济,2005,(2):29－31.

[11]郭明.我国居民储蓄的租金、收入及利率效应分析[J].经营管理者,2009,(13):52－44.

[12]韩丽娜.经济转轨期中国农村居民消费行为分析[D].吉林大学博士学位论文,2008.

[13]黄少安.产权经济学导论[M].北京:经济科学出版社,2004.

[14]吉利斯.发展经济学[M].北京:中国人民大学出版社,1998.

[15]吉松涛.铸币税货币化与中国经济增长[M].成都:西南财经大学出版社,2008.

[16]贾明,张喆,万迪昉.股改方案、代理成本与大股东解禁股出售[J].管理世界,2009,(9):148—165.

[17]靳光华.中国农村经济增长研究[M].北京:中国农业科学技术出版社,2002.

[18]魁奈.魁奈经济著作选集[M].北京:商务印书馆,1979.

[19]李辉文.中美居民消费需求特征的经验分析:基于金融抑制的视角[R].厦门大学金融系工作论文,2010.

[20]李嘉图.李嘉图著作和通讯录(第1卷)[M].北京:商务印书馆,1967.

[21]李学峰,徐辉.中国股票市场财富效应微弱研究[J].南开经济研究,2003,(3):67—71.

[22]李焰.关于利率与我国居民储蓄关系的探讨[J].经济研究,1999,(11):39—46.

[23]刘煜松.股票内在投资价值理论与中国股市泡沫问题[J].经济研究,2005,(2):45—53.

[24]刘仁和,黄英娜等.我国股票市场财富效应实证分析[J].经济问题,2008,(8):98—101.

[25]刘扬,王绍辉.扩大居民财产性收入 共享经济增长成果[J].经济学动态,2009,(6):59—62.

[26]刘毅,申洪沨.中国金融市场化的度量分析[J].财经研究,2002,(9):39—46.

[27]刘煜辉,熊鹏.股权分置、政府管制和中国IPO抑价[J].经济研究,2005,(5):85—95.

[28]卢光标,于晓默等.中国居民消费现状的成因和理性思考[J].现代经济信息,2009,(16):11—13.

[29]罗伯特·霍尔,约翰·泰勒.宏观经济学[M].北京:中国展望出版社,1989.

[30]罗楚亮.经济转轨、不确定性与城镇居民消费行为[J].经济研究,2004,(4):100－106.

[31]罗纳德·麦金农.经济发展中的货币与资本[M].上海:三联书店,1997.

[32]马歇尔.经济学原理[M].北京:商务印书社,1981.

[33]曼昆.宏观经济学[M].北京:中国人民大学出版社,2000.

[34]邱崇明.现代西方货币理论与政策[M].北京:清华大学出版社,2005.

. [35]邱崇明.资本账户开放的核心条件:理论与实证分析[J].国际金融研究,2006,(2):62－68.

[36]邱崇明,刘郁葱.股市财富效应和利率管制[R].厦门大学金融系工作论文,2009.

[37]青木昌彦.政府在东亚经济发展中的作用[M].北京:中国经济出版社,1998.

[38]申朴,刘康兵.中国城镇居民消费行为过度敏感性的经验分析[J].世界经济,2003,(1):61－66.

[39]水皮.谁在鱼肉中国股市[M].北京:中国经济出版社,2005.

[40]苏良军,何一峰.中国存在消费的"库兹涅茨之谜"吗[J].经济科学,2006,(2):91－98.

[41]唐国正,熊德华,巫和懋.股权分置改革中的投资者保护与投资者理性[J].金融研究,2005,(9):137－154.

[42]唐绍祥,蔡玉程等.我国股市的财富效应:基于动态分布滞后模型和状态空间模型的实证检验[J].数量经济与技术经济,2008,(6):79－89.

[43]万广华,张茵等.流动性约束、不确定性与中国居民消费[J].经济研究,2001,(11):35－44.

[44]汪同三.10.9％的经济增长,是喜还是忧[N].人民网,2006年8月4日.

[45]王国松.中国的利率管制与利率市场化[J].经济研究,2001,(6):13－20.

[46]王胜,邹恒甫.开放经济中的泰勒规则——对中国货币政策的检验[J].统计研究,2006,(3):42-46.

[47]王书华,孔祥毅.不确定预期下居民消费敏感性与超额货币增长——兼论扩大内需的金融制度约束[J].山西财经大学学报,2009,31(6):79-84.

[48]王忠华.经济转轨中的金融约束分析[D].辽宁大学硕士学位论文,2007.

[49]吴德胜,吕斐适,于善辉.流通股股东在股权分置改革中是否获得了财富增值[J].南开经济研究,2008,(2):126-143.

[50]吴晓明,吴栋.我国城镇居民平均消费倾向与收入分配状况关系的实证研究[J].数量经济技术经济研究,2007,(5):22-32.

[51]吴晓求.中国资本市场:股权分裂与流动性变革[M].北京:中国人民大学出版社,2004.

[52]吴晓求.股权分置改革后的中国资本市场[M].北京:中国人民大学出版社,2006.

[53]武少俊.消费需求:拉动经济增长的"牛鼻子"[J].金融研究,1999,(10):50-54.

[54]夏显莲.居民储蓄存款的利率效应分析[J].现代经济,2009,(5):50-51.

[55]熊海斌.创业利润实质、计量方法与股票发行价评价[J].广东商学院学报,2005,(2):22-25.

[56]许年行.中国上市公司股权分置改革的理论与实证研究[D].厦门大学博士论文,2009.

[57]徐燕.个人储蓄行为[A]//厉以宁.中国经济实证分析.北京:北京大学出版社,1992.

[58]亚当·斯密.国民财富的性质和原因研究[M].北京:商务印书馆,1979.

[59]杨丹,魏韫新,叶建明.股权分置对中国资本市场实证研究的影响及模型修正[J].经济研究,2008,(3):73-86.

[60]杨汝岱,朱诗娥.公平与效率不可兼得吗[J].经济研究,2007,(12).

[61]杨胜刚,谢亦农.金融发展理论的新进展:金融约束论述评[J].经济科学,1999,(2):92-97.

[62]杨新松.中国股市的财富效应研究[J].统计与决策,2007,(20):104—106.

[63]叶耀明,王胜.关于金融市场化减少消费流动性约束的实证分析[J].财贸研究,2007,(1):80—86.

[64]袁志刚,宋铮.城镇居民消费行为变异与我国经济增长[J].经济研究,1999,(11):20—28.

[65]曾康霖,范俏燕.论财产性收入与扩大内需[J].经济学动态,2009,(9):44—48.

[66]张蓓芳.现实经济中的总需求不足的分析——基于凯恩斯消费理论的探讨[J].生产力研究,2010,(4):11—17.

[67]张俊伟.财产性收入与居民消费关系初探[J].重庆理工大学学报,2010,24(5):4—9.

[68]张文斌.储蓄、储蓄效应和储蓄政策[D].中国人民大学硕士论文,1991.

[69]张文中,田源.物价、利率与储蓄增长——中国:1954—1987年的实证分析[J].经济研究,1989,(11):39—48.

[70]张一中.Shibor与中国的利率市场化[D].厦门大学硕士学位论文,2008.

[71]张亦春,邱崇明.开放进程中的中国货币政策研究——基于"入世"背景[M].北京:北京大学出版社,2008.

[72]郑博.影响我国居民储蓄的收入与利率实证分析[J].财经界,2010,(5):195—196.

[73]郑春峰.扩大内需:2007年中国经济主题曲[N].南方日报,2006年12月28日.

[74]周业安.金融抑制对中国企业融资能力影响的实证研究[J].经济研究,1999,(2):13—20.

[75]周珠玲.上海银行间同业拆借利率作为我国基准利率的探讨[D].复旦大学硕士学位论文,2009.

[76]朱国林.消费理论最新发展动态[J].经济学动态,2002,(4):62—65.

[77]朱国林,范建勇,严燕.中国的消费不振与收入分配:理论和数据[J].经济研究,2002,(5):72—80.

[78]朱云. 基于因果链分析的再发行圈钱研究[M]. 北京:中国金融出版社,2009.

[79]Allen,Frankin and Douglas Gale. Bubbles and Crises[J]. Economic Journal,2000,110(460):236—255.

[80]Andrei A. Levchenko. Financial Liberalization and Consumption Volatility in Developing Countries[R]. IMF Staff Papers,2005,52(2):237—258.

[81]Ang,James. Growth Volatility and Financial Repression:Time Series Evidence from India[R]. MPRA Working Paper,2009.

[82]Apergis N. and Miller S.. Consumption Asymmetry and the Stock Market:New Evidence through a Threshold Adjustment Model[R]. University of Connecticut Working Paper,2005.

[83]Aziz,Jahangir and Li Cui. Explaining China's Low Consumption:The Neglected role of Household Income[R]. IMF Working Paper,WP/07/181,2007.

[84] Aziz, Jahangir and Christoph Duenwald. The Growth-Financial Nexus[A]. in China:Competing in the Global Economy[C]. Wanda Tseng and Markus Rodlauer,2002.

[85]Barth M.. Relative Measurement Errors among Alternative Pension Asset and Liability Measures[J]. The Accounting Review,July 1991,(3):433—463.

[86]Blinder,Alan S.. Distribution Effects and the Aggregate Consumption Function[J]. Journal of Political Economy,1975,83(3):447—476.

[87]Blinder, Alan S. , Angus Deaton. The Time Series Consumption Function Revisited[J]. Brookings Papers on Economic Activity,1985,(2):465—511.

[88]Boskin,Michael J.. Taxation,Saving and the Rate of Interest[J]. Journal of Political Economy,Apr 1978,LXXXVI:S3—S27.

[89]Bosworth, Barry. the Stock Market and the Economy, Brookings Papers on Economic Activity[J]. 1975,(2):257—300.

[90]Brown,Gilbert T.. Korean Pricing Policies and Economic Develop-

ment in the 1960s [M]. Baltimore, Md. : The Johns Hopkins University Press,1973.

[91]Campbell,Mankiw. Permanent Income,Current Income,and Consumption[J]. Journal of Business and Economic Statistics,July 1990,8(3): 265—279.

[92]Carroll Christopher D. ,Miles S. Kimball. On the Concavity of the Consumption Function[J]. Econometrica,1996. 64(4):981—992.

[93]Charles Wyplosz. Financial Restraints and Liberalization in Postwar Europe[R]. CEPR Discussion Paper,No. 2253,October 1999.

[94]Clarida,Gali,Gertler. Monetary Policy Rules in Practice: Some International Evidence[R]. NBER Working Paper,No. 6254,Sep 1997.

[95] Clarida, Gali, Gertler. The Science of Monetary Policy: A New Keynesian Perspective[J]. Journal of Economic Literature,Dec 1999,37(4): 1661—1707.

[96] Collins, D. W. , S. P. Kothari. An Analysis of Intertemporal and Cross-Sectional Determinants of Earnings Response Coefficients[J]. Journal of Accounting and Economics,July 1989,11(2—3):143—181.

[97]David D. Li. Beating the Trap of Financial Repression in China[J]. Cato Journal,Spr/Sum 2001,21(1):77—90.

[98]Deena R. Khatkhate. Assessing the Impact of Interest Rates in Less Developed Countries[J]. World Development,May 1988,16(5):577—588.

[99]De Long,J. Bradford,Andrei Shleifer,Lawrence H. Summers,Robert J. Waldmann. Noise Trader Risk in Financial Markets[J]. The journal of political economy,1990,98(4):703.

[100]Dewatripont, M. , Maskin, E.. Credit and Efficiency Centralized and Decentralized Economies [J]. Review of Economics of studies, 1995, (62):541—545.

[101]Diamond,Douglas W. Financial Intermediation and Delegated Monitoring[J]. Review of Economic Studies,July1984,51:393—414.

[102]Enders, W. , Siklos, P. L.. Cointegration and Threshold Adjustment[J]. Journal of Business & Economic Statistics,Apr 2001,19(2):166—

176.

[103]Evans,Owen J.. Tax Policy,the Interest Elasticity of Saving,and Capital Accumulation:Numerical Analysis of Theoretical Models[J]. American Economic Review,Jun 1983,LXXIII:398—410.

[104]Feltham,G. A. ,Ohlson,J. A. Valuation and Clean Surplus Accounting for Operating and Financial Activities[J]. Contemporary Accounting Research,1995,11(2):689—731.

[105]Fry,Maxwell. Financial Instruments and Markets[A]. in Conferencia International sobre Economia ortuguesa,Lisbon,German Marshall Fund and Fundacao Calouste Gulbenkian,1977,II:191—206.

[106]Fry,Maxwell J.. The Cost of Financial Repression in Turkey[J]. Savings and Development,1979,III(2):27—35.

[107]Fry. Maxwell J.. In Favour of Financial Liberalization[J]. The Economic Journal,May 1997,107(442):754—770.

[108]Green, S.. The Development of China's Stock Market. 1984—2002:Equity Politics and Market Institutions,London:Routledge,2004.

[109]Geert Bekaert,Campbell R. Harvey,Christian Lundblad. Does Financial Liberalization Spur Growth[J]. Journal of Financial Economics,July 2005,77(1):3—55.

[110]Giovannini,Alberto. Saving and the Real Interest Rate in LDCs [J]. Journal of Development Economical,Aug 1985,XVIII:197—210.

[111]Giovannini,Alberto. The Interest Elasticity of Savings in Developing Countries:the Existing Evidence[J]. World Development,2002,11(7):601—607.

[112]Gordon,Li. Government as a Discriminating Monopolist in the Financial Market:the Case of China[J]. Journal of Public Economics,2003,87(2):283—312.

[113]Gordon,M. J.. The Savings,Investment and Valuation of a Corporation[J]. The Review of Economics and Statistics. Feb 1962,44(1):37—51.

[114]Gupta,Kanhaya L.. Personal Saving in Developing Nations: Further Evidence[J]. The Economic Record,1970,XLVI:243—249.

[115]Gupta,Kanhaya L.. Financial Inter-mediation,Interest Rate and the Structure of Savings:Evidence from Asia[J]. Journal of Economic Development,July 1984,IX:7—24.

[116]Gylfason,Thorvalder. Interest Rates,Inflation,and the Aggregate Consumption Function[J]. Review of Economics and Statistics,May 1981, LXIII:233—45.

[117]Hellmann T. , Murdock K. , Stiglitz J.. Financial Restraint:Towards a New Paradigm[A]//M. Aoki and H-K. Kim,M. Okuno-Fujiwara. (eds). The Role of Government in East Asian Economic Development Comparative Institutional Analysis. Clarendon Press:Oxford,1997:163—207.

[118]Huang,H. ,Xu,C.. Financing Mechanisms and R&D Investment [M]. Mimeo. London School of Economics,1998.

[119]Huang,H. ,Xu,C. ,Financial Institutions and the Asian Financial Crisis[J]. European Economic Review,1999.

[120]Irving Fisher. The Theory of Interest[M]. NewYork:The MacMillan Company,1930.

[121]Kashyap,Anil K,Jeremy C. Stein. The Role of Banks in Monetary Policy: A Survey with Implication for European Union[R]. Federal Reserve Bank of Chicago Working Paper,1997.

[122]James S. Duesenberry. Income Saving and the Theory of Consumer Behavior(1st Edition) [M]. Harvard University Press. ,Jan 1,1949.

[123]Landsman,W.. An Empirical Investigation of Pension Fund Property Rights[J]. The Accounting Review,Oct 1986,61:662—691.

[124]La Porta,Lopez-de-Silanes,Shleifer and Vishny. Law and Finance [J]. The Journal of Political Economy,1998,106(6):1113—1155.

[125]Lawrence Ball. Policy Rules for Open Economies[R]. NBER Working Paper,No. 6760,1998.

[126]Levine,Ross. International Financial Liberalization and Economic Growth[J]. Review of International Economics,2001,9(4):688—702.

[127]Lucio Sarno,Mark P. Taylor. Real Interest Rates-Liquidity Constraints and Financial Deregulation:Private Consumption Behavior in the U.

K. [J]. Journal of Macroeconomics, Spring 1998, 20(2):221—242.

[128]Masaharu Hanazaki, Akiyoshi Horiuchi. Can the Financial Restraint Hypothesis Explain Japan's Postwar Experience[R]. CIRJE Working Paper No. F—130, Aug 2001.

[129]McDonald, Donogh. The Determinants of Saving Behavior in Latin America, Washington D. C. : International Monetary Fund, 1983.

[130]Mishkin, Frederic. Illiquidity, Consumer Durable Expenditure, and Monetary Policy[J]. American Economic Review, Sep 1976, 66(44):642—654.

[131]Modigliani, F. , M. H. Miller,. The Cost of Capital, Corporation Finance, and the Theory of Investments[J]. American Economic Review, 1958, (48):261—297.

[132]Morris A. Davis and Michael G. Palumbo. A Primer on the Economics and Time Series Econometrics of Wealth Effects[R]. FEDS Working Paper, 2001.

[133]Musgrove, Philip. Income Distribution and the Aggregate Consumption Function[J]. Journal of Political Economy, 1980, 88(3):504—525.

[134]Myers, S. C. , Majluf, N. . Corporate financing and investment decisions when firms have information investors do not have[J]. Journal of Financial Economics, 1984, (13):187—221.

[135]Nicholas R. Lardy. Financial Repression in China[J]. Peter G. Peterson Institute for International Economics, 2008, (9).

[136]Ohlson, J. A. . Earnings, Book Value and Dividends in Equity Valuations[J]. Contemporary Accounting Research, 1995, (11):661—687.

[137]Oriana Bandiera, etc, Does Financial Reform Raise or Reduce Saving[J]. The Review of Economics and Statistics, May 2000, 82(2):239—263.

[138]Panicos O. Demetriades, Kul B. Luintel. The Direct Costs of Financial Repression: Evidence from India[J]. The Review of Economics and Statistics, May 1997, 79(2):311—320.

[139]Philip Arestis, Panicos Demetriades, etc. The Impact of Financial Liberalization Policies on Financial Development-Evidence from Developing

Economies[J]. International Journal of Finance & Economics, 2002, 7 (2): 109—121.

[140] Reinhart, Carmen and Tokatlidis, Ioannis. Before and After Financial Liberalization[R]. MPRA Working Paper, No. 6986, 2005.

[141] Ritter, Jay R.. Investment Banking and Securities Issuance[M]. North-Holland Handbook of the Economics Of Finance, 2002.

[142] Robert E. Hall. Stochastic Implications of the Life Cycle-Permanent Income Hypothesis: Theory and Evidence[J]. Journal of Political Economy, Dec 1978, 86(6):971—987.

[143] Robert M. Townsend, Kenichi Ueda. Financial Deepening, Inequality, and Growth: A Model-Based Quantitative Evaluation[J]. Review of Economic Studies, Jan 2006, 73(1):251—293.

[144] Schmidt-Hebbel K, Serven L. Financial liberalization, saving, and growth[J]. Mexico: Macroeconomic Stability, Financial Markets, and Economic Development. 2002.

[145] Shahe Emran, M. Stiglitz, Joseph E. Financial Liberalization, Financial Restraint, and Entrepreneurial Development[R]. The George Washington University Working Paper, Jan 24, 2009.

[146] Shevlin, T.. the Valuation of R&D Firms with R&D Limited Partnerships[J]. The Accounting Review, Jan 1991, (1):1—21.

[147] Shirvani, H., Wilbratee, B. Does Consumption Respond More Strongly to Stock Market Declines Than to Increase[J]. International Economic Review, 2000, (14):41—49.

[148] Shleifer, A., Wolfenzon, D.. Investor Protection and Equity Markets[J]. Journal of Financial Economics, 2002, 66(1):3—27.

[149] Shyam-Sunder, L., Myers, S. C.. Testing static tradeoff against pecking order models of capital structure[J]. Journal of Financial Economics, 1999, (51):219—244.

[150] Skinner, Jonathan. Risky income, life cycle consumption, and precautionary savings[J]. Journal of Monetary Economics, Feb 1988, 22 (2): 237—255.

[151] Sonia N. L. Wong. China's Stock Market：a Marriage of Capitalism and Socialism[J]. Cato Journal,Fall 2006,26(3):389—424.

[152]Stevans,L. K.. Aggregate Consumption Spending,the Stock Market and Asymmetric Error Correction[J]. Quantitative Finance,2004,4:191—198.

[153]Summers,Lawrence H.. Capital Taxation and Accumulation in a Life Cycle Growth Model[J]. American Economic Review,September 1981, LXXI:533—44.

[154]Svensson, L. Open-economy Inflation Targeting[R]. Journal of International Economics,2000,50:155—183.

[155]Taylor,J. Discertion Versus Policy Rules in Practice[A]. in Carnegie Rochester Conference Series on Public Policy[C]. 1993,39:195—214.

[156]Taylor,J. Macroeconomic Policy in a World Economy from Econometric Design to Practical Operation[M]. Press:Stanford University,1993.

[157]Tenev,S.,Zhang,C. L.. Corporate Governance and Enterprise Reform in China：Building the Institution of Modern Market[M]. Washington：World Bank and International Finance Corporation,2002

[158] Till van Treeck. Asymmetric Income and Wealth Effects in a Non-linear Error Correction Model of US Consumer Spending[R]. IMF Working Paper,06,2008.

[159]Townsend,R. M.,Ueda,K.. Welfare Gains from Financial Liberalization[R]. IMF Working Paper,No. 154,2007.

[160]Ueda,Kenichi. Banks as Coordinators of Economic Growth[R]. IMF Working Paper,No. 06/264,2006.

[161]Vei-Lin Chan,Sheng-Cheng Hu. Financial Liberalization and Aggregate Consumption：the Evidence From Taiwan[J]. Applied Economics, 1997,(29):1525—1535.

[162]Warren E. Weber. The Effect of Interest Rates on Aggregate Consumption[J]. The American Economic Review,Sep 1970,16(4):591—600.

[163]Williams,J. B.. The Theory of Investment Value[M]. Harvard University Press,1938.

[164]Williamson, Jeffrey G.. Personal Saving in Developing Nations: An Intertemporal Cross-Section Estimate for Asia[J]. The Economic Record, 1968, XLIV: 194—210.

[165] Yusuf, Shahid and R. Kyle Peters. Savings Behavior and Its Implications for Domestic Resource Mobilization. The Case of the Republic of Korea[R]. World Bank Staff Working Papers, No. 628, Apr 1984.

[166]Zicchino, Lea. A Model of Bank Capital, Lending and the Macro Economy: Basel I versus Basel II [R]. Bank of England Working Paper, No. 270, 2005.

后 记

学位论文即将功成。三年来多少个通宵达旦的夜里在读资料、跑数据的间隙，总告诉自己，收笔之际一定好好写写后记、以抒胸中积累的诸多感想。时至今日，却并未觉得有多少狂喜，一切就这样自然而然如春水般铺陈开来，一项研究完成，另一项研究即将开始，过去奋斗的时光可谓之"衣带渐宽终不悔"，未来的岁月也还将辛劳如斯、甘甜如斯。此刻心中装着的，只有厚重的感激和感恩，感谢所有在生命路的两旁如明灯一样照我前行的人们。

感谢郑学檬先生！人的一生会有许多际遇，我却从未敢想过自己能得遇先生并幸蒙先生的赏识和扶持。先生的鼓励和启迪伴随着我攻读博士学位的整个过程。入学时纠结于能否转方向，是先生以古稀之龄为我亲向经济学院要到说法。在事业和学业的冲突中我能坚定行走、一往无前，亦得之于先生的慧言开导、指点迷津。先生思想，深邃如星空，宇宙万物，莹然其间；先生精神，超然于化外，诗心禅意，圆融通透。这些思想和精神深植于我的灵魂，令我豁然、渐悟，一生受益。

感谢师尊邱崇明教授！师尊以淡泊之志阅人世、以赤子之心做学问，身先为鉴、润物无声，在我近三年的博士生涯乃至10年前的硕士学习中不仅传授予我专业知识，也培育了我的学术良知。师尊的人格力量、学术造诣和治学态度深刻地震撼着我和我的师弟李辉文。师尊为我们每篇论文所做的评阅书、与我们每次讨论所整理的文字稿，那一摞摞的文档，是须用一辈子来珍藏的。同时感谢师母对我生活诸事的殷切关照！

感谢杨云良老师、郑梅玲老师、林泓老师！没有他们的无私帮助，我将无以宁静地完成我的学业。

感谢经济学院的各位授业老师！张亦春老师、江曙霞老师、朱孟楠老师、杜朝运老师、李晓峰老师、龚敏老师、陈蓉老师、刘榆老师、魏立萍老师、黄华老师，以及经济研究所的胡培兆老师，他们的学识开拓了我的视界、他们的鼓励让我在徘徊中坚定信念。感谢蔡淑昭老师和辅导员郑老师，她们为我们学业的完成付出了无私的帮助！

感谢表弟戴鸿斌副教授！感谢师弟李辉文、陈创练，师妹李爱迪、陈蕾、陈玉婵、钱利珍、陈娟！感谢陈志英、童香英、徐璐、陈萍、刘金娥、葛喜雁、倪娜等同学！他们为我论文的如期完成付出了热忱的关心和帮助，一次次的讨论、一次次的交流开启了我的灵感、平静了我的烦忧。

感谢上海立信会计学院管理学院杨玉红老师！杨老师为我的论文提供了一个非常有用的研究方法并耐心细致地指导我操作。她的严谨的科研态度和出色的科研水平令我钦佩！

感谢我的同门师姐卢宝梅、张兰、师兄牟敦国、肖本华，以及所有同门的师兄师姐师弟师妹！学术的冷峻融化在师门的温暖中，令人流连忘返。

感谢冯姐冯宇蕾副教授！感谢厦门华厦职业学院 2009 级金融证券专业、金融管理与实务专业、保险实务专业的 14 位学生！他们是：谢桂林、吴冰冰、陈裕、陈晓燕、龚明晓、林莉莉、黄月菊、李良辉、林妙真、蓝英珠、林傅雪、吴志君、杨瑞珍和商务英语班的黄嘉敏同学。他们为我论文的数据处理提供了极大的帮助。

感谢素未谋面的咸牛奶同学，不离不弃地为我分忧解难！

感谢我的家人、朋友！他们的爱是我前行的动力！

最后，感谢我的儿子——楚杭！宝贝，最后最深的一份，总是给你的！感谢你带给妈妈的快乐和幸福！你是妈妈的生命和灵魂，你是上天的恩赐！

完成了学业中的一个阶段，脚下的路还在延伸，希望之苗正沐浴着春风招摇成长。以莫扎特的《魔笛》片段结束我的后记：

会有一个早晨
太阳沿着那金色的路径升起
所有的神话和迷信都会消失
智慧的人类征服着一切
地球会是天堂
凡人会是上帝

刘郁葱
于厦门大学丰庭园

图书在版编目(CIP)数据

中国金融约束政策对居民消费需求增长的影响:理论与实证研究/刘郁葱著. —厦门:厦门大学出版社,2014.4

(经管学术文库)

ISBN 978-7-5615-5022-9

Ⅰ.①中… Ⅱ.①刘… Ⅲ.①金融政策-影响-居民消费-研究-中国 Ⅳ.①F832.0 ②F126.1

中国版本图书馆 CIP 数据核字(2014)第 059699 号

厦门大学出版社出版发行

(地址:厦门市软件园二期望海路 39 号 邮编:361008)

http://www.xmupress.com

xmup @ xmupress.com

泉州新春印刷有限公司印刷

2014 年 4 月第 1 版 2014 年 4 月第 1 次印刷

开本:720×970 1/16 印张:15 插页:2

字数:280 千字

定价:36.00 元

本书如有印装质量问题请直接寄承印厂调换